Happy 2016

Leisha

Love Dad

Sabor perfecto
Cocina vegana
100 recetas irresistibles

Publicado por Parragon Books Ltd en 2014 y distribuido por:

Parragon Inc.
440 Park Avenue South,
13th Floor
Nueva York, NY 10016, USA
www.parragon.com

Copyright © Parragon Books Ltd 2014

LOVE FOOD y el logotipo correspondiente son una marca comercial registrada de Parragon Books Ltd en Australia, Reino Unido, Estados Unidos, la India y la Unión Europea.

www.parragon.com/lovefood

Todos los derechos reservados. Ninguna parte de esta obra se puede reproducir, almacenar o transmitir de forma o por medio alguno, sea este electrónico, mecánico, por fotocopia, grabación o cualquier otro, sin la previa autorización escrita de los titulares de los derechos.

ISBN: 978-1-4723-4261-4
Impreso en China/Printed in China

Nuevas recetas: Jane Hughes
Cubierta y fotografías interiores nuevas: Noel Murphy
Economía doméstica para las nuevas fotografías: Penny Stephens
Traducción: Carme Franch Ribes para Delivering iBooks
Redacción y maquetación: Delivering iBooks & Design, Barcelona

Notas:
En este libro las medidas se dan en el sistema métrico. Para términos que difieren según la región, hemos añadido variantes en la lista de ingredientes. Se considera que 1 cucharadita equivale a 5 ml y 1 cucharada, a 15 ml. Si no se da otra indicación, la leche será siempre entera, los huevos y las verduras u hortalizas, como las patatas, de tamaño medio, y la pimienta, negra y recién molida. Si no se da otra indicación, los tubérculos deberán lavarse y pelarse. Las guarniciones, los adornos y las sugerencias de presentación son opcionales y no se incluyen necesariamente en la lista de ingredientes o el modo de preparación de la receta.

Los tiempos indicados son orientativos. Los tiempos de preparación pueden variar de una persona a otra según su técnica culinaria; asimismo, también pueden variar los tiempos de cocción. Los ingredientes opcionales, las variaciones y las s ugerencias de presentación no se han incluido en los cálculos.

Las recetas que llevan huevo crudo o poco hecho no están indicadas para niños, ancianos, mujeres embarazadas ni personas convalecientes o enfermas. Se recomienda a las mujeres embarazadas o lactantes que no consuman cacahuetes ni productos derivados. Las personas alérgicas a los frutos secos tendrán que tener en cuenta que algunos de los productos preparados que llevan estas recetas pueden contenerlos; por tanto, antes de dosificarlos deberán leer atentamente la lista de sus ingredientes. Compruebe siempre el envase de los productos antes de consumirlos.

Ingredientes veganos
El editor ha seleccionado cuidadosamente las recetas para asegurarse de que no incluyen ingredientes de origen animal. En el caso de los ingredientes preparados susceptibles de contener productos de origen animal se ha especificado «para veganos» para que el lector busque estas variedades en concreto. Aun así, lea atentamente las etiquetas y, si fuera necesario, consulte sus dudas con el fabricante. El editor recomienda que consulte con su médico antes de incorporar un cambio drástico a la dieta.

Sabor perfecto
Cocina vegana

introducción	4
desayunos	6
tentempiés	40
comidas	70
cenas	122
postres	174
índice	208

introducción

Al interés por el vegetarianismo de las últimas décadas se ha sumado el veganismo, que cada vez cuenta con más adeptos. Los veganos, al contrario que los vegetarianos, no consumen alimentos ni bebidas de origen animal como huevos o lácteos, ni siquiera miel. Hace años los contrarios al vegetarianismo defendían que no era una dieta saludable y que la carne era necesaria para llevar una dieta equilibrada. Pero hoy día existen millones de vegetarianos y los estudios han demostrado que el consumo de carne (sobre todo roja y procesada) debe ser moderado. La dieta vegana es la mejor opción para las personas que no quieren comer carne por salud o por respeto a los animales. Los lácteos suelen ser ricos en grasa y colesterol, y la producción de leche y huevos a gran escala pone en jaque el trato animal. Los viejos argumentos de que la dieta vegetariana es restrictiva y poco saludable se repiten ahora contra el veganismo, pero una vez más los resultados son la clave. Según los veganos, la dieta a base de plantas ha mejorado su salud y hace que se sientan revigorizados y en forma, y no comprenden cómo podían tomar lácteos y huevos para cubrir las necesidades de proteína.

introducción

A medida que la población mundial aumenta, debemos encontrar una forma de alimentar a todos. No se trata de construir grandes granjas de productos lácteos ni de manipular los animales genéticamente para que den más leche, huevos o carne. La cuestión es que no necesitamos comer alimentos de origen animal. Si seguimos como hasta ahora agotaremos el agua y los cereales con los que sobrevive la mayoría de la población para obtener alimentos de origen animal poco saludables para unos cuantos. Ha llegado el momento de replantearnos nuestra forma de alimentarnos. Una dieta a base de plantas es sensata, sana y mejor para el planeta. Pero somos humanos y no solo comemos por necesidad, sino también por placer. Dividido por capítulos con desayunos, tentempiés, comidas, cenas y postres, este libro reúne una gran variedad de platos deliciosos. ¡Por fin los veganos también podemos comer tartas y helados! Tanto si le apete descubrir la cocina vegana como si es un vegano consumado y busca inspiración, seguro que estas sencillas recetas ocuparán un lugar de honor en el repertorio de su cocina.

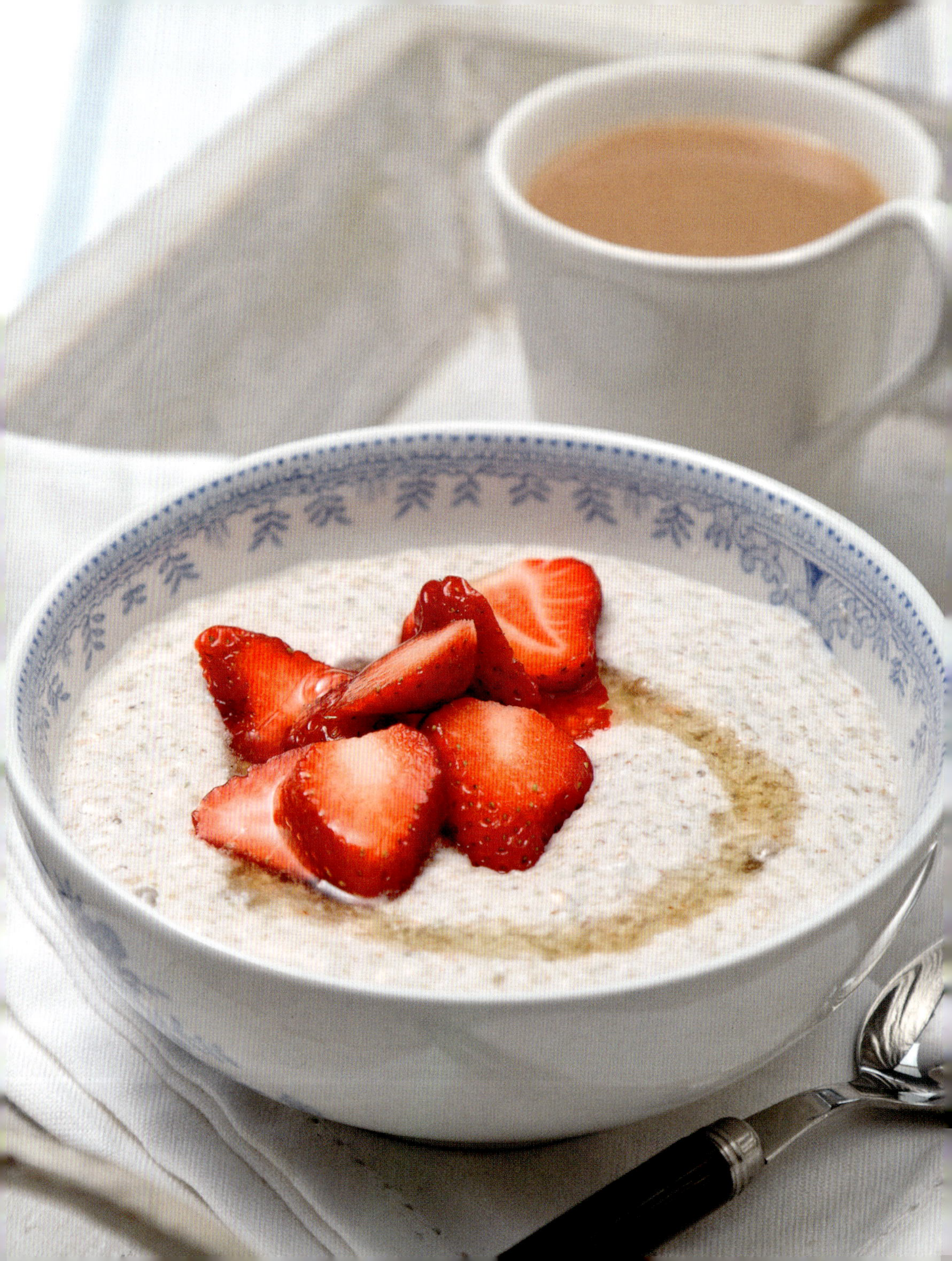

desayunos

zumo de manzana verde y kiwi

ingredientes

para 2 personas

2 manzanas verdes,
   como Granny Smith
½ pepino
2 kiwis
½ limón
1 trozo de jengibre de 2 cm/
   ¾ de pulgada pelado

preparación

1. Retíreles el corazón a las manzanas, pélelas y córtelas en trocitos. Corte el pepino en dados. Pele el kiwi con un pelador de hortalizas y trocéelo también. Corte el limón en rodajas finas y reserve dos de ellas. Pique bien el jengibre con un cuchillo afilado.

2. Licúe todos los ingredientes hasta extraer todo el jugo.

3. Reparta el zumo entre 2 vasos altos y adórnelos con las rodajas de limón reservadas. Sírvalo enseguida.

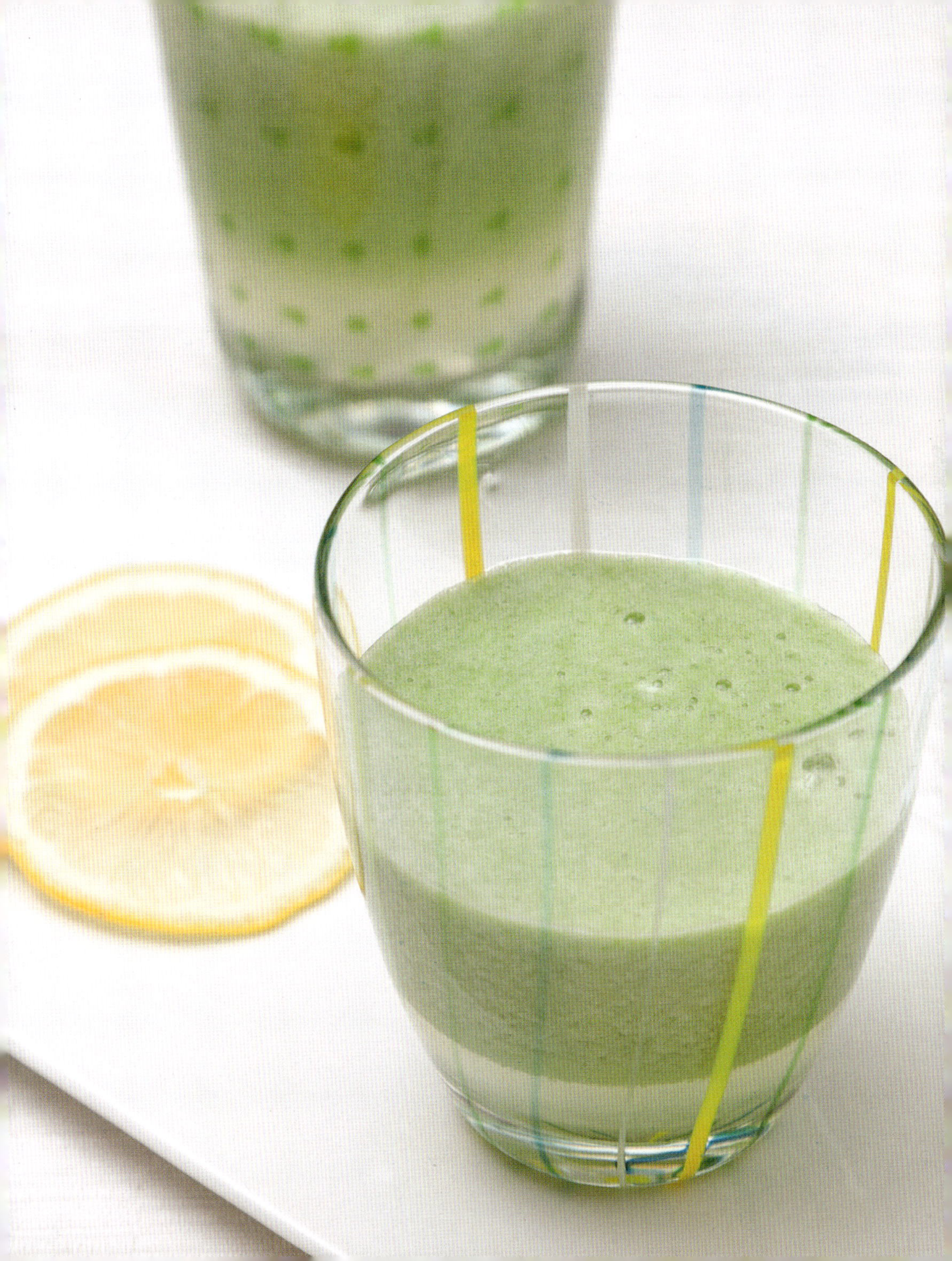

batido de tofu y frutas del bosque

ingredientes

para 1 persona

1 plátano (banana)
55 g/2 oz de tofu suave escurrido
175 ml/¾ de taza de zumo (jugo) de naranja
200 g/2 tazas de frutas del bosque congeladas

preparación

1 Trocee el plátano y el tofu.

2 Triture todos los ingredientes en el robot de cocina o la batidora de vaso o póngalos en un bol hondo y tritúrelos con la batidora de brazo. Remueva con suavidad hasta que quede bien mezclado.

3 Sírvalo enseguida en un vaso alto.

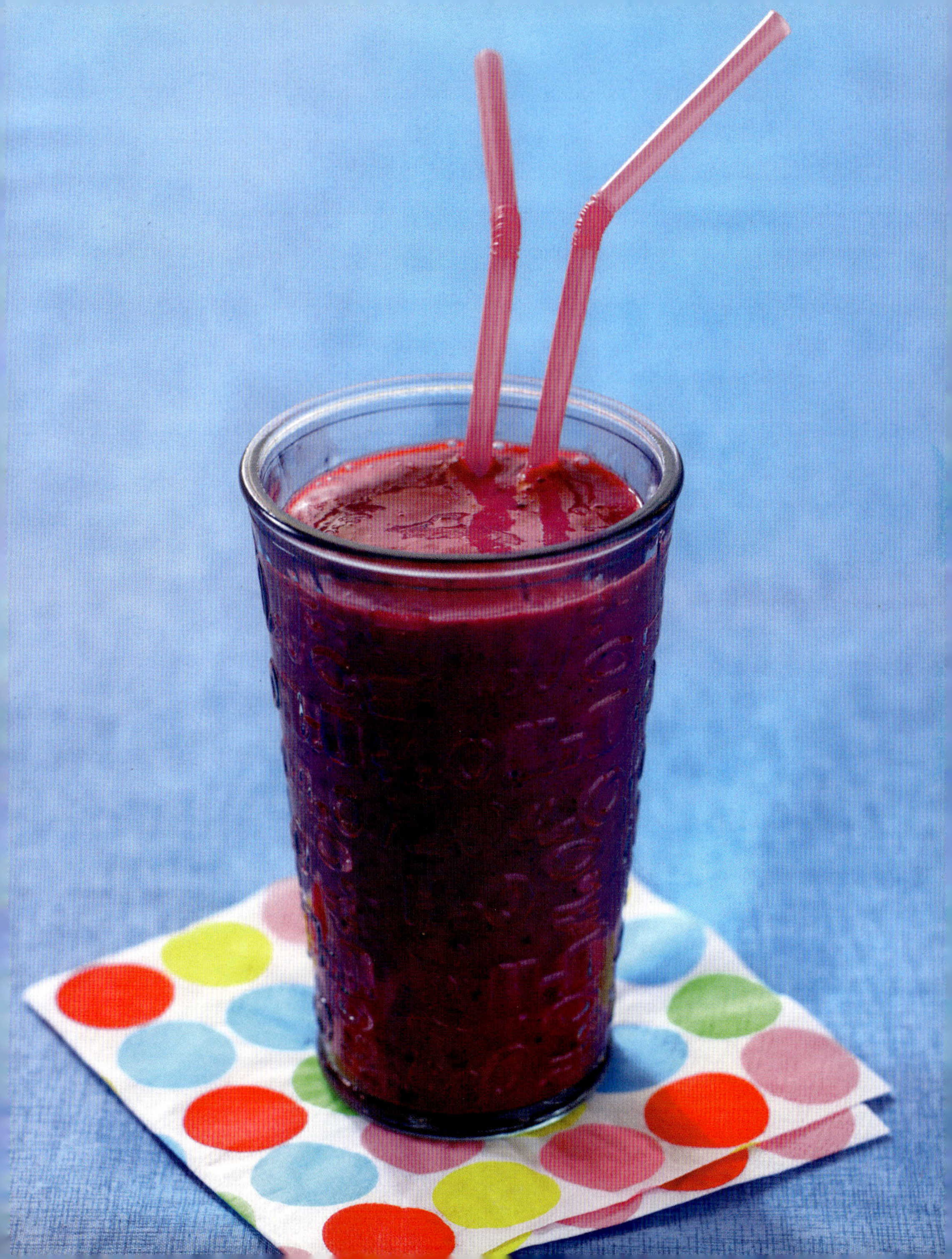

batido de soja con fresa a la vainilla

ingredientes

para 2 personas

200 g/1½ tazas de fresas (frutillas)
200 ml/1 taza de yogur de soja
100 ml/½ taza de leche de soja fría
2 cucharaditas de esencia de vainilla
sirope de agave, al gusto

preparación

1 Seleccione las fresas y deseche las que estén magulladas. Quíteles el rabillo, pártalas por la mitad y póngalas en un cuenco.

2 Triture todos los ingredientes, excepto el sirope de agave, en el robot de cocina o la batidora de vaso o póngalos en un bol hondo y tritúrelos con la batidora de brazo. Remueva con suavidad hasta que quede bien mezclado. Endúlcelo con sirope de agave al gusto.

3 Sírvalo enseguida en vasos altos.

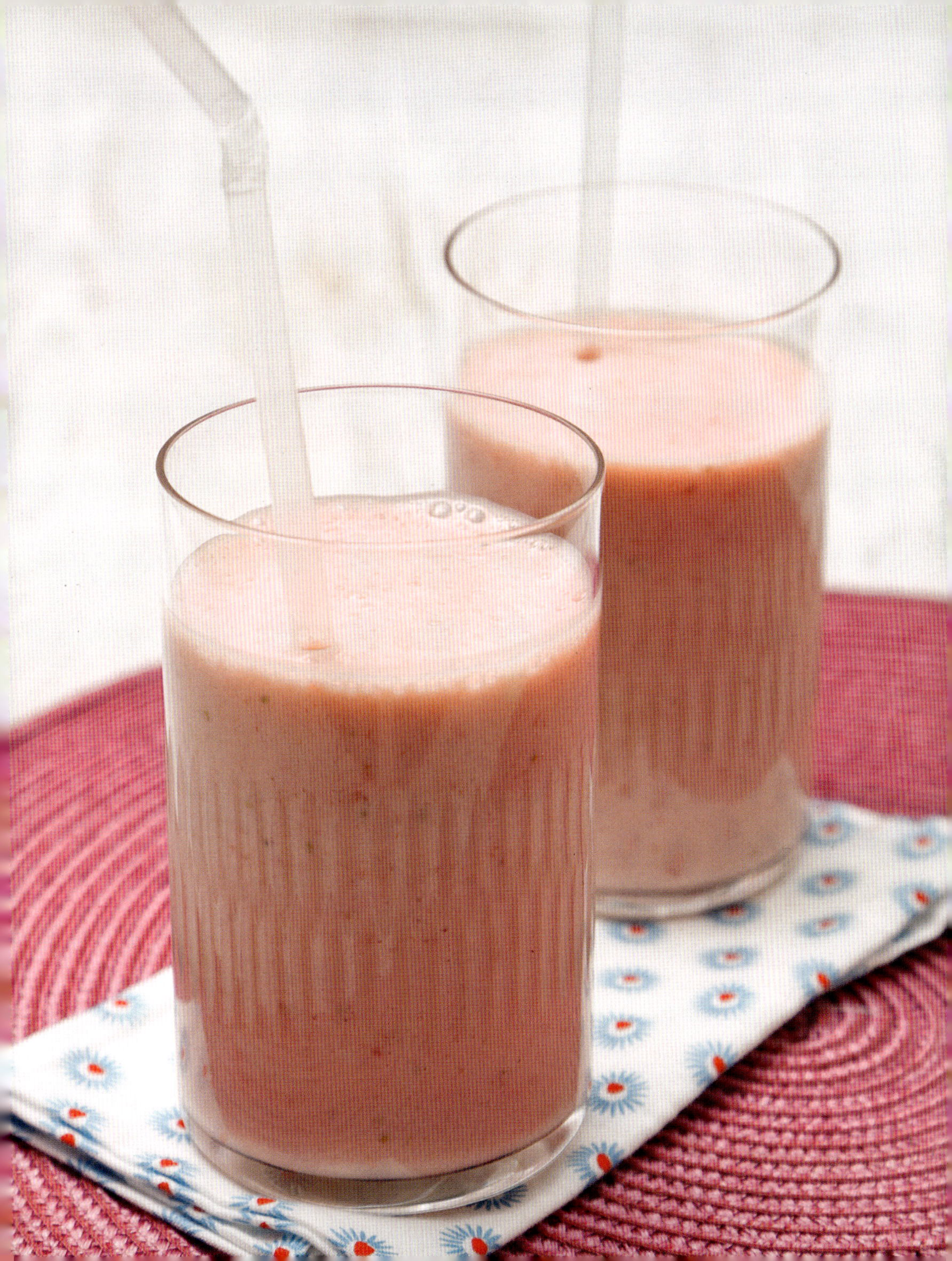

zumo de albaricoque al jengibre

ingredientes
para 2 personas

6 albaricoques (damascos)
1 naranja
1 tallo de limoncillo
1 trozo de jengibre de 2 cm/
 ¾ de pulgada pelado
cubitos de hielo, para servir

preparación

1 Parta los albaricoques por la mitad y deshuéselos. Pele la naranja, dejando parte de la membrana blanca. Trocee el limoncillo.

2 Licúe los albaricoques, la naranja, el limoncillo y el jengibre hasta extraer todo el jugo. Reparta el zumo entre 2 vasos, añada unos cubitos de hielo y sírvalo.

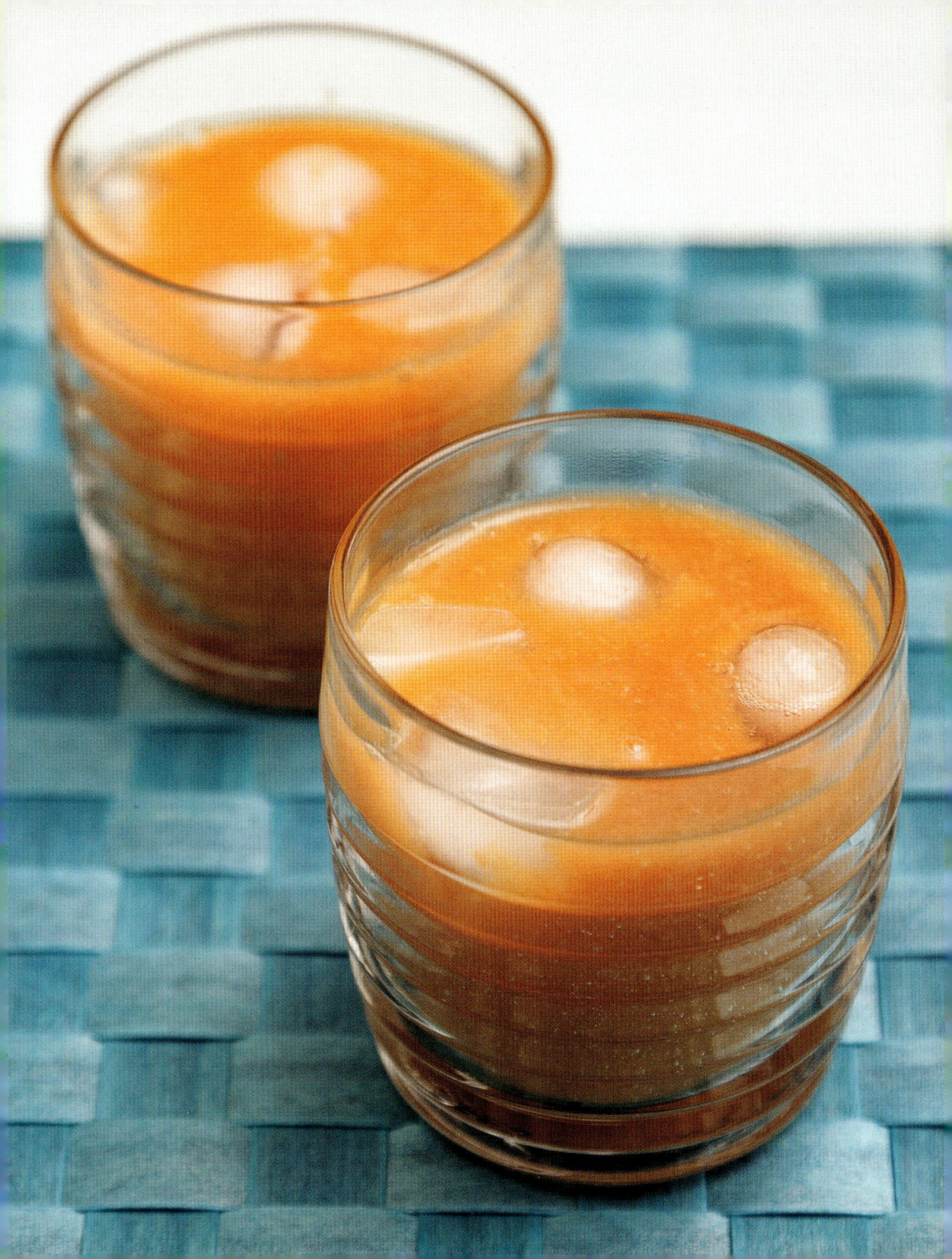

zumo de pimiento, zanahoria y tomate

ingredientes

para 2 personas

250 ml/1 taza de zumo (jugo) de zanahoria
250 ml/1 taza de zumo (jugo) de tomate (jitomate)
2 pimientos (ajís) rojos grandes despepitados (sin semillas) y troceados
1 cucharada de zumo (jugo) de limón
pimienta
rodajas de limón, para adornar

preparación

1. Vierta los zumos de zanahoria y tomate en el robot de cocina o la batidora de vaso y póngalo en marcha unos segundos para mezclarlos.

2. Añada el pimiento y el zumo de limón. Sazone con pimienta abundante y tritúrelo hasta que quede homogéneo. Repártalo entre 2 vasos, adórnelo con rodajas de limón y sírvalo enseguida.

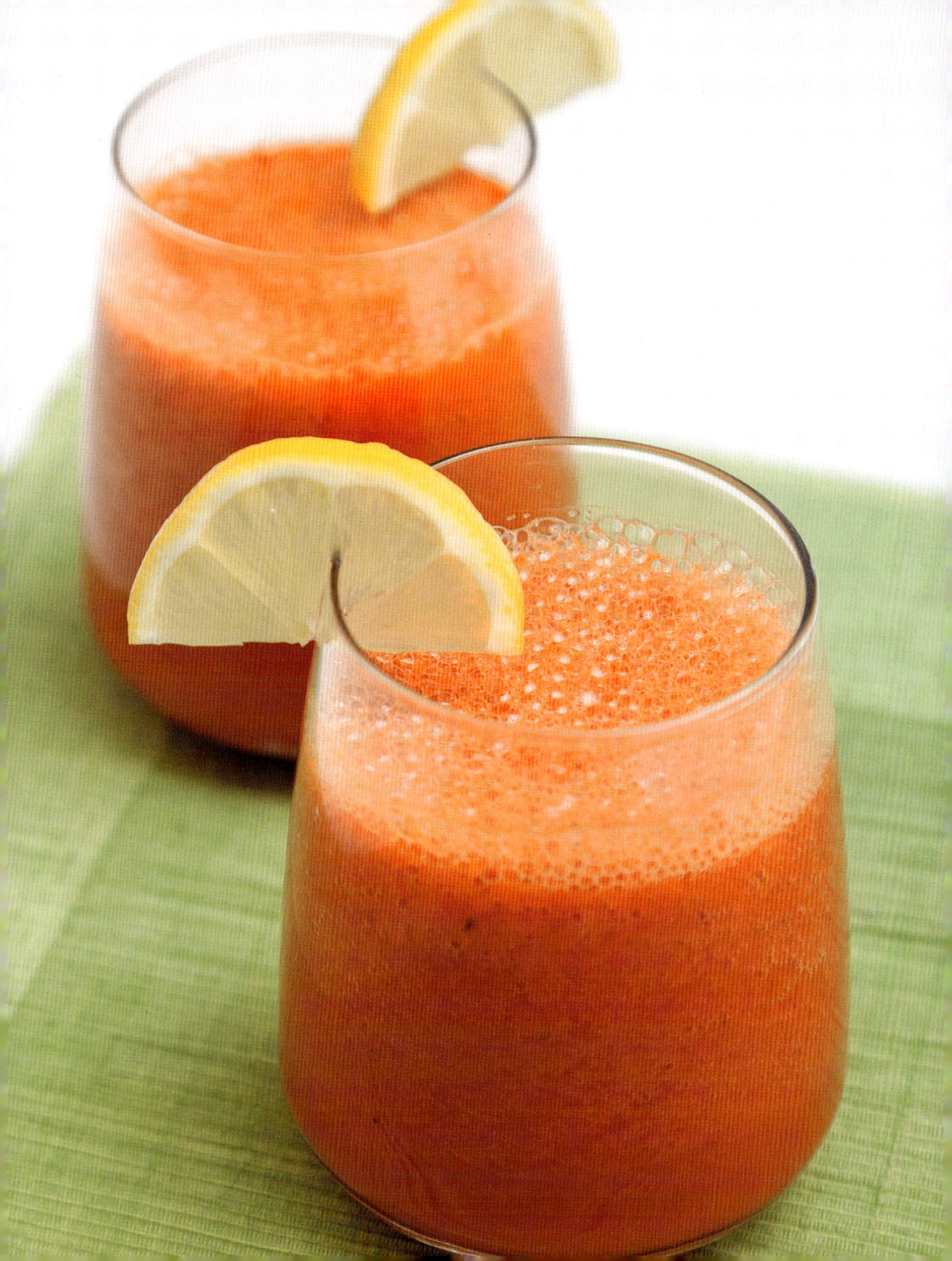

batido de soja con plátano

ingredientes

para 2 personas

1 plátano (banana) grande
350 ml/1½ tazas de leche de soja o de almendra
2 cucharadas de aceite omega 3-6-9 para veganos
1 cucharadita de jarabe de arce

preparación

1 Trocee el plátano y póngalo en un cuenco.

2 Triture todos los ingredientes, excepto el jarabe de arce, en el robot de cocina o la batidora de vaso o póngalos en un bol hondo y tritúrelos con la batidora de brazo. Remueva con suavidad hasta que quede bien mezclado. Endúlcelo con el jarabe de arce, al gusto.

3 Sírvalo enseguida en vasos altos.

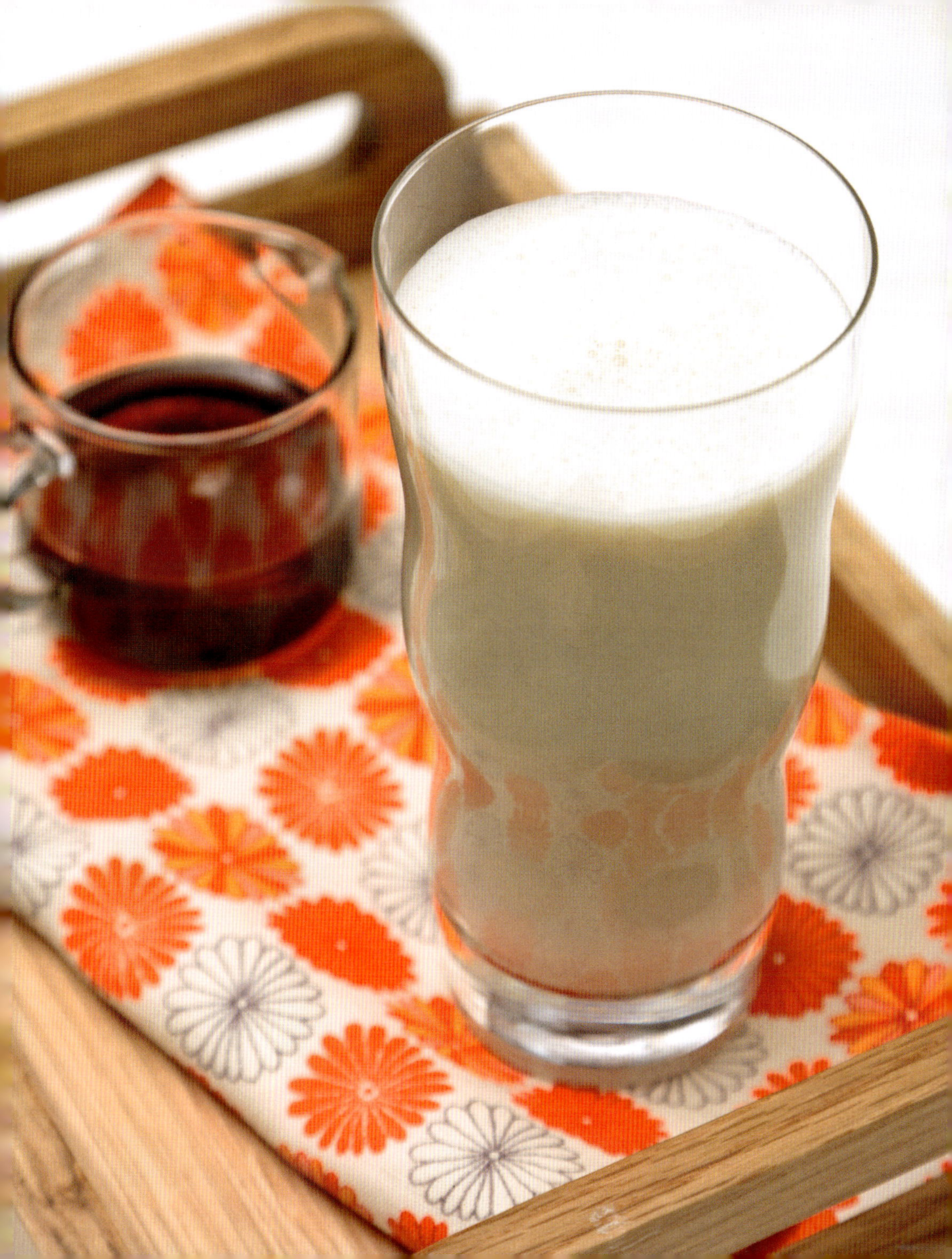

muesli con crema de cacahuete

ingredientes

para 3-4 personas

150 g/1⅓ tazas de copos de avena
3 cucharadas de linaza molida
2 cucharadas de margarina para veganos
3 cucharadas de crema de cacahuete (cacahuate) con trocitos
2 cucharadas de sirope de agave claro
½ cucharadita de esencia de vainilla
leche de soja o yogur de soja, y arándanos, para servir

preparación

1. Precaliente el horno a 160 °C/320 °F. Forre la bandeja del horno con papel vegetal.

2. Mezcle los copos de avena y la linaza en un bol.

3. Caliente la margarina, la crema de cacahuete y el sirope de agave en un cazo a fuego lento o en una jarrita refractaria en el microondas hasta que la margarina se derrita. Incorpore la vainilla.

4. Vierta el líquido sobre la avena y la linaza y mézclelo.

5. Extiéndalo en la bandeja y cuézalo en el horno precalentado 20 minutos, o hasta que se seque y empiece a dorarse. Sáquelo del horno y déjelo enfriar por completo. Desmenuce el muesli y guárdelo en un recipiente hermético o sírvalo enseguida en cuencos con leche de soja o yogur de soja, y arándanos.

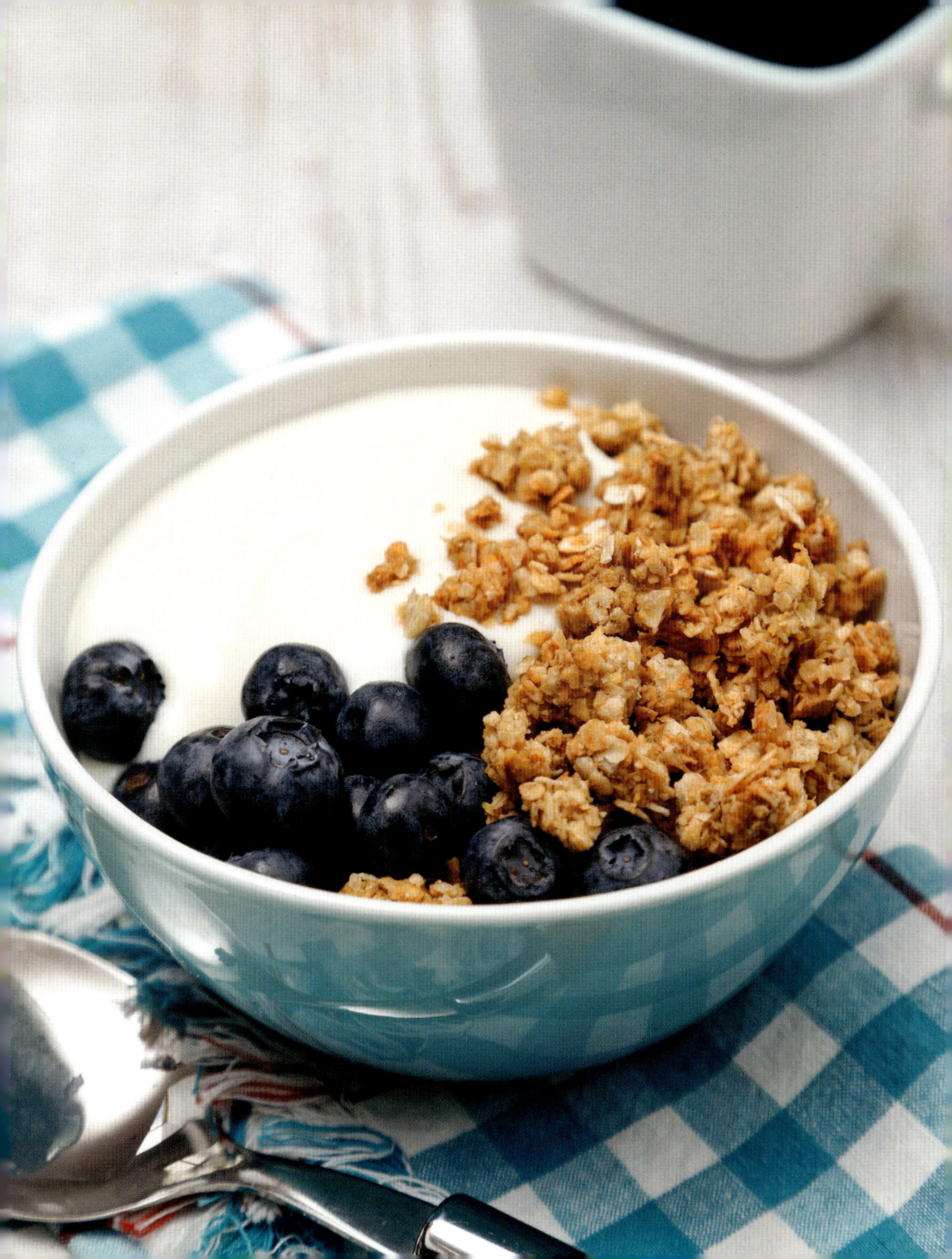

muesli de avena con cerezas y almendra

ingredientes

para 10 personas

aceite vegetal en aerosol
225 g/2½ tazas de copos de avena
50 g/¾ de taza de coco rallado
50 g/½ taza de almendra fileteada
55 g/½ taza de linaza molida
¼ de cucharadita de sal
125 ml/½ taza de jarabe de arce
4 cucharadas de agua
1 cucharada de aceite vegetal
1 cucharadita de esencia de vainilla
100 g/⅔ de taza de cerezas secas sin hueso, picadas
leche de soja, para servir

preparación

1 Precaliente el horno a 140 °C/280 °F. Forre una bandeja grande de horno con papel vegetal y pulverícela con un poco de aceite.

2 Ponga la avena, el coco, la almendra, la linaza y la sal en un bol y remueva bien. Mezcle en un cuenco el jarabe de arce, el agua, el aceite vegetal y la vainilla. Vierta los ingredientes líquidos sobre los secos y remueva. Extiéndalo en la bandeja y alíselo con una espátula.

3 Cuézalo unos 45 minutos en el horno precalentado. Remueva bien y extiéndalo de nuevo en una capa uniforme. Prosiga con la cocción de 30 a 40 minutos más, hasta que esté crujiente y empiece a tomar color. Incorpore las cerezas y déjelo enfriar a temperatura ambiente.

4 Guárdelo en un recipiente hermético a temperatura ambiente una semana como máximo o sírvalo enseguida con leche de soja.

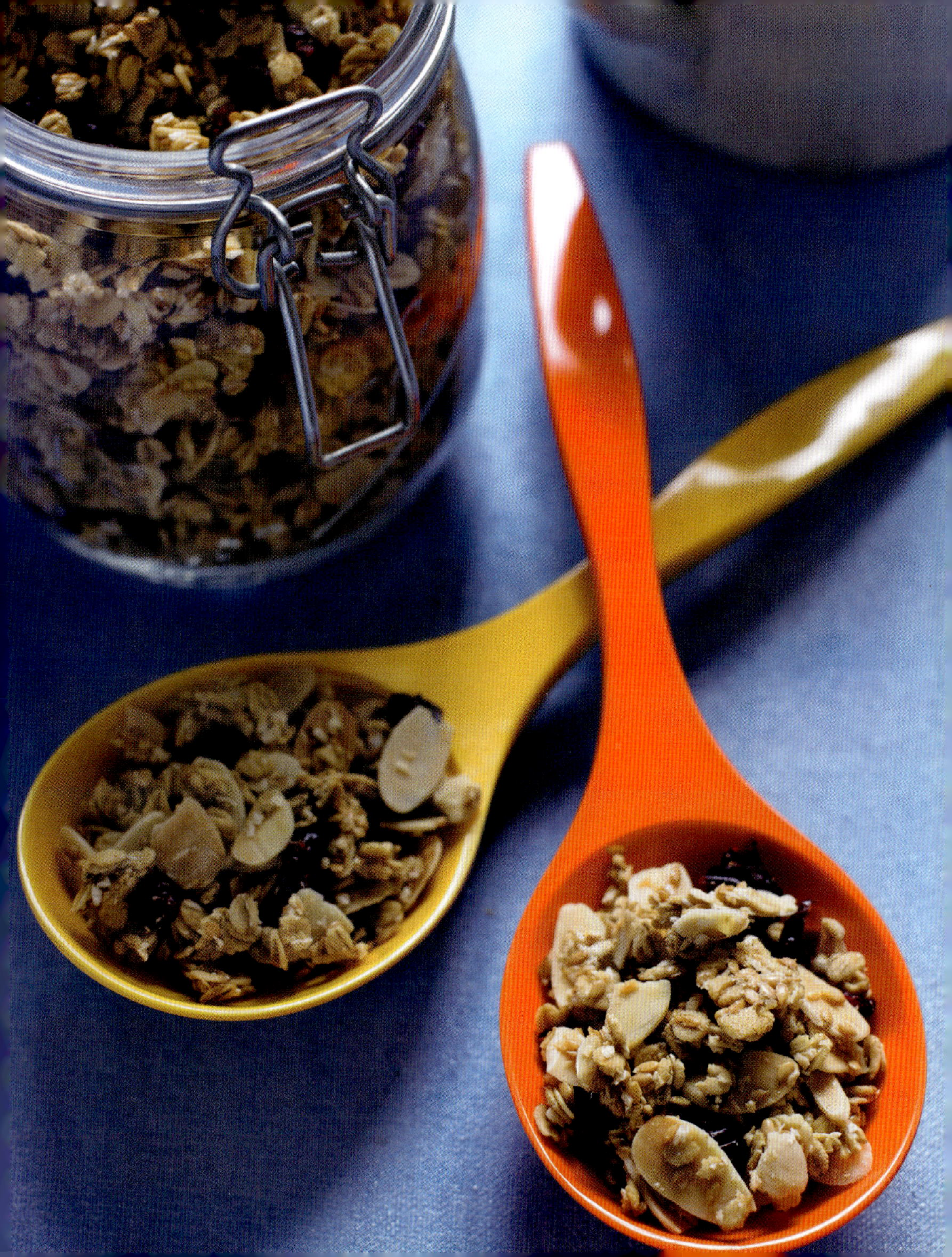

magdalenas de café y nueces

ingredientes
para 12 unidades

margarina para veganos, para engrasar
250 g/2 tazas de harina
1 cucharada de levadura en polvo
2 cucharadas de café soluble
1 cucharadita de canela molida
175 g/¾ de taza de azúcar
250 ml/1 taza de leche de soja
80 ml/⅓ de taza de aceite vegetal
1 cucharadita de esencia de vainilla
100 g/¾ de taza de nueces picadas

cobertura
30 g/¼ de taza de nueces troceadas
2 cucharadas de azúcar moreno

preparación

1. Precaliente el horno a 180 °C/350 °F. Engrase un molde para 12 magdalenas con un poco de margarina o coloque un molde de papel en cada hueco.

2. Tamice la harina, la levadura, el café soluble y la canela en un bol e incorpore el azúcar.

3. Mezcle la leche de soja con el aceite y la vainilla en un cuenco. Añada los ingredientes secos junto con las nueces picadas. Remueva solo hasta mezclar los ingredientes, sin trabajar demasiado la masa.

4. Reparta la pasta entre los huecos del molde y esparza las nueces troceadas y el azúcar moreno por encima. Cueza las magdalenas en el horno de 20 a 25 minutos, o hasta que al pincharlas en el centro con un palillo, salga limpio. Déjelas enfriar 5 minutos y, después, desmóldelas y sírvalas.

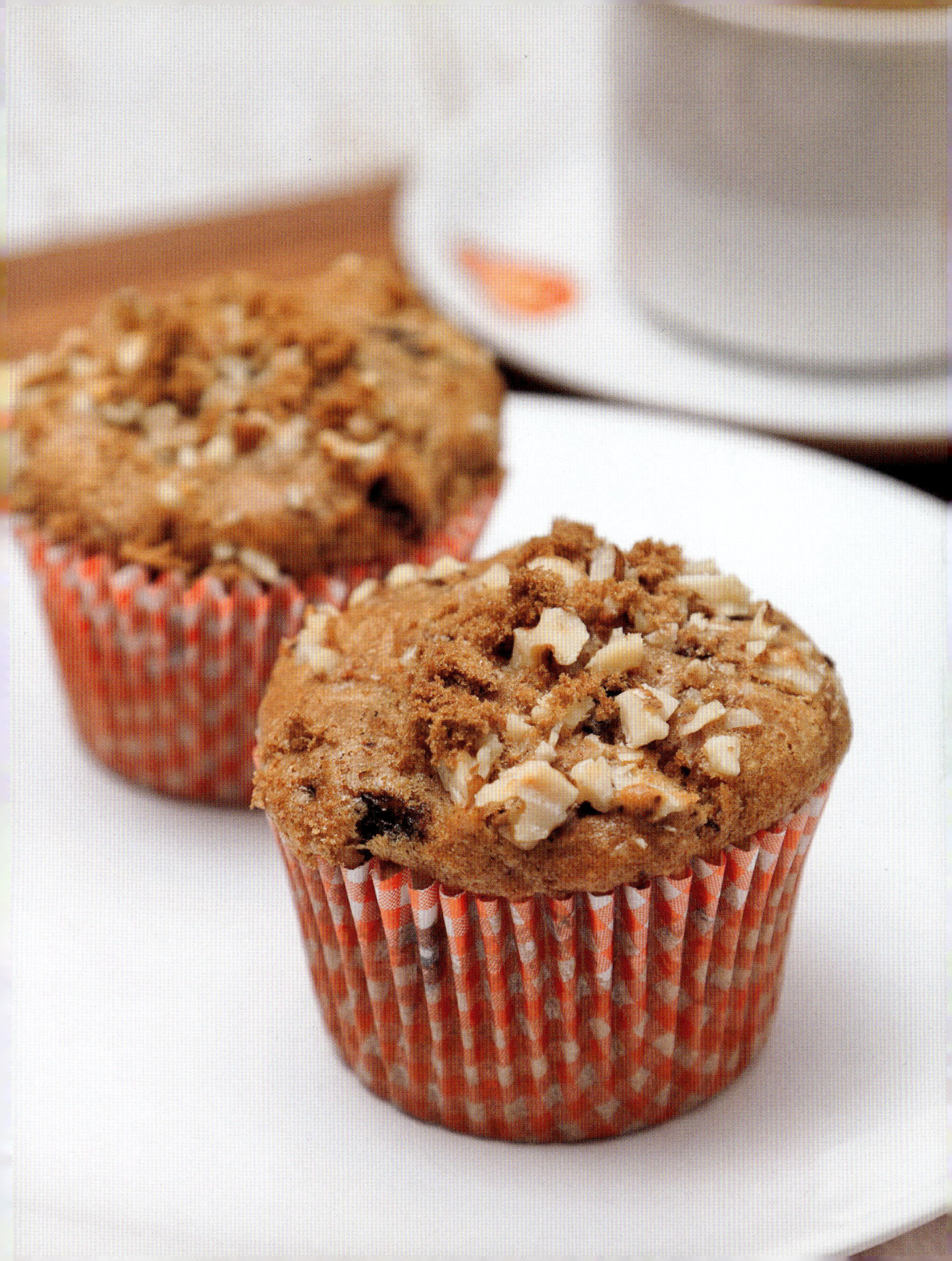

macedonia con galletas de muesli

ingredientes

para 2 raciones de macedonia y 30 galletas

macedonia
1 naranja grande
1 pomelo normal y otro rosa
jarabe de arce, al gusto

galletas
160 g/¾ de taza de margarina para veganos
300 g/1½ tazas de azúcar
175 g/1⅓ tazas de harina
½ cucharadita de levadura en polvo
40 g/⅓ de taza de linaza molida
1 cucharadita de canela molida
½ cucharadita de sal
125 ml/½ taza de leche de soja
1 cucharadita de esencia de vainilla
50 g/⅓ de taza de pasas
50 g/⅓ de taza de dátiles picados
50 g/½ taza de nueces picadas
250 g/2¾ tazas de copos de avena

preparación

1 Precaliente el horno a 180 °C/350 °F. Forre una bandeja de horno grande con papel vegetal.

2 Para preparar las galletas, bata la margarina con el azúcar en un bol hasta obtener una crema blanquecina. Tamice la harina y la levadura sobre el bol y añada la linaza, la canela y la sal.

3 Bata la leche de soja con la vainilla en un cuenco e incorpórela a la pasta junto con las pasas, los dátiles, las nueces y la avena. Mézclelo bien.

4 Forme una bolita de 4 cm/1½ pulgadas de diámetro con un trozo de masa. Póngala en la bandeja y aplánela un poco. Haga lo mismo con el resto de la masa hasta obtener unas 30 galletas. Cuézalas en el horno 15 minutos, o hasta que se doren. Déjelas reposar 5 minutos en la bandeja y páselas a una rejilla metálica para que terminen de enfriarse.

5 Para preparar la macedonia, pele la naranja y los pomelos con un cuchillo afilado, retirando también la parte blanca. Con cuidado, realice unos cortes entre los gajos de los cítricos para separar la pulpa de la membrana. Reparta la fruta entre 2 cuencos y rocíela con jarabe de arce al gusto. Sirva cada ración de macedonia con 2 o 3 galletas (guarde las restantes en un recipiente hermético y consúmalas en el plazo de 5 días).

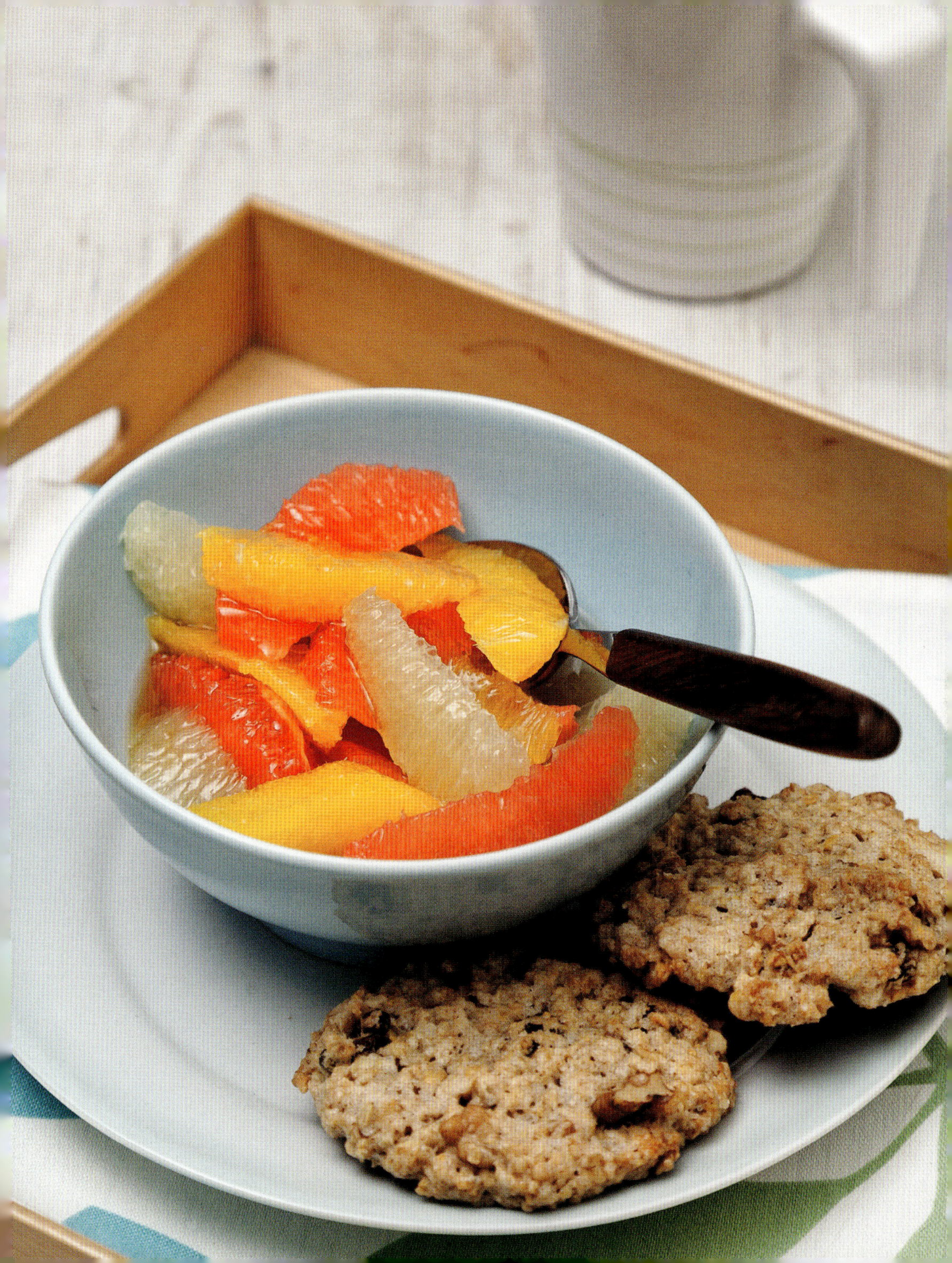

gachas de avena tropicales

ingredientes

para 2 personas

100 g/1 taza de copos de avena
300 ml/1¼ tazas de agua caliente
1 pizca de sal
50 g/⅓ de taza de una mezcla de fruta y frutos secos tropicales
1 plátano (banana) grande o 2 pequeños
leche de coco baja en grasa, para servir

preparación

1. Ponga la avena en un cazo antiadherente y añada el agua caliente y la sal. Remueva bien, llévelo a ebullición, baje el fuego y cuézalo, removiendo a menudo, 5 minutos, hasta que las gachas se espesen y empiecen a homogeneizarse.

2. Cuando estén casi a punto, incorpore la mezcla de fruta y frutos secos, y prosiga con la cocción durante 1 minuto más.

3. Reparta las gachas entre 2 cuencos. Pele el plátano, córtelo en rodajas y repártalo por encima. Sírvalo enseguida con leche de coco baja en grasa.

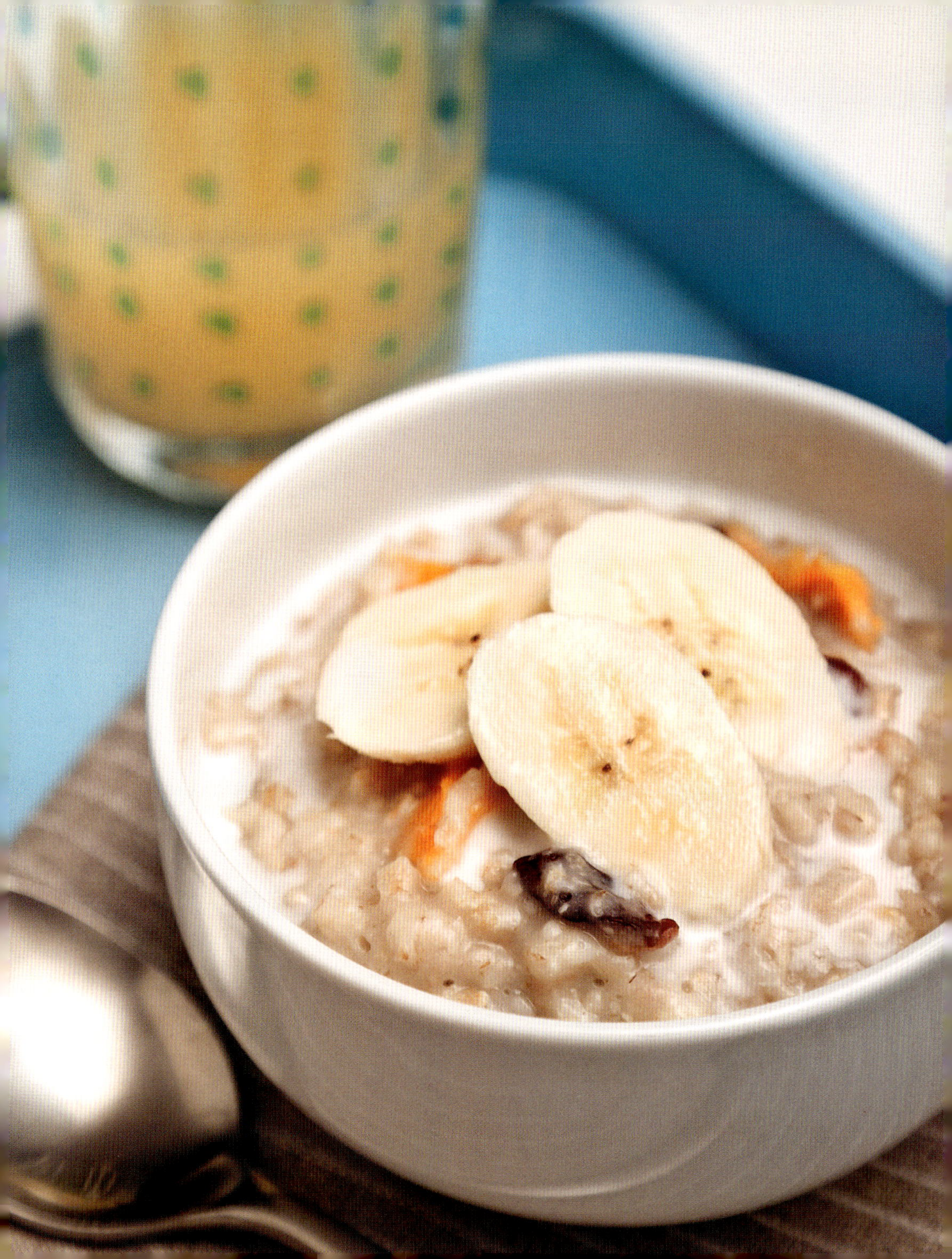

revuelto de tofu a las hierbas

ingredientes
para 2 personas
400 g/14 oz de tofu consistente
12 tomates (jitomates) cherry en rama
aceite de oliva, para asar
1 chapata pequeña para veganos
30 g/2 cucharadas de margarina para veganos
2 dientes de ajo pelados y aplastados
5 cucharadas/⅓ de taza de hierbas aromáticas frescas, como estragón, cebollino (cebollín) y perejil, picadas
sal y pimienta
pimentón ahumado, al gusto

preparación

1 Precaliente el horno a 200 °C/400 °F. Si el tofu estuviera envasado con agua, escúrralo y presione los bloques entre hojas de papel de cocina para eliminar al máximo la humedad. Desmenúcelo con suavidad en un bol.

2 Ponga los tomates en una fuente para asar mediana y rocíelos con un poco de aceite. Áselos en el horno precalentado 5 minutos, o hasta que se calienten y empiecen a abrirse.

3 Parta la chapata en dos y corte ambas mitades para obtener 4 trozos. Tuéstelos por ambos lados.

4 Derrita la margarina en una sartén grande a fuego medio. Rehogue el ajo 1 minuto, retírelo y deséchelo.

5 Rehogue el tofu en el aceite aromatizado con ajo, dándole la vuelta a menudo, 3 o 4 minutos, hasta que empiece a tomar color. Aparte la sartén del fuego, incorpore las hierbas y salpimiente.

6 Sazone el tofu con pimentón ahumado al gusto. Sirva el revuelto enseguida sobre la chapata tostada, con los tomates asados al lado.

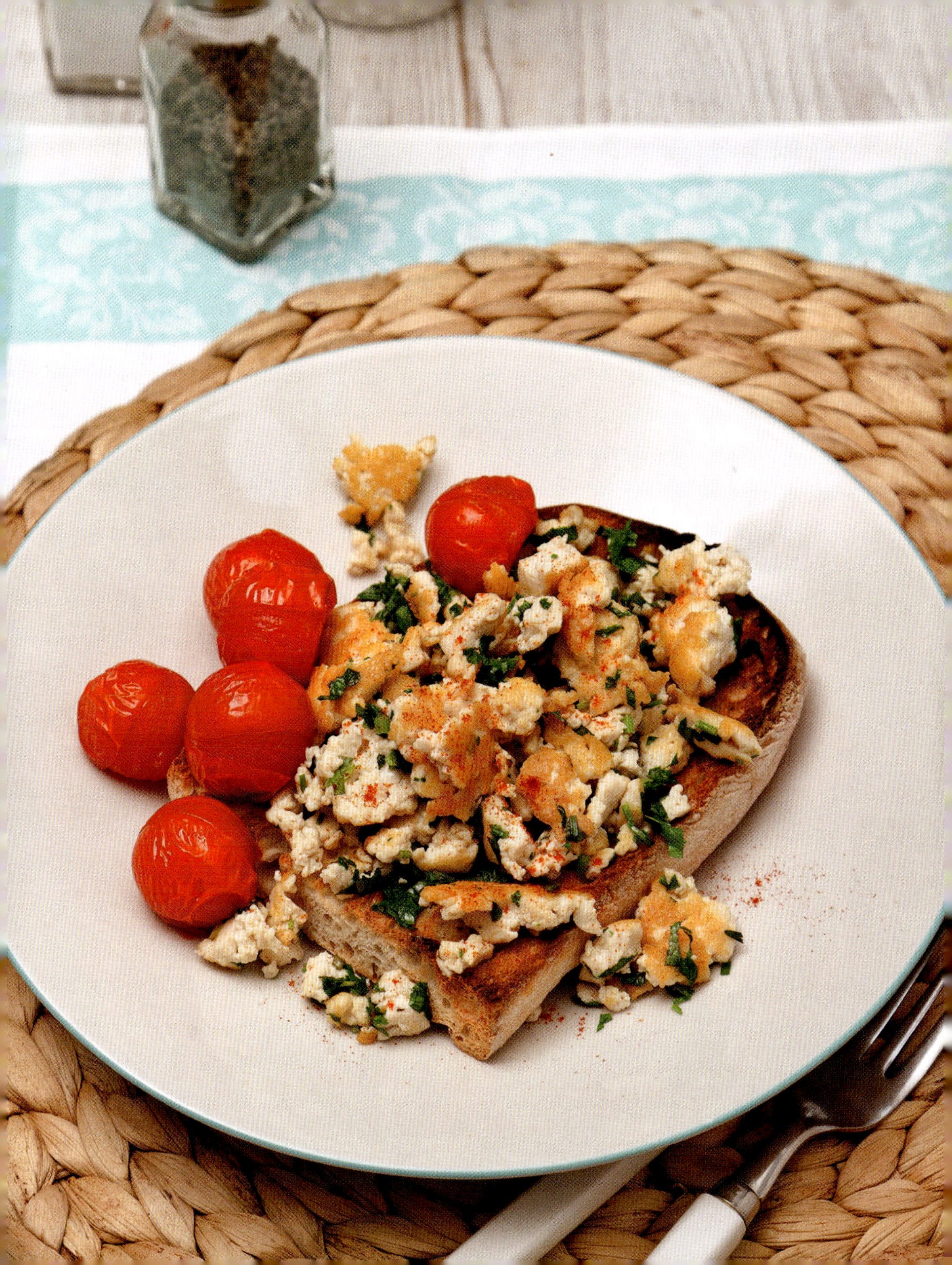

tostadas con setas

ingredientes

para 4 personas

12 rebanadas de 1 cm/ ½ pulgada de grosor de pan para veganos o 2 barritas pequeñas para veganos cortadas a lo largo
3 cucharadas de aceite de oliva
2 dientes de ajo majados
225 g/3½ tazas de champiñones en láminas
225 g/8 oz de setas (hongos) silvestres variadas troceadas
2 cucharaditas de zumo (jugo) de limón
2 cucharadas de perejil picado
sal y pimienta

preparación

1. Tueste el pan por ambos lados en una plancha acanalada hasta que se dore. Resérvelo caliente.

2. Mientras tanto, caliente el aceite en una sartén. Sofría el ajo unos segundos a fuego lento y añada los champiñones. Rehóguelos, sin dejar de remover, 3 minutos a fuego fuerte. Incorpore las setas silvestres y siga rehogándolo 2 minutos más. Incorpore el zumo de limón.

3. Salpimiente, agregue el perejil y remueva.

4. Reparta las setas rehogadas entre las tostadas calientes y sírvalas enseguida.

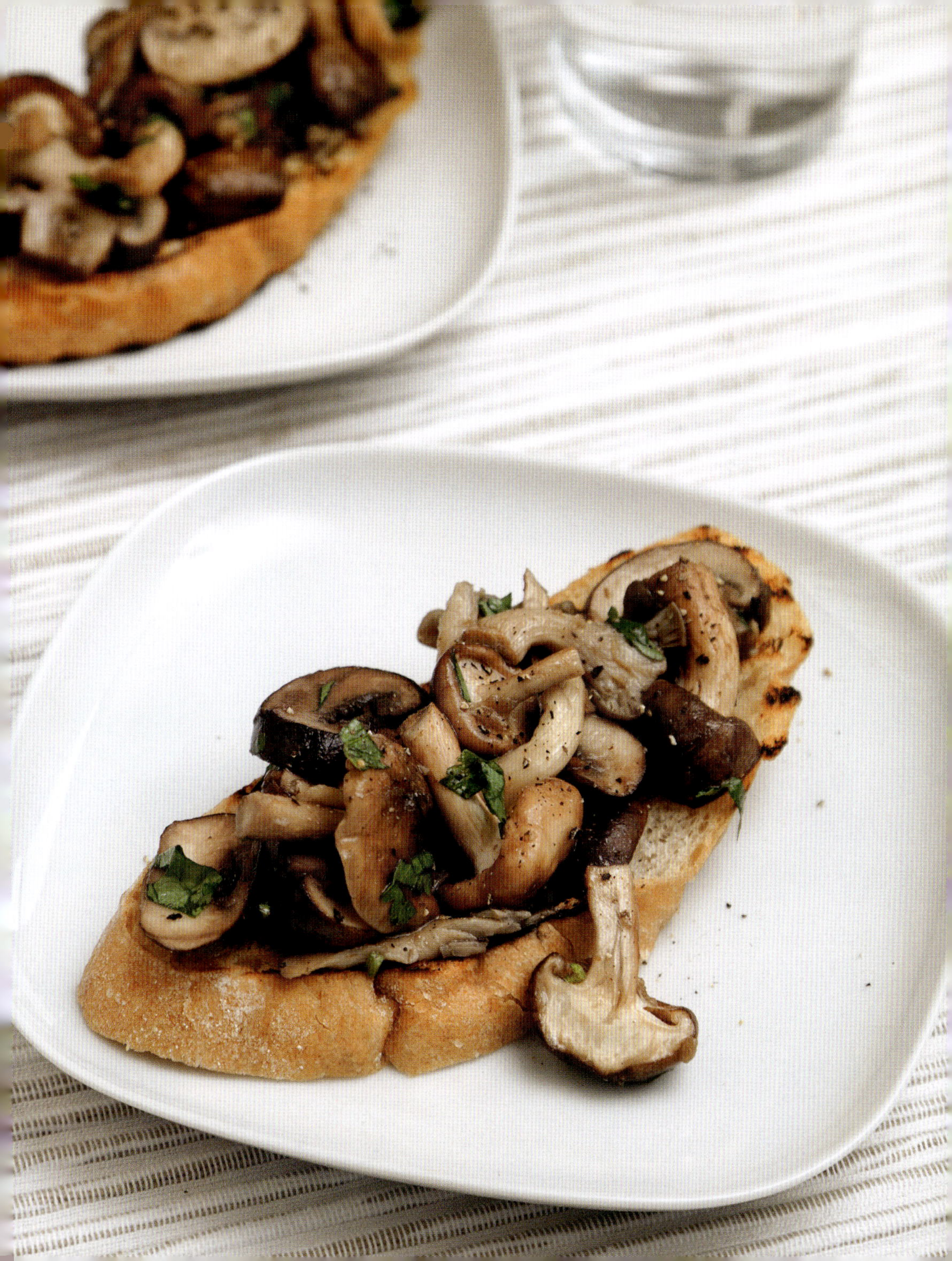

burritos con alubias

ingredientes

para 2 personas

alubias picantes
1 cucharada de aceite de oliva
1 cebolla picada
1 pimiento (ají) verde despepitado y picado
400 g/15 oz de azukis (adukis) cocidos
1 cucharada de melaza (miel de caña)
1 cucharada de jarabe de arce
1 cucharadita de mostaza inglesa
½ cucharadita de canela molida
1 cucharadita de pasta de tomates (jitomates) secados al sol
400 ml/1¾ tazas de agua
sal y pimienta

2 cucharadas de aceite vegetal
2 salchichas para veganos, descongeladas si no son frescas
75 g/½ taza de piña (ananás) troceada
2 tortillas tiernas de harina para veganos (cuadradas si es posible)
1 manojo de hojas de espinaca tiernas en juliana

preparación

1. Para preparar las alubias, caliente el aceite en una cazuela grande a fuego medio y sofría la cebolla y el pimiento 3 minutos, o hasta que se ablanden. Añada los ingredientes restantes para las alubias, llévelo a ebullición, baje el fuego y cuézalo 30 minutos a fuego lento. Salpimiente.

2. Caliente el aceite en una sartén a fuego medio. Fría las salchichas junto con la piña 10 minutos, o hasta que se doren. Déjelo enfriar un poco y corte las salchichas en trozos del tamaño de un bocado.

3. Reparta las judías picantes entre las tortillas y extiéndalas para cubrirlas bien. Añada las espinacas.

4. Reparta los trozos de salchicha y piña por encima, del centro hacia abajo si las tortillas son redondas y a un lado si son cuadradas. Enrolle las tortillas presionándolas para crear un efecto en espiral.

5. Corte los burritos en 2 o 3 trozos con un cuchillo de sierra. Sírvalos enseguida.

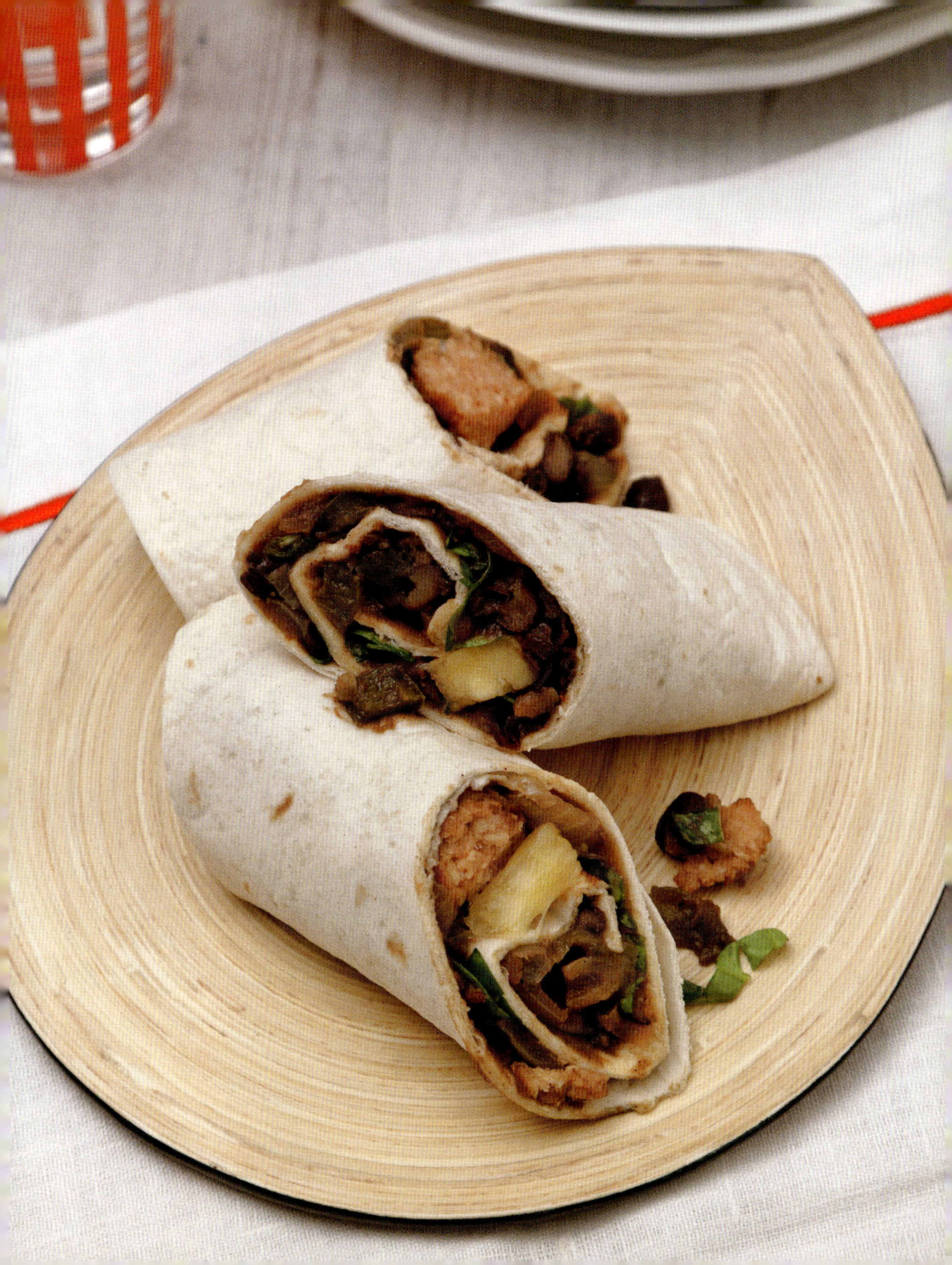

tortitas de boniato con espinacas

ingredientes

para 4 personas

tortitas
200 ml/1 taza de leche de soja
50 g/⅓ de taza de harina
50 g/½ taza de harina
  de garbanzos (chícharos)
100 g de boniato (papa dulce)
  rallado
1 cebolla roja pequeña picada
aceite vegetal, para freír

relleno
150 g/5-6 oz de hojas tiernas
  de espinaca en juliana
20 g/2 cucharadas de pasas
1 cucharada de aceite de oliva
30 g/¼ de taza de piñones
sal y pimienta

preparación

1 Para preparar el relleno, ponga las espinacas en una cazuela a fuego medio. Vierta un chorrito de agua y cuézalas 2 o 3 minutos, o hasta que se marchiten. Páselas a un plato y séquelas bien con papel de cocina para eliminar al máximo la humedad. Resérvelas.

2 Para preparar las tortitas, bata la leche con los dos tipos de harina en un bol. Incorpore el boniato y la cebolla y mézclelo bien.

3 Caliente un poco de aceite en una sartén grande a fuego fuerte y vierta una cuarta parte de la pasta para tortitas, extendiéndola con el dorso de la cuchara hasta el borde. Fría la tortita 2 o 3 minutos por cada lado, dándole la vuelta con cuidado, hasta que se dore y esté crujiente. Pásela a un plato con papel de cocina y prepare otras tres.

4 Devuelva las espinacas a la cazuela con las pasas, el aceite y los piñones y caliéntelo a fuego medio. Salpimiente y cuézalas 1 minuto, o hasta que estén calientes. Disponga una cuarta parte del relleno de espinacas sobre la mitad de una tortita. Doble la otra mitad por encima. Rellene las tortitas restantes del mismo modo.

variación

Prepare de 8 a 10 minitortitas con la pasta y sírvalas apiladas en alternancia con el relleno de espinacas.

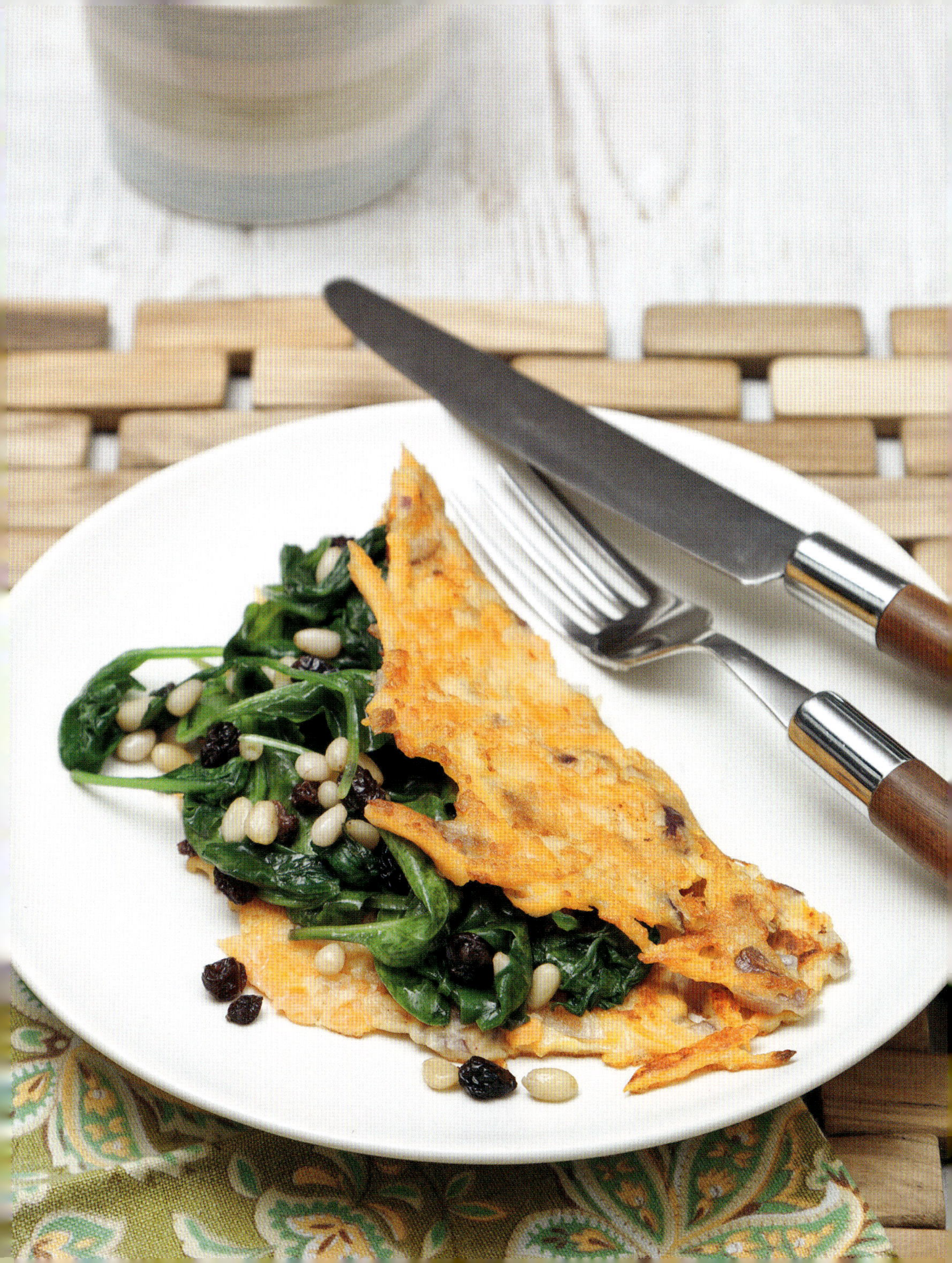

gachas de alforfón con leche de almendra

ingredientes

para 6 personas

leche de almendra
70 g/½ taza de almendras enteras crudas remojadas toda la noche
300 ml/1¼ tazas de agua

gachas
350 g/2 tazas de alforfón remojado 90 minutos en agua fría
1 cucharadita de canela molida
2 cucharadas de sirope de agave, y un poco más para servir
fresas (frutillas) en láminas, para acompañar

preparación

1 Para preparar la leche, escurra las almendras y póngalas en la batidora de vaso o el robot de cocina. Tritúrelas con el agua. Deje la batidora en marcha un par de minutos para triturar al máximo las almendras.

2 Viértalo en un colador forrado con muselina colocado sobre un bol o una jarra y apriételo con el dorso de una cuchara para extraer todo el líquido posible. Debería obtener unos 300 ml/1¼ tazas de leche de almendra.

3 Enjuague la harina de alforfón con abundante agua fría. Póngala en la batidora o el robot con la leche de almendra, la canela y el sirope de agave. Tritúrelo hasta obtener una pasta de textura gruesa.

4 Refrigérelo 30 minutos como mínimo o toda la noche. Se conserva hasta 3 días, tapado, en el frigorífico.

5 Sírvalo en cuencos, adornado con fresas y sirope de agave al gusto.

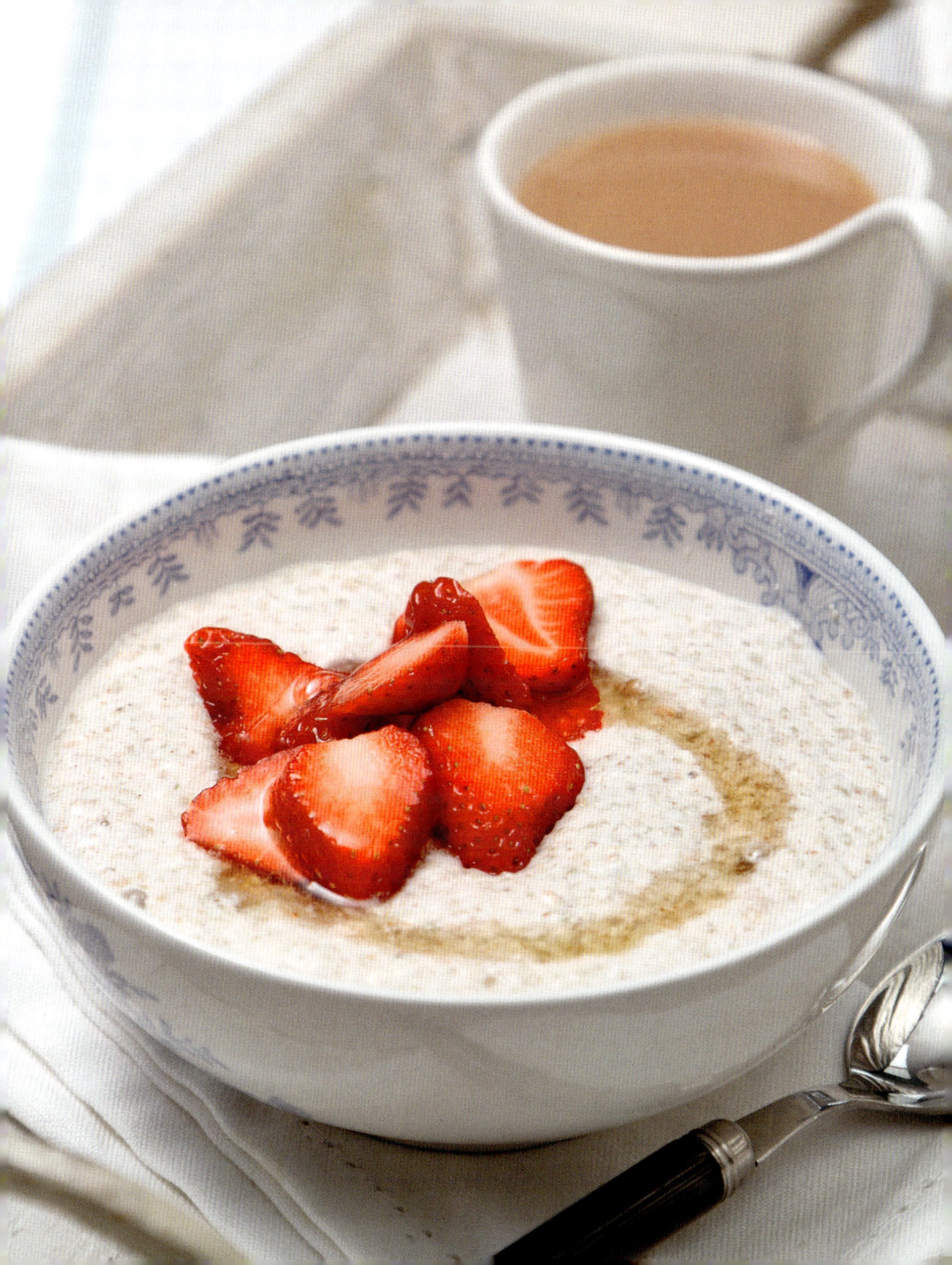

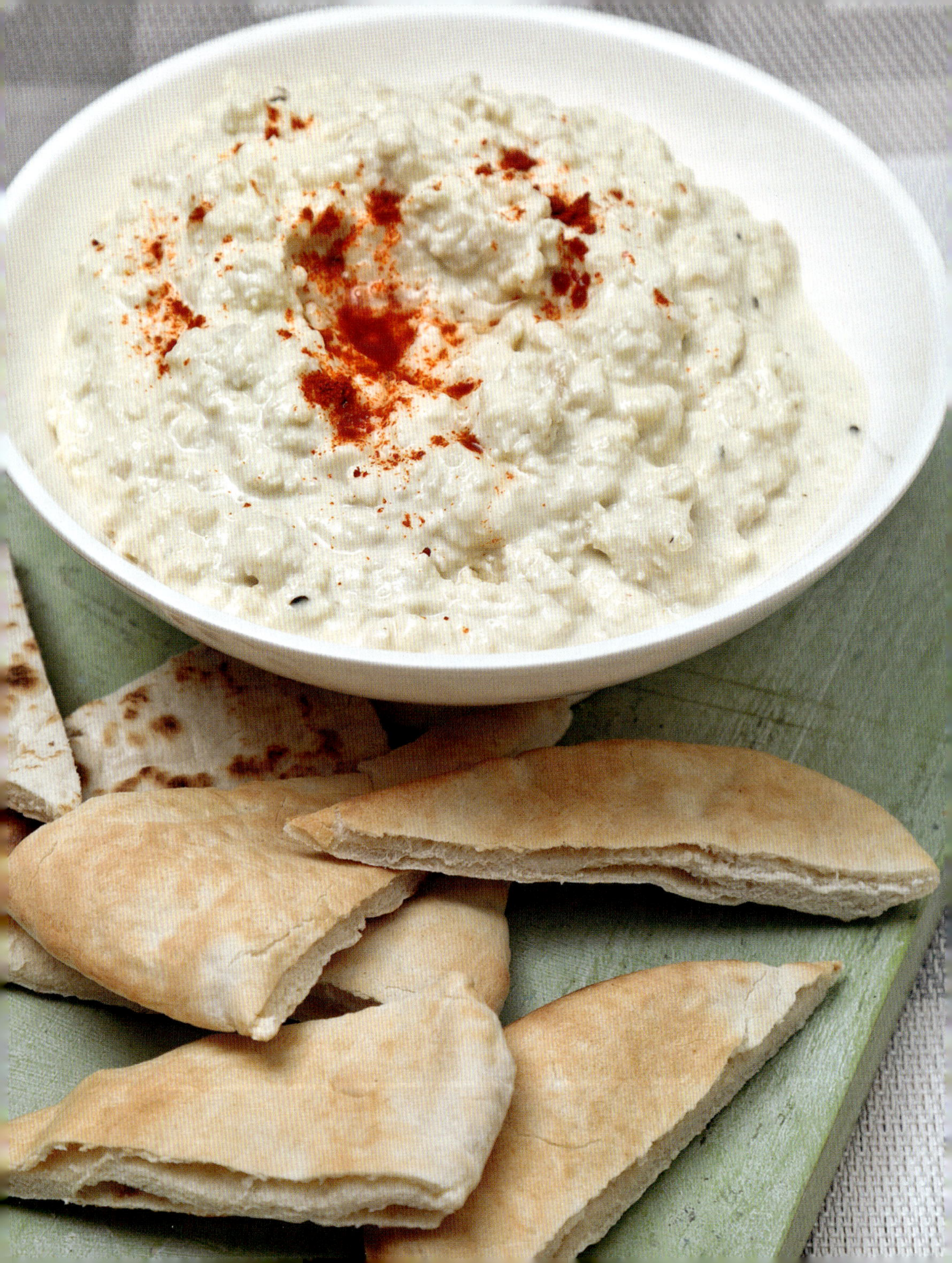

tentempiés

palomitas caramelizadas con anacardos

ingredientes

para 2 personas

40 g/3 cucharadas de margarina para veganos
40 g/3 cucharadas de azúcar moreno
1 cucharada de jarabe de caña
70 g/½ taza de anacardos (castañas de cajú)
50 g/⅓ de taza de maíz (elote) para palomitas
1 cucharada de aceite vegetal

preparación

1 Ponga la margarina, el azúcar y el jarabe de caña en un cazo a fuego medio. Suba la temperatura, remueva 2 minutos sin parar y, después, apártelo del fuego y resérvelo.

2 Tueste los anacardos a fuego medio en una sartén de base gruesa 3 o 4 minutos, removiendo a menudo, hasta que empiecen a dorarse. Apártelos del fuego y resérvelos en un plato.

3 En una cazuela grande con tapa, mezcle el maíz con el aceite hasta que se impregne bien. Tape la cazuela y déjelo a fuego medio. Cuando las palomitas empiecen a explotar, baje el fuego. Sacuda la cazuela de vez en cuando, sujetando bien la tapa. No la destape hasta que las palomitas dejen de explotar.

4 Antes de que se enfríen las palomitas, incorpore los anacardos tostados. Vierta la salsa de caramelo por encima y mézclelo bien. Pase las palomitas a la bandeja de horno forrada con papel vegetal, déjelas enfriar y sírvalas.

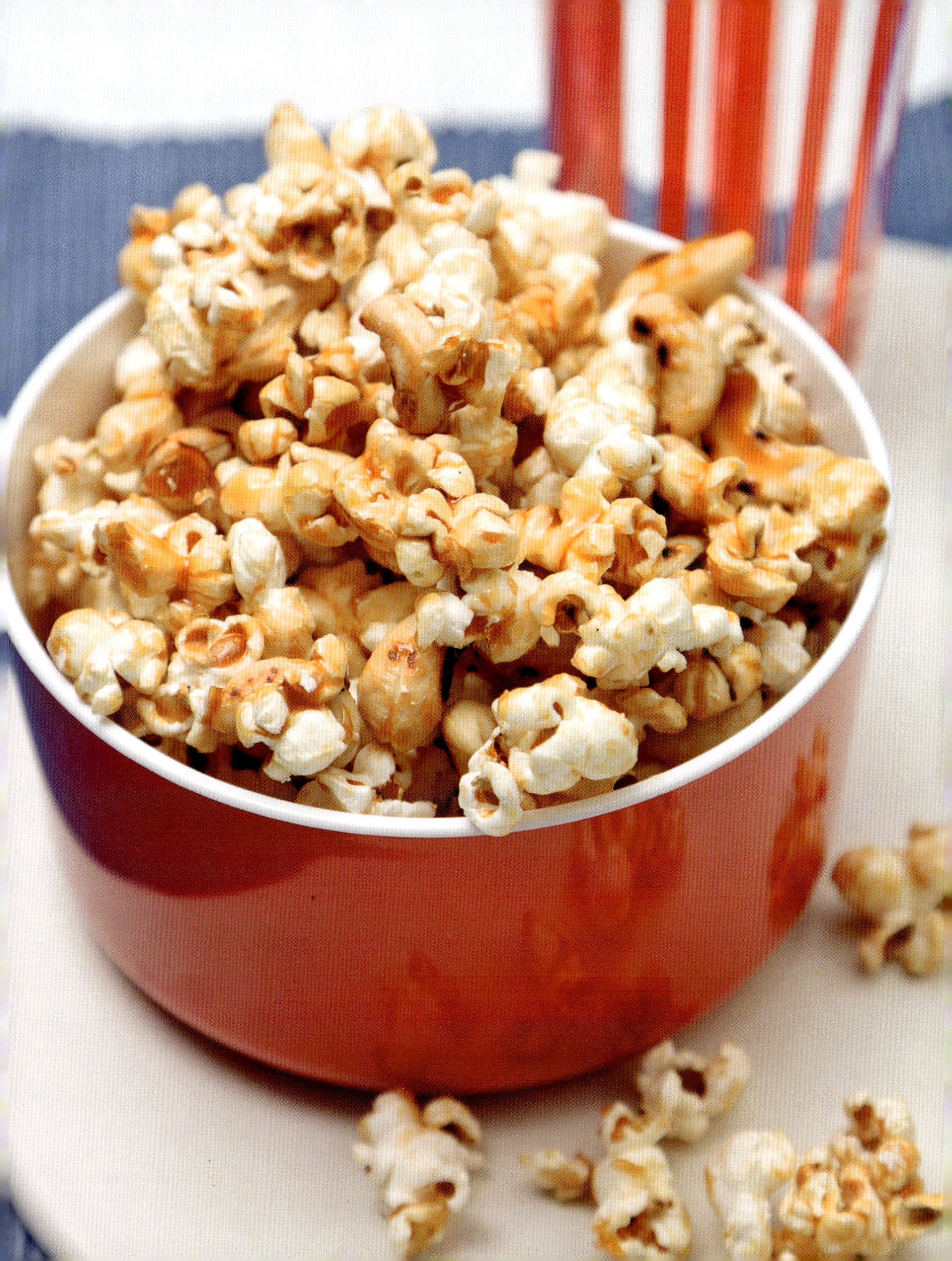

barritas de cereales y frutos secos

ingredientes
para 12 unidades

aceite vegetal en aerosol
165 g/1¾ tazas de copos de avena
50 g/½ taza de pacanas (nueces pecán) picadas
50 g/½ taza de almendra fileteada
120 ml/½ taza de jarabe de arce
50 g/¼ de taza de azúcar moreno
60 g/¼ de taza de crema de cacahuete (cacahuate) fina
1 cucharadita de esencia de vainilla
¼ de cucharadita de sal
30 g/2 tazas de arroz hinchado
30 g/¼ de taza de linaza molida

preparación

1 Precaliente el horno a 180 °C/350 °F. Pulverice una fuente refractaria de 23 x 23 cm con aceite en aerosol.

2 En una bandeja de horno honda, mezcle la avena con las pacanas y la almendra, y tuéstelo en el horno precalentado de 5 a 7 minutos, o hasta que empiece a tomar color.

3 Mientras tanto, mezcle en un cazo el jarabe de arce con el azúcar y la crema de cacahuete y llévelo a ebullición a fuego medio. Cuézalo, removiendo, 4 o 5 minutos, o hasta que empiece a espesarse. Incorpore la vainilla y la sal.

4 Cuando la avena y los frutos secos estén tostados, páselos a un bol y añada el arroz hinchado y la linaza. Rocíe la mezcla de jarabe de arce por encima y remueva. Extiéndalo en la bandeja y refrigérelo al menos 1 hora antes de cortarlo en 12 barritas. Guárdelas en un recipiente hermético a temperatura ambiente. Sírvalas a temperatura ambiente.

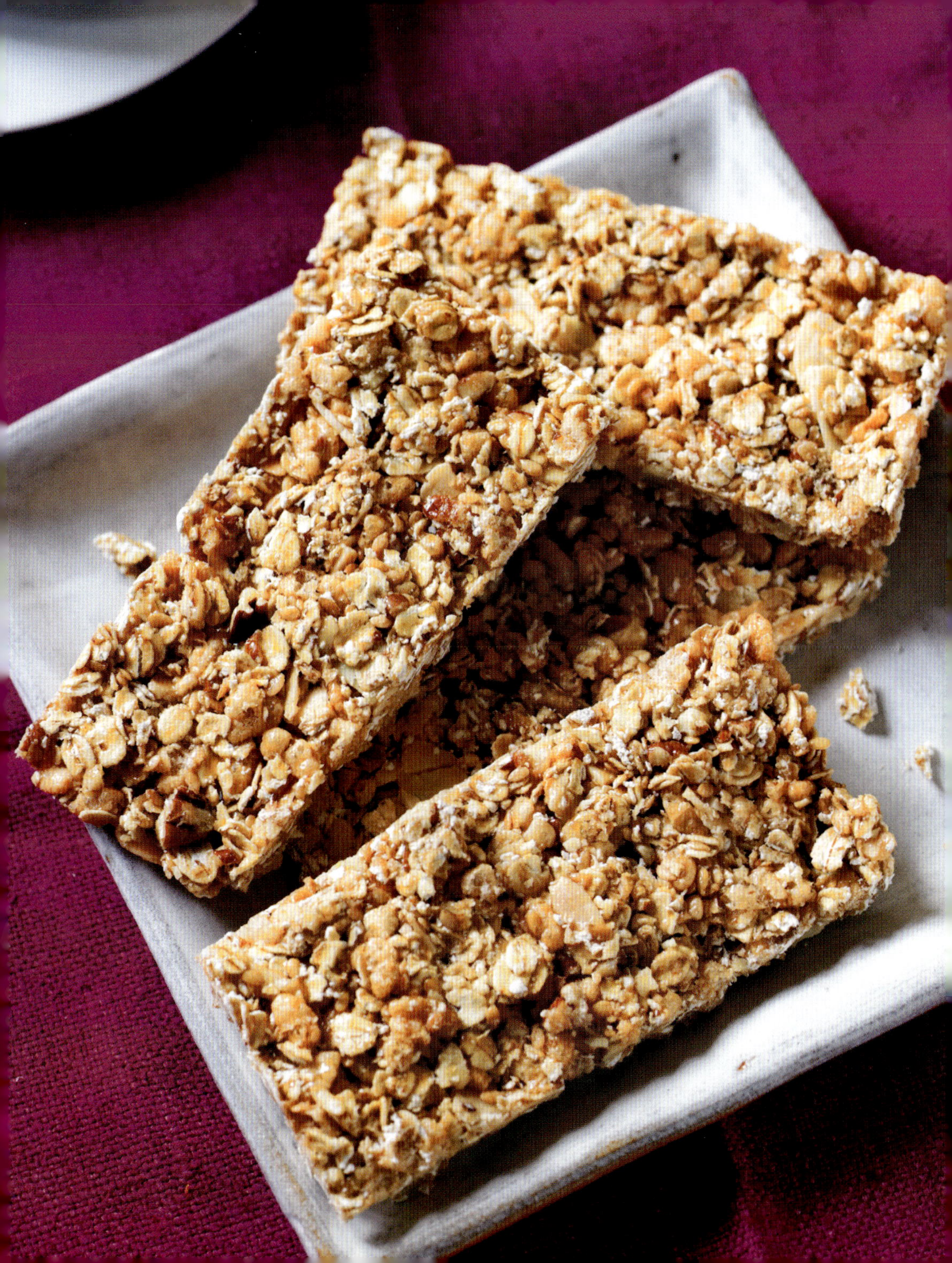

galletas de avena y café

ingredientes
para 14 unidades
115 g/1 taza de harina
¼ de cucharadita de levadura en polvo
15 g/3 cucharadas de cacao en polvo
125 g/½ taza de azúcar moreno
1 cucharada de café soluble
125 g/½ taza de margarina para veganos
50 g/½ taza de copos de avena

preparación

1 Precaliente el horno a 180 °C/350 °F. Forre una bandeja de horno grande con papel vegetal.

2 Tamice la harina, la levadura y el cacao en un bol. Añada el azúcar y mézclelo bien.

3 Disuelva el café en 1 cucharada de agua hirviendo y viértalo en el bol. Añada la margarina y la avena y remueva bien hasta obtener una masa homogénea.

4 Forme 14 bolitas con la masa, colóquelas espaciadas en la bandeja y aplánelas un poco. Cueza las galletas en el horno precalentado 15 minutos, o hasta que estén crujientes. Páselas a una rejilla metálica con una espátula y deje que se enfríen. Una vez estén completamente frías, sírvalas o guárdelas en un recipiente hermético 5 días como máximo.

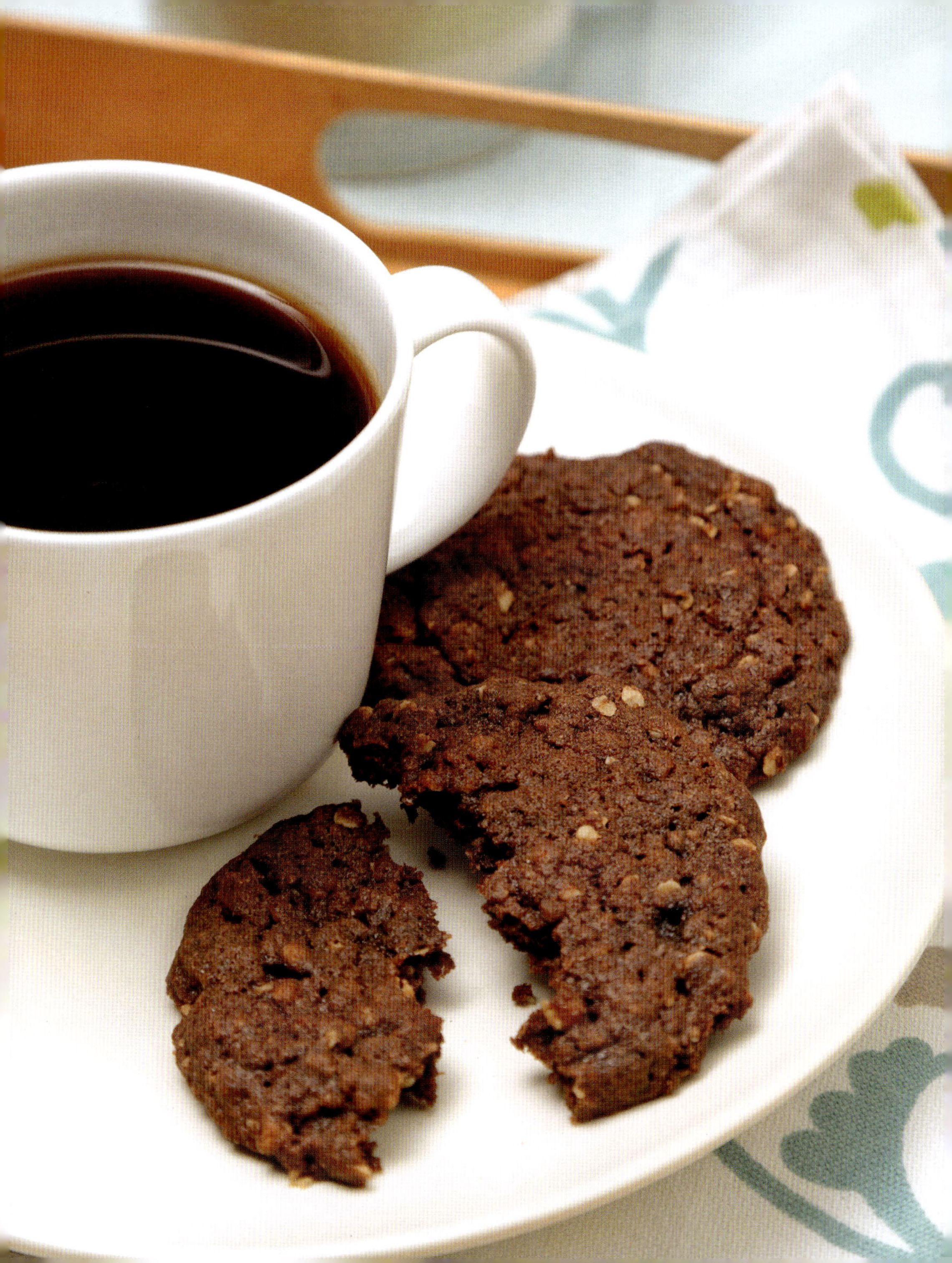

brownies

ingredientes

para 9 unidades

2 cucharadas de linaza molida
225 g/2 tazas de harina
¼ de cucharadita de bicarbonato
50 g/½ taza de cacao en polvo
275 g/1¼ tazas de azúcar moreno
30 g/1 oz de chocolate negro
   para veganos
2 cucharaditas de esencia
   de vainilla
85 g/⅓ de taza de margarina
   para veganos derretida,
   y un poco más para engrasar
40 g/⅓ de taza de nueces
   de macadamia troceadas

preparación

1 Precaliente el horno a 180 °C/350 °F. Engrase un molde cuadrado de 20 cm/8 pulgadas y fórrelo con papel vegetal.

2 Mezcle la linaza con 3 cucharadas de agua y déjela reposar 10 minutos.

3 Tamice la harina, el bicarbonato y el cacao en un bol. Añada el azúcar y mézclelo bien.

4 Trocee el chocolate, póngalo en un cuenco y rocíelo con 4 cucharadas de agua hirviendo. Remueva bien hasta que se derrita.

5 Incorpore la linaza, el chocolate derretido, la vainilla, la margarina y las nueces a los ingredientes secos. Trabájelo todo con las manos para obtener una pasta homogénea. Viértala en el molde y presiónela un poco.

6 Cueza el brownie en el horno precalentado 30 minutos, o hasta que esté crujiente por los lados pero aún tierno por el centro. Desmóldelo con cuidado ayudándose del papel y déjelo reposar 10 minutos en una rejilla metálica. Separe el papel con cuidado y corte el brownie en 9 cuadrados. Déjelo enfriar del todo antes de servirlo o guardarlo en un recipiente hermético 5 días como máximo.

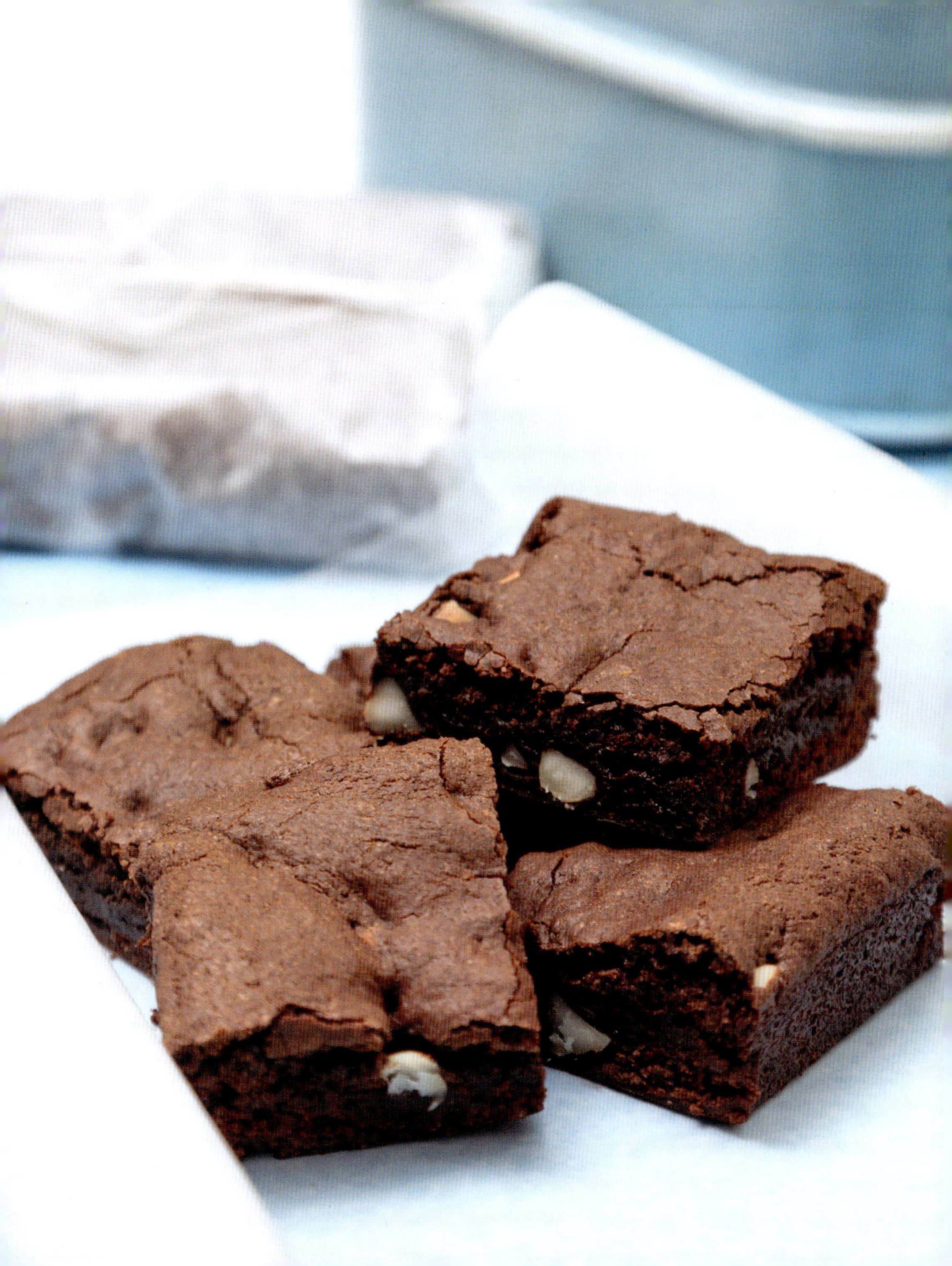

magdalenas de coco y mango

ingredientes
para 10 unidades

margarina para veganos, para engrasar
250 g/2 tazas de harina
1 cucharada de levadura en polvo
1 cucharada de linaza molida
55 g/¾ de taza de coco rallado, y 2 cucharadas más para esparcir por encima
125 g/⅔ de taza de azúcar
9 vainas de cardamomo
175 ml/¾ de taza de leche de soja
5 cucharadas de aceite vegetal
1 mango maduro de 250 g/9 oz picado

preparación

1 Precaliente el horno a 190 °C/375 °F. Engrase un molde para 10 magdalenas con un poco de margarina o coloque un molde de papel en cada hueco.

2 Tamice la harina y la levadura en un bol. Incorpore la linaza, el coco y el azúcar.

3 Machaque las vainas de cardamomo y separe las semillas. Deseche las vainas. Machaque las semillas en el mortero o con el rodillo y échalas en el bol.

4 Mezcle la leche de soja con el aceite en un cuenco e incorpórelo a los ingredientes del bol junto con el mango. Remueva solo hasta mezclar los ingredientes, sin trabajar demasiado la pasta.

5 Reparta la pasta entre los huecos del molde y esparza el coco adicional por encima. Cueza las magdalenas en el horno de 25 a 30 minutos, o hasta que al pincharlas en el centro con un palillo, salga limpio. Déjelas enfriar 5 minutos y desmóldelas. Sírvalas o guárdelas 2 o 3 días en un lugar frío o el frigorífico.

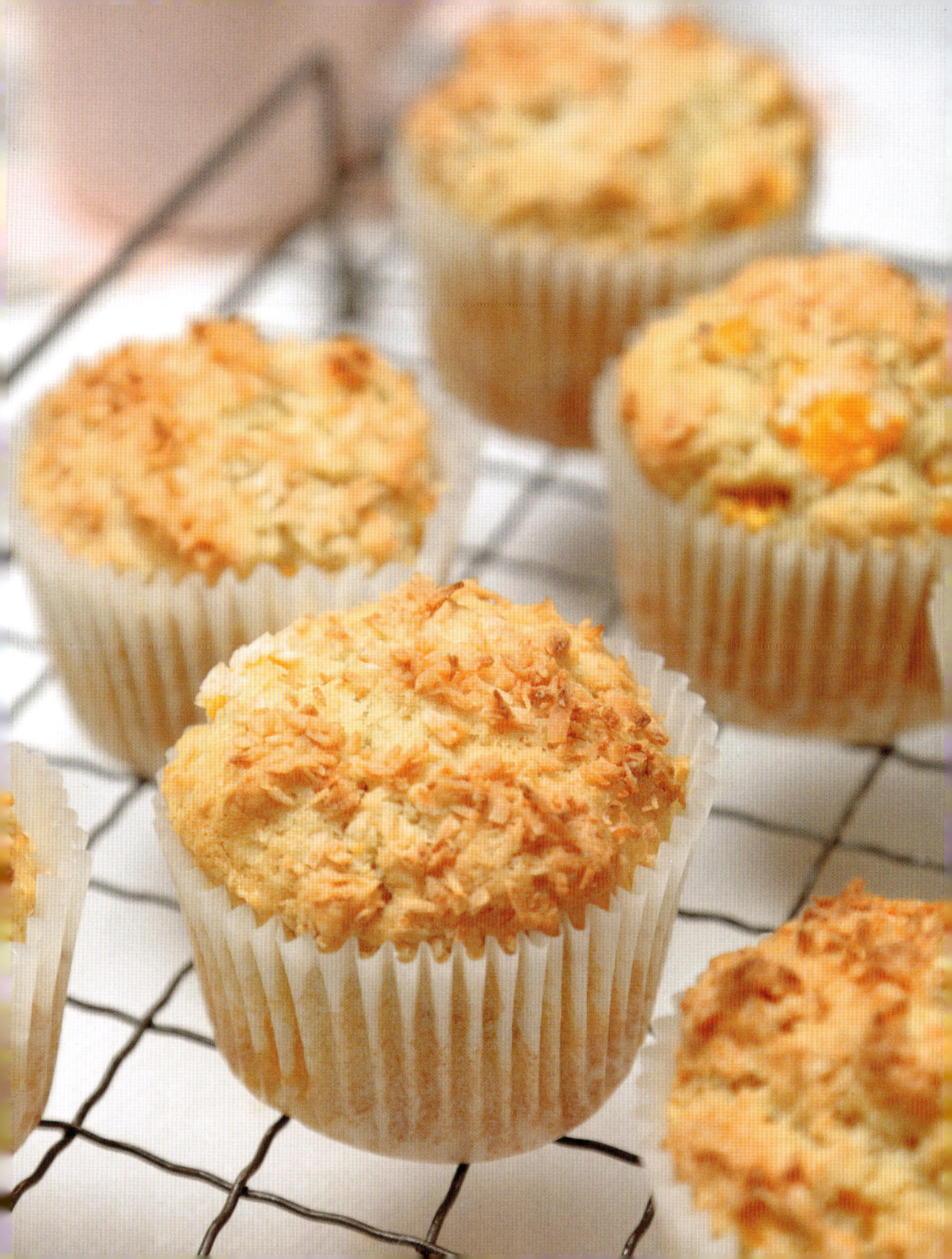

magdalenas de almendra

ingredientes
para 10 unidades

margarina para veganos, para engrasar
5 cucharadas/⅓ de taza de aceite vegetal
4 cucharadas/¼ de taza de yogur de soja
160 ml/⅔ de taza de leche de soja fría
160 g/¾ de taza de azúcar
3 cucharadas de esencia de almendra
40 g/½ taza de almendra molida
160 g/1¼ tazas de harina
1½ cucharaditas de levadura en polvo
½ cucharadita de sal

glaseado
60 g/2 oz de chocolate blanco o con leche para veganos
100 g/¾ de taza de azúcar glas (impalpable)
1½ cucharadas de leche de soja
bastoncillos de almendra tostada, para adornar

preparación

1 Precaliente el horno a 180 °C/350 °F. Engrase un molde para 10 magdalenas con un poco de margarina o coloque un molde de papel en cada hueco.

2 Ponga en un bol el aceite, el yogur, la leche, el azúcar, la esencia de almendra y la almendra molida. Tamice por encima la harina, la levadura y la sal, y bátalo con la batidora de brazo hasta mezclar los ingredientes.

3 Reparta la pasta entre los huecos del molde y cueza las magdalenas en el horno precalentado de 20 a 25 minutos, o hasta que suban y se doren. Déjelas enfriar del todo en una rejilla metálica antes de glasearlas.

4 Para preparar el glaseado, derrita al baño María el chocolate en un bol refractario encajado en la boca de un cazo con agua hirviendo a fuego lento sin que llegue a tocarla. Apártelo del fuego y deje que se enfríe un poco. Incorpore el azúcar glas y la leche de soja, y glasee las magdalenas con una cucharilla antes de que el glaseado se enfríe para que no pierda untuosidad. Adorne cada magdalena con unos bastoncillos de almendra tostada.

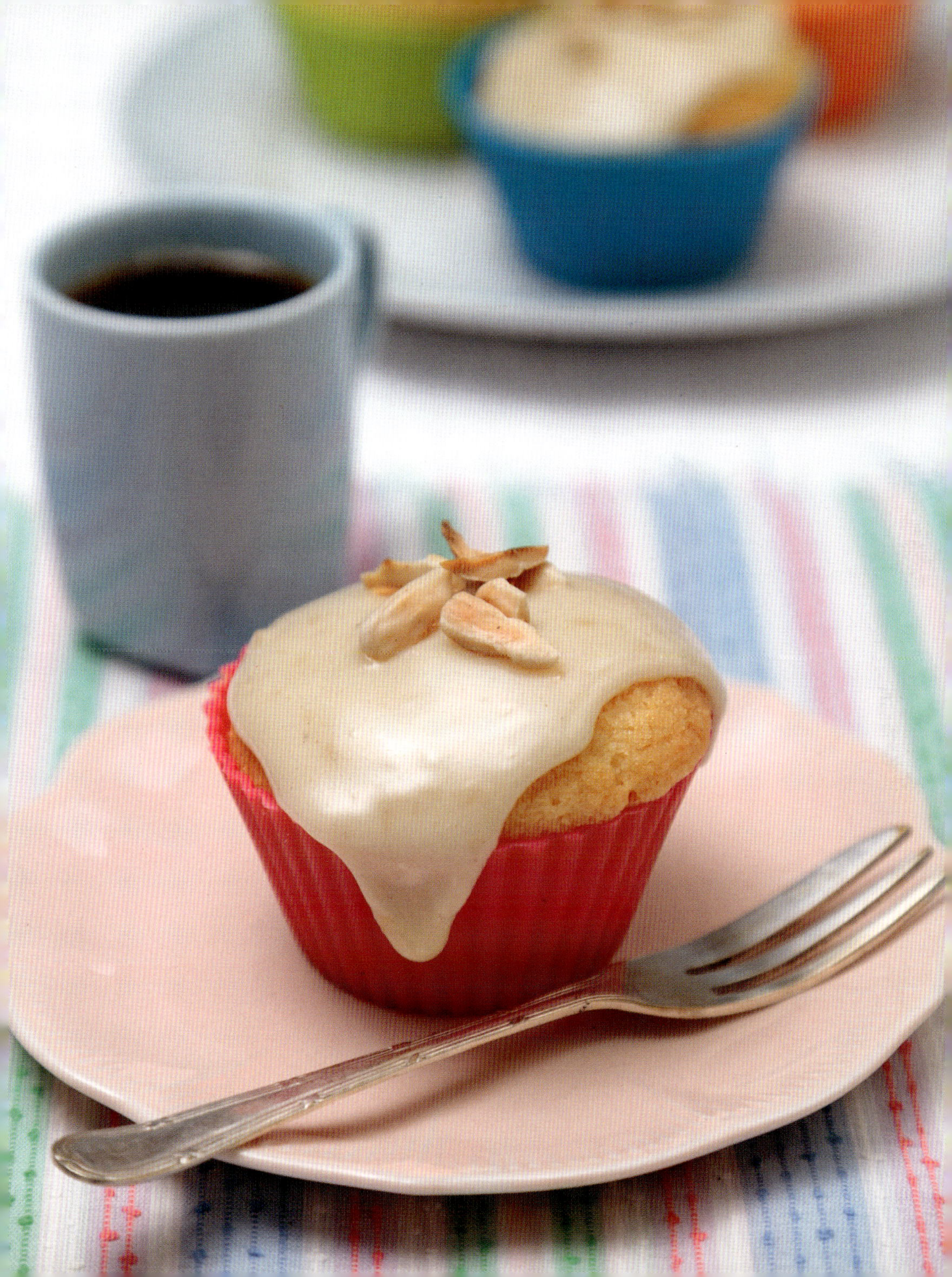

guacamole

ingredientes
para 4 personas

2 aguacates (paltas) grandes
el zumo (jugo) de 1-2 limas (limones)
2 dientes grandes de ajo picados
1 cucharadita de guindilla (ají picante) molida, o al gusto, y un poco más para adornar
sal y pimienta

preparación

1 Parta los aguacates por la mitad, deshuéselos y pélelos.

2 Póngalo en el robot de cocina con el zumo de 1 o 2 limas, según el punto de acidez deseado. Añada el ajo y la guindilla, y tritúrelo hasta que esté homogéneo.

3 Salpimiente. Pase el guacamole a un cuenco, adórnelo con guindilla molida y sírvalo.

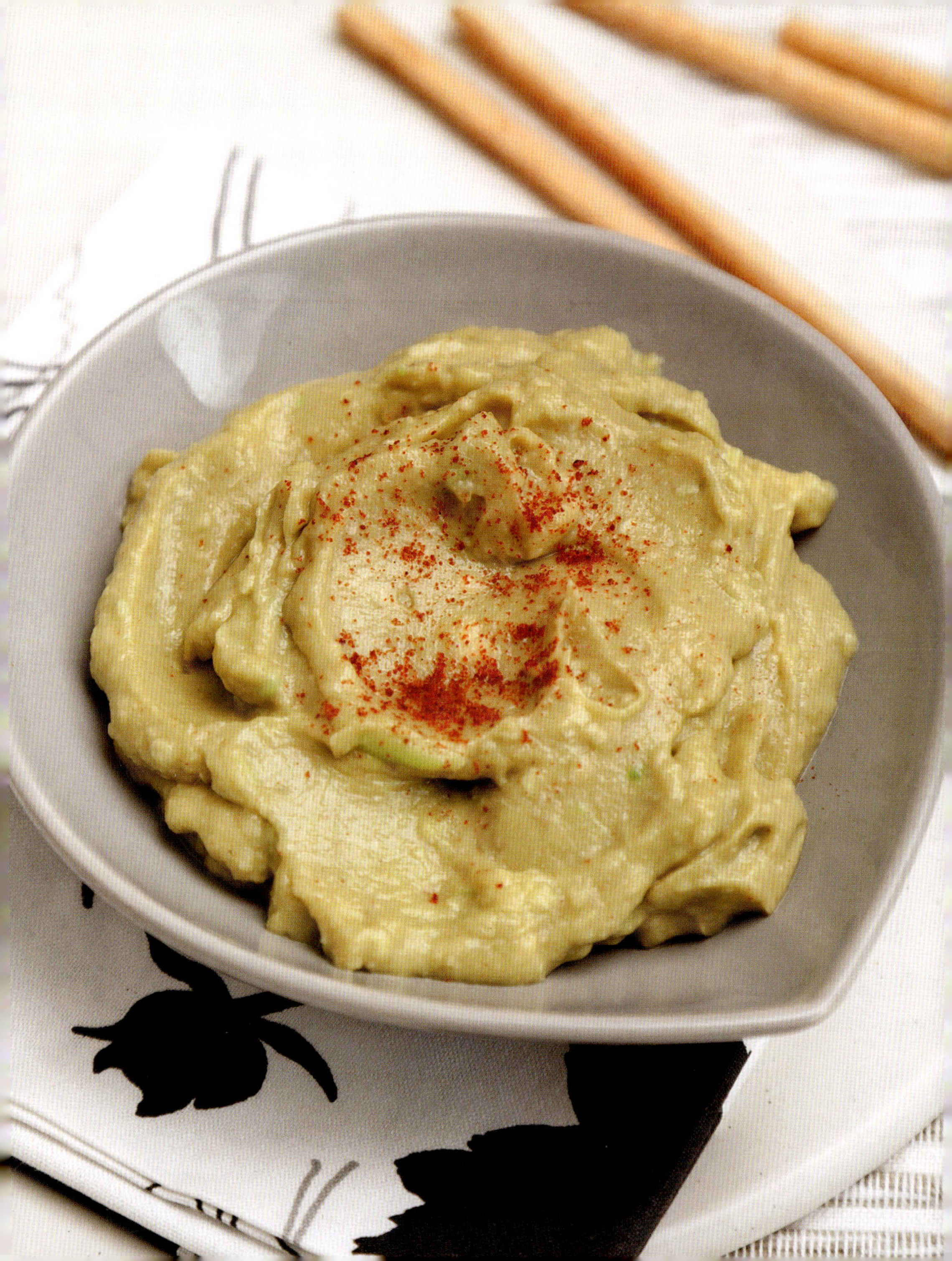

hummus de anacardos

ingredientes
para 4 personas

150 g/1¼ tazas de anacardos (castañas de cajú) sin tostar
2 cucharadas de tahín (pasta de sésamo)
el zumo (jugo) de 2 limones
4 cucharadas/¼ de taza de aceite de oliva
½ cucharadita de cebolla molida
½ cucharadita de ajo molido
sal marina y pimienta
pimentón y aceite de guindilla (ají picante), para sazonar
pan de pita para veganos tostado, para acompañar

preparación

1 Deje los anacardos en remojo 2 horas.

2 A continuación, escúrralos y póngalos en la batidora de vaso o el robot de cocina con el tahín, el zumo de limón, el aceite y la cebolla y el ajo molidos. Tritúrelo hasta obtener una pasta homogénea. Añada un poco de agua en un hilo hasta que adquiera la consistencia adecuada. Rectifique de sal y pimienta.

3 Pase el hummus a un bol y sírvalo espolvoreado con pimentón, rociado con un chorrito de aceite de guindilla y acompañado de pan de pita tostado.

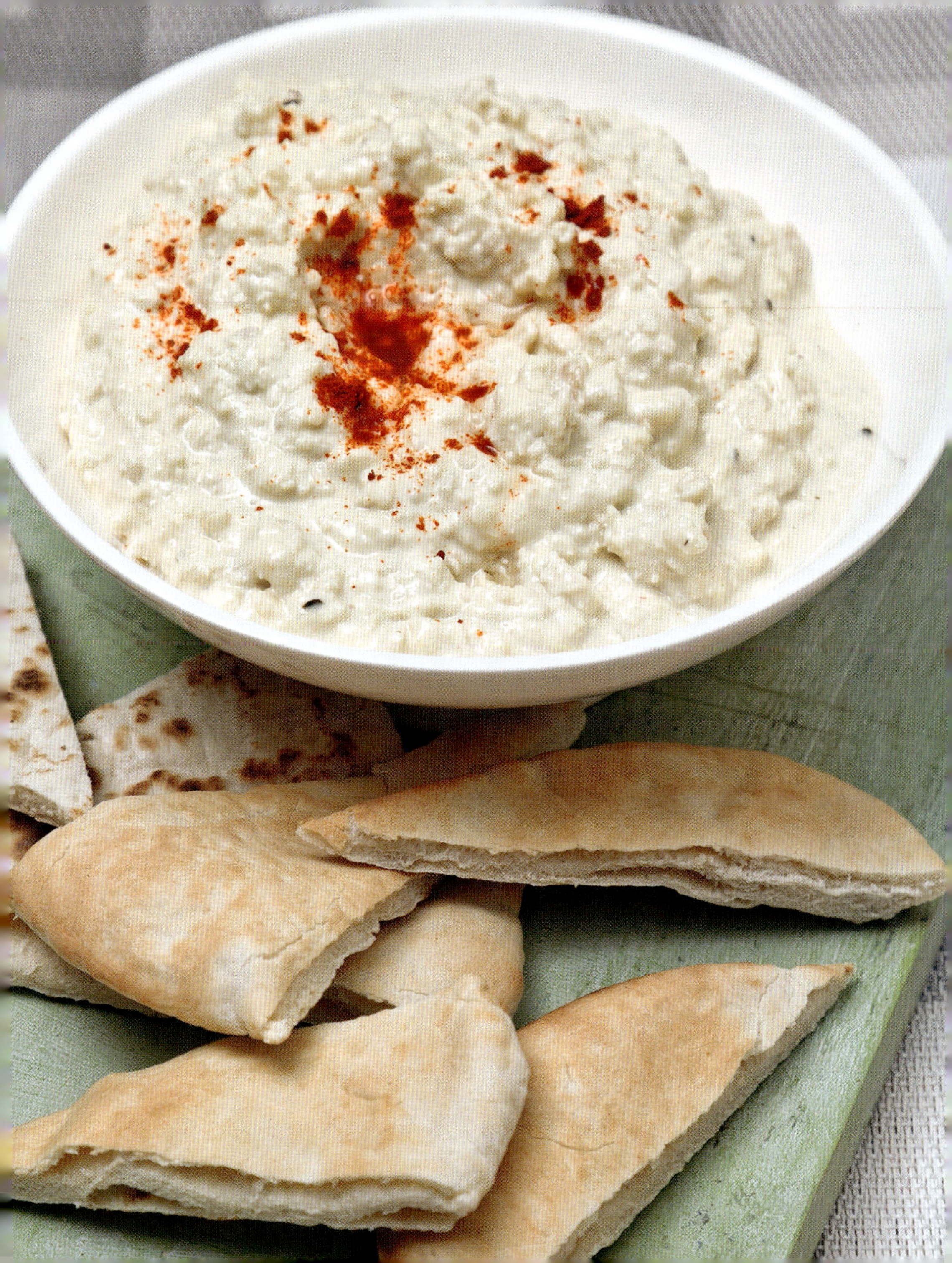

paté de berenjena

ingredientes

para 6 personas

2 berenjenas grandes
4 cucharadas/¼ de taza de aceite de oliva virgen extra
2 dientes de ajo bien picados
4 cucharadas/¼ de taza de zumo (jugo) de limón
sal y pimienta
2 cucharadas de perejil picado, para adornar
6 panecillos tostados para veganos, para servir

preparación

1 Precaliente el horno a 180 °C/350 °F. Haga unos cortes superficiales en la piel de las berenjenas, sin llegar a la pulpa, y póngalas en la bandeja del horno. Áselas en el horno precalentado 1¼ horas, o hasta que se ablanden.

2 Saque las berenjenas del horno y déjelas enfriar hasta que pueda manipularlas. Pártalas por la mitad y, con una cuchara, retire la pulpa. Pásela a un cuenco y cháfela bien con un tenedor.

3 Incorpore poco a poco el aceite y, después, el ajo y el zumo de limón. Salpimiente. Tape el paté con film transparente y refrigérelo hasta que vaya a servirlo. Adórnelo con el perejil y sírvalo con los panecillos.

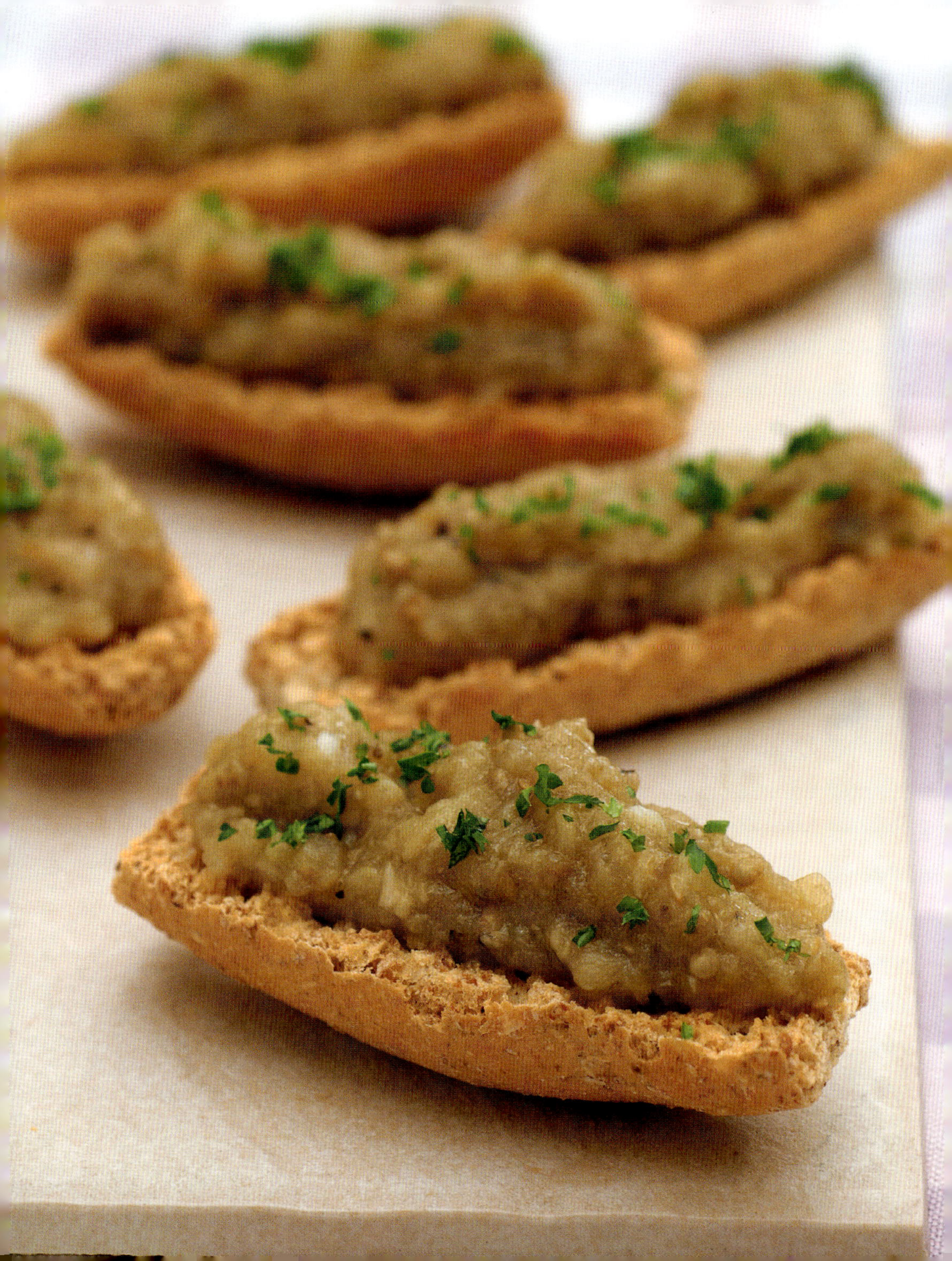

ensalada de azukis con tomate y cebolla

ingredientes

para 4 personas

200 g/12 tomates (jitomates) cherry en cuartos
1 cebolla roja pequeña picada
200 g/1 taza de azukis (adukis) cocidos
½ pimiento (ají) rojo despepitado (sin semillas) y picado
½-1 guindilla (ají picante) roja despepitado (sin semillas) y picada
2 cucharaditas de pasta de tomates (jitomates)
1 cucharadita de sirope de agave
1 buen manojo de cilantro picado
sal y pimienta
4 tortillas de harina pequeñas para veganos, para acompañar
aceite de guindilla (ají picante), para servir

preparación

1 Ponga en un bol los tomates, la cebolla, los azukis, el pimiento, la guindilla, la pasta de tomates, el sirope de agave y el cilantro. Mézclelo bien y salpimiente.

2 Tape el bol y refrigérelo 15 minutos como mínimo para que los sabores se entremezclen bien. Precaliente el gratinador a temperatura media.

3 Tueste un poco las tortillas de harina bajo el gratinador precalentado. Deje que se enfríen un poco y trocéelas.

4 Pase la ensalada a un bol. Sírvala con las tortillas troceadas y aceite de guindilla.

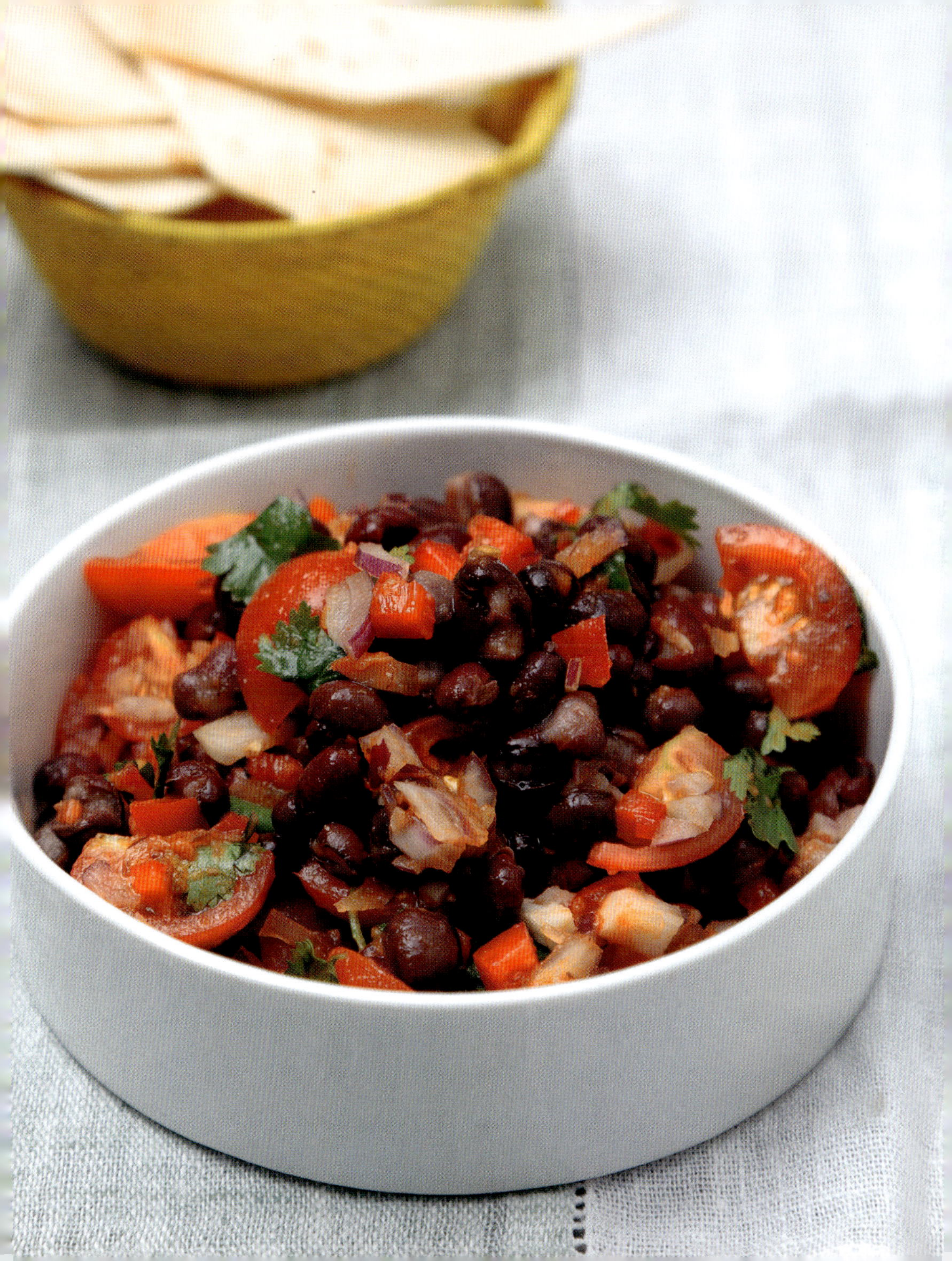

tostadas con calabacín

ingredientes

para 6 personas

1 calabacín (zapallito) de unos 200 g
1 cucharadita de sal
½ manzana pelada y rallada
1 cucharada de hojas de menta picadas
2 cebolletas (cebollas tiernas) picadas
6 rebanadas de pan para veganos
1 diente de ajo partido por la mitad a lo largo
aceite de oliva, para servir
pimienta, para servir

preparación

1 Despunte el calabacín, rállelo grueso y extiéndalo sobre un paño de cocina limpio y seco. Sálelo y déjelo reposar 5 minutos. Envuélvalo con el paño y apriételo bien para eliminar al máximo la humedad.

2 Pase el calabacín rallado a un bol y añada la manzana, la menta y la cebolleta.

3 Tueste un poco las rebanadas de pan por ambos lados. Frótelas por un lado con el ajo.

4 Reparta el calabacín entre las tostadas. Rocíelo con un poco de aceite y muela un poco de pimienta por encima antes de servirlo.

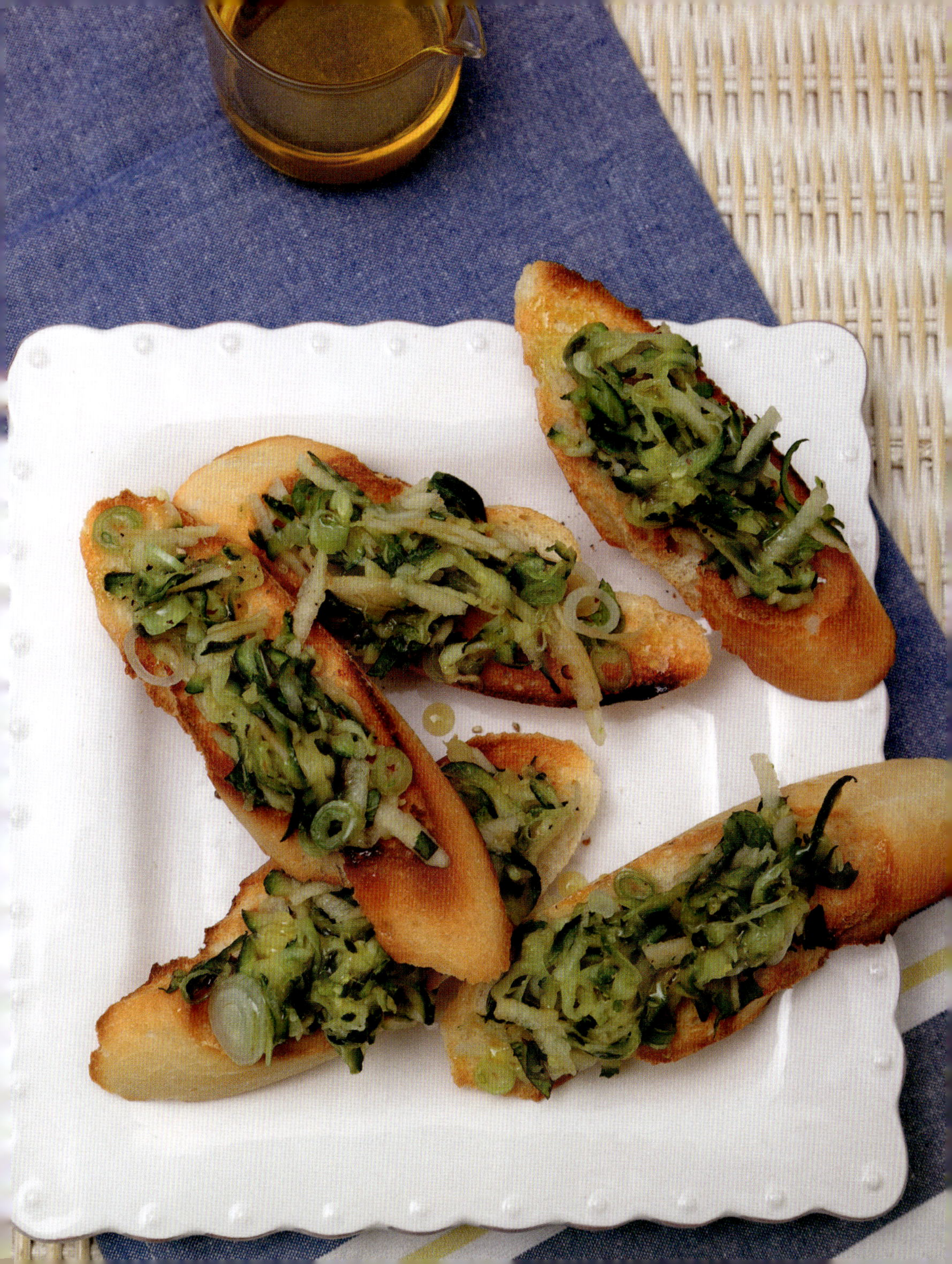

boniato frito

ingredientes

para 4 personas

aceite vegetal en aerosol
900 g/2 libras de boniatos
   (papas dulces)
½ cucharadita de sal
½ cucharadita de comino molido
¼ de cucharadita de cayena

preparación

1 Precaliente el horno a 230 °C/450 °F. Pulverice una bandeja de horno grande con un poco de aceite en aerosol.

2 Pele los boniatos y córtelos en tiras de unos 7,5 cm/3 pulgadas de largo y 5 mm/¼ de pulgada de grosor. Extiéndalas en la bandeja y pulverícelas con aceite en aerosol.

3 Mezcle la sal, el comino y la cayena en un cuenco. Espárzalo sobre el boniato y remueva para que se impregne bien de las especias.

4 Extienda el boniato en una sola capa y áselo en el horno precalentado de 15 a 20 minutos, o hasta que esté hecho y dorado. Sírvalo caliente.

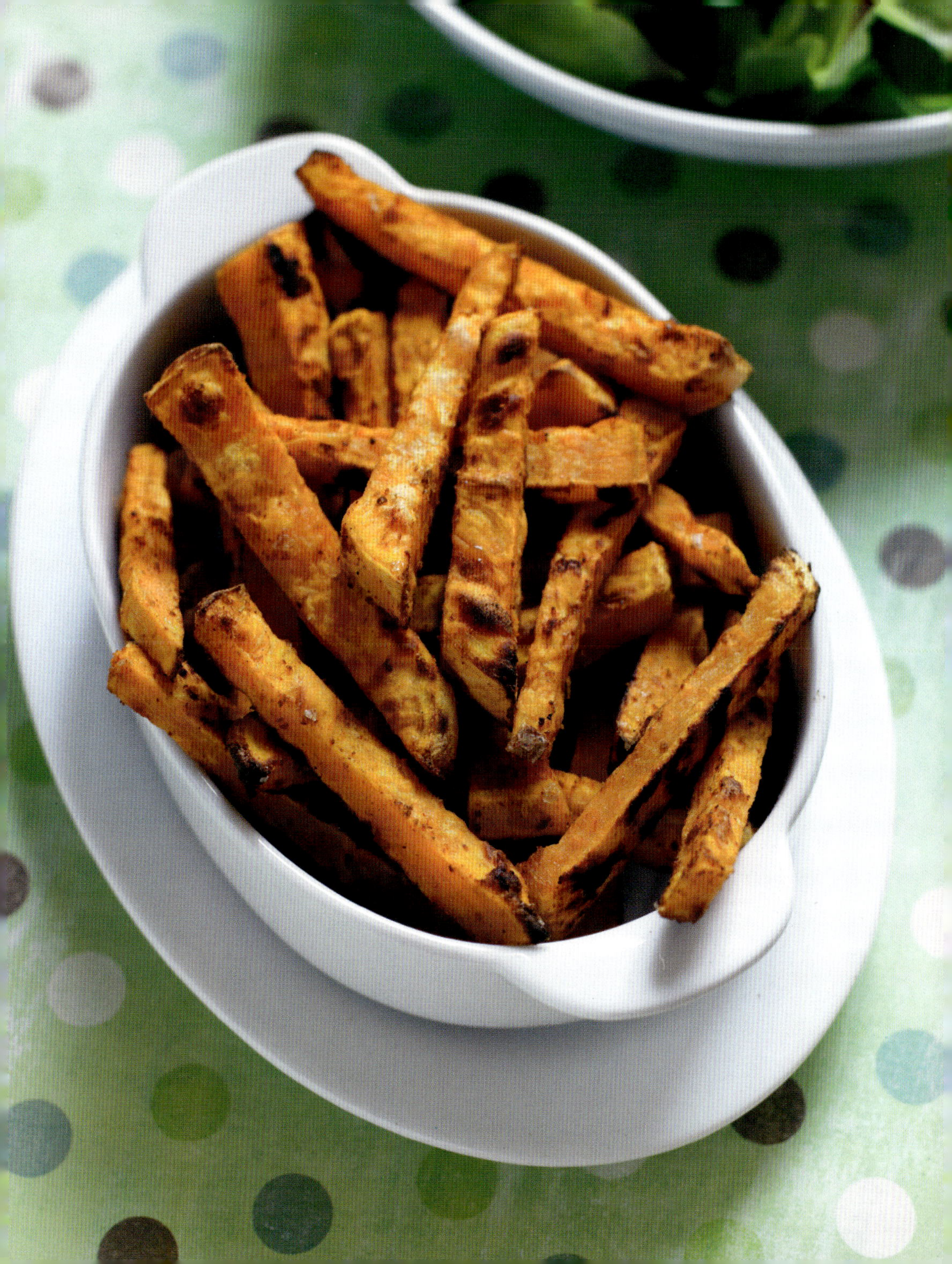

nachos con salsa verde y raita

ingredientes

para 4 personas

1 paquete (200 g/7 oz) de nachos al punto de sal, para veganos

salsa verde
2 dientes de ajo
1 cucharada de mostaza a la antigua
2 cucharadas de alcaparras
4 cucharadas/¼ de taza de perejil picado
2 cucharadas de hojas de menta picadas
2 cucharadas de hojas de albahaca picadas
150 ml/⅔ de taza de aceite de oliva
1 cucharada de zumo (jugo) de limón recién exprimido
sal y pimienta

raita de pepino
1 cucharadita de comino en grano
150 ml/⅔ de taza de yogur de soja
85 g de pepino pelado y rallado
40 g de pepino sin pelar picado
¼ de cucharadita de cayena

preparación

1 Para preparar la salsa verde, ponga en el robot de cocina el ajo, la mostaza, las alcaparras, las hierbas aromáticas picadas, 50 ml del aceite y el zumo de limón. Tritúrelo bien. Con el robot en marcha, vaya añadiendo el aceite restante en un hilo. Salpimiente. Refrigere la salsa al menos 30 minutos antes de servirla.

2 Para preparar la raita, tueste el comino a fuego fuerte en una sartén de base gruesa. Sacúdala sin parar un par de minutos, o hasta que el comino empiece a tomar color. Retírelo de la sartén y macháquelo en el mortero o con el rodillo. Ponga en un bol el yogur, el pepino rallado y picado y la cayena, y, después, añada el comino tostado. Mézclelo bien. Refrigérelo al menos 30 minutos antes de servirlo.

3 Sirva la salsa verde y la raita en sendos cuencos con los nachos en un bol.

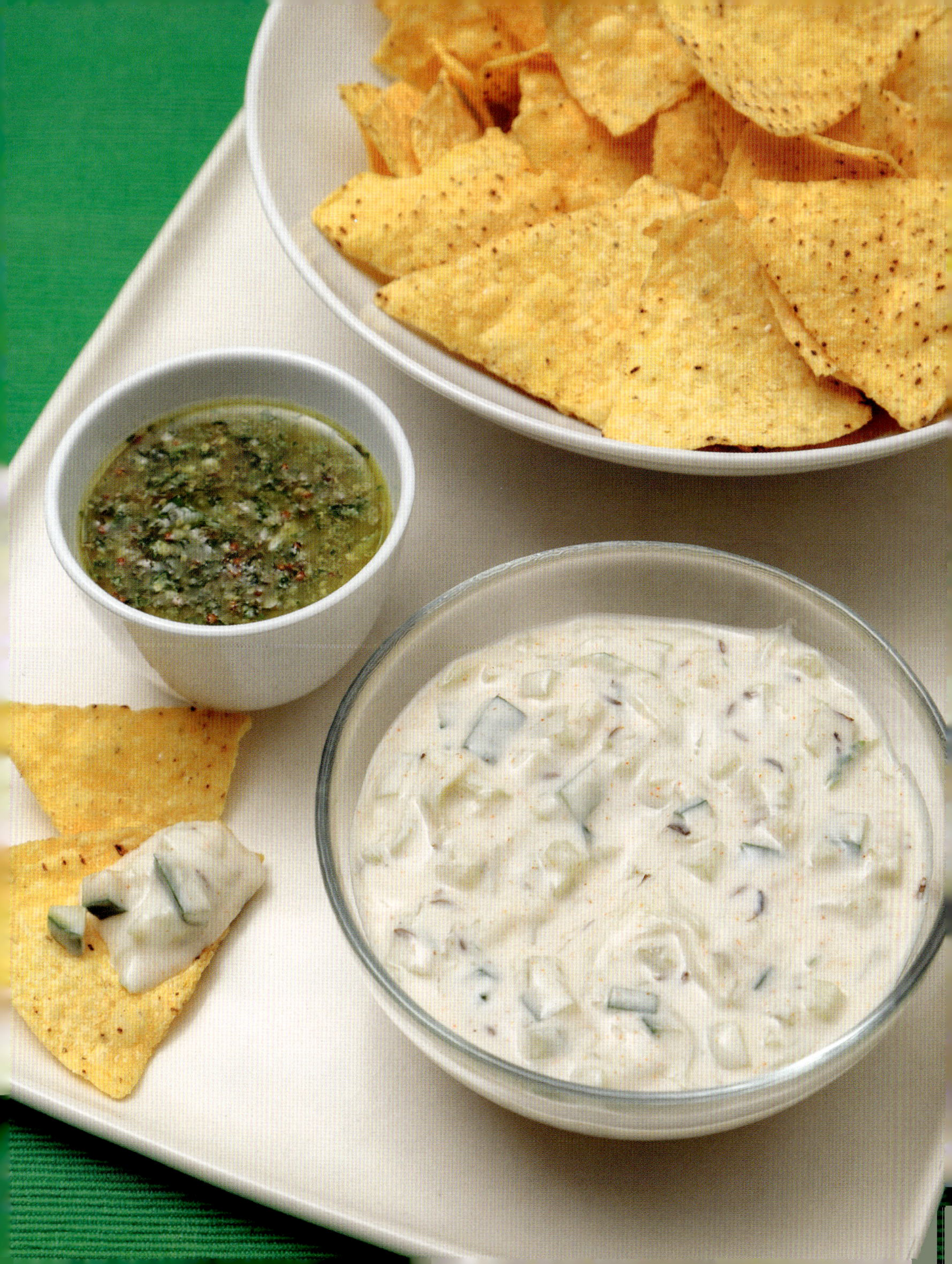

pakoras de hortalizas

ingredientes
para 4 personas

6 cucharadas/⅓ de taza de harina de garbanzos (chícharos)
½ cucharadita de sal
1 cucharadita de guindilla (ají picante) molida
1 cucharadita de levadura en polvo
1½ cucharaditas de semillas de comino blancas
1 cucharadita de granos de granada
300 ml/1¼ tazas de agua
¼ de manojo de cilantro picado, y unas ramitas para adornar
las hortalizas que desee, como coliflor en ramitos; cebolla, patata o berenjena en rodajas, y hojas de espinaca
aceite vegetal, para freír

preparación

1 Tamice la harina de garbanzos en un bol. Añada la sal, la guindilla, la levadura, el comino y la granada, y mézclelo bien. Vierta el agua y bátalo bien hasta obtener una pasta homogénea. Añada el cilantro picado, remueva y resérvelo.

2 Reboce las hortalizas cortadas en la pasta, sacudiéndolas con suavidad para que la que no se haya adherido caiga de nuevo en el bol.

3 Caliente aceite suficiente para freír en el wok, la freidora o una cazuela grande de base gruesa hasta que alcance 180 °C/350 °F, o hasta que al echar un dado de pan se dore en 30 segundos. Sumerja las hortalizas rebozadas en el aceite con unas pinzas y fríalas por tandas, dándoles la vuelta una vez.

4 Repita la operación hasta terminar las hortalizas. A medida que las hortalizas rebozadas estén fritas, déjelas escurrir sobre papel de cocina arrugado. Adórnelas con unas ramitas de cilantro y sírvalas bien calientes.

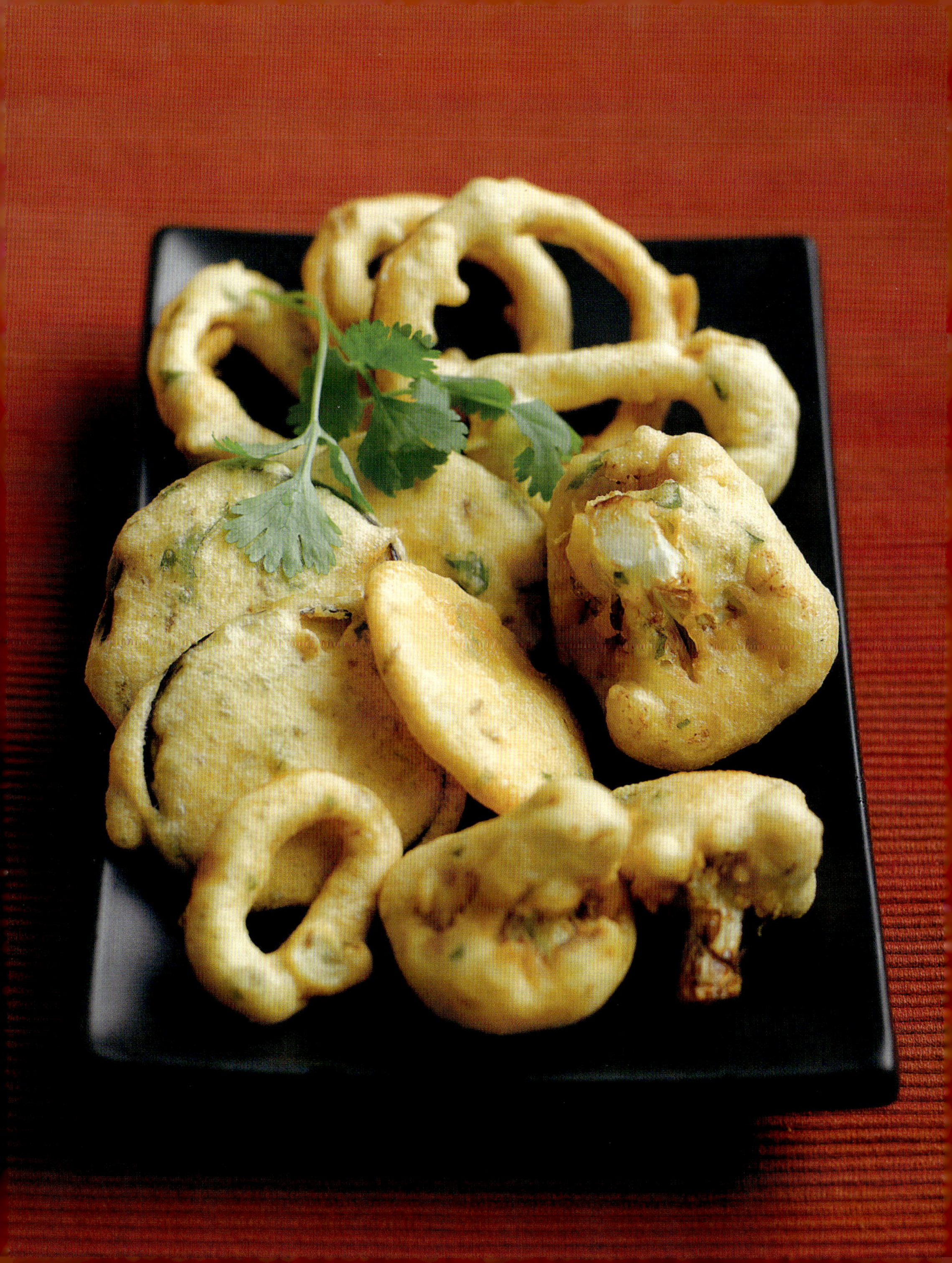

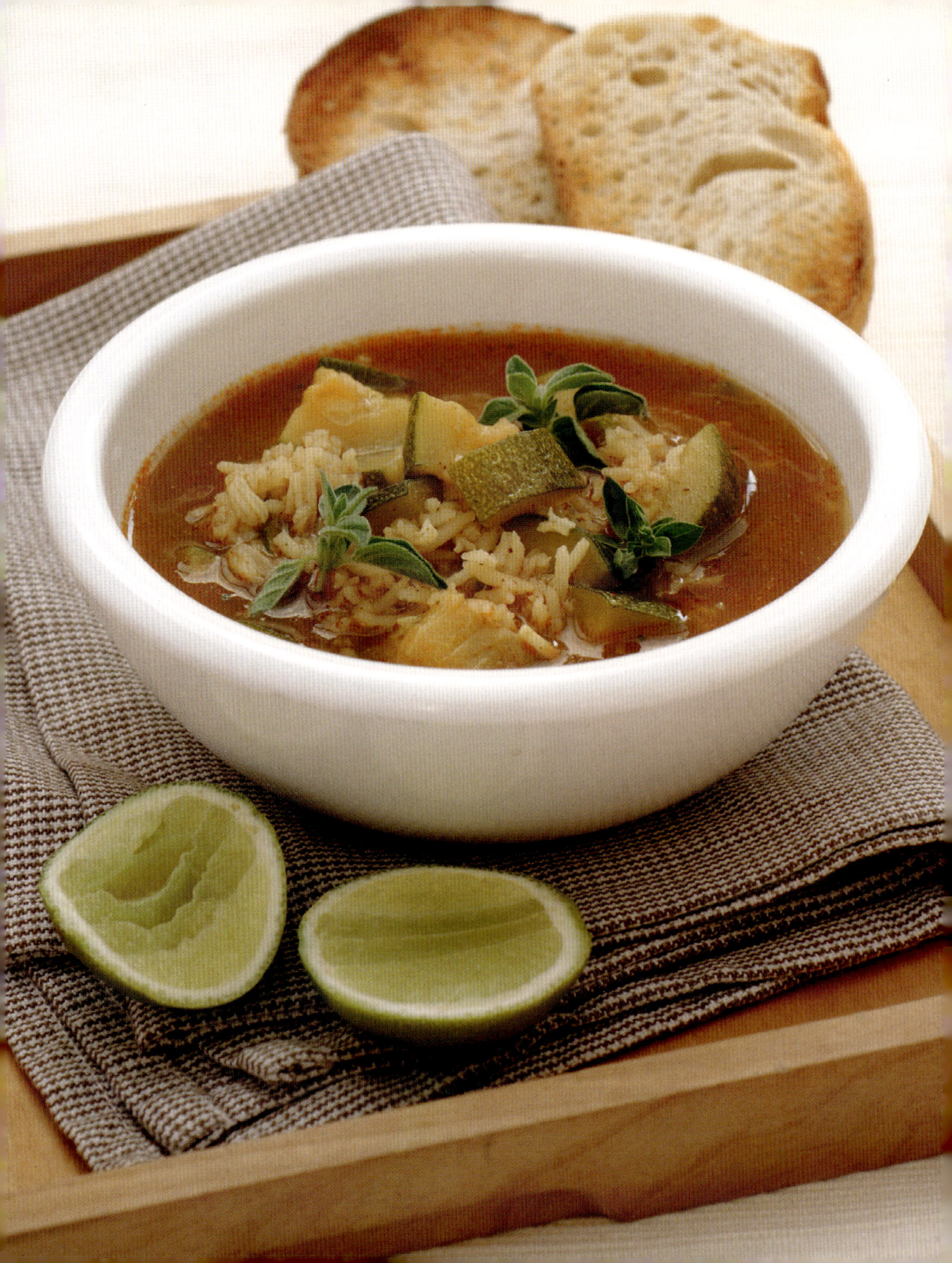

comidas

gazpacho

ingredientes

para 6 personas

600 g/5 tomates (jitomates) maduros
10 tomates (jitomates) secados al sol en aceite
½ cebolla roja picada
2 dientes de ajo
1 buen manojo de hojas de albahaca
2 cucharadas de aceite de oliva
1 cucharadita de caldo soluble para veganos
2 cucharadas de vinagre de vino tinto
sal y pimienta
1 pimiento (ají) rojo despepitado (sin semillas) y picado
½ pepino pelado y picado
150 g/⅔ de taza de cubitos de hielo

preparación

1 Triture los dos tipos de tomates, la cebolla, el ajo, la albahaca, el aceite, el caldo y el vinagre en el robot de cocina o la batidora de vaso hasta obtener un puré homogéneo. Salpimiente.

2 Páselo a un bol e incorpore el pimiento, el pepino y los cubitos. Refrigere bien el gazpacho. Cuando vaya a servirlo, remuévalo, rectifique la sazón y repártalo entre 6 cuencos.

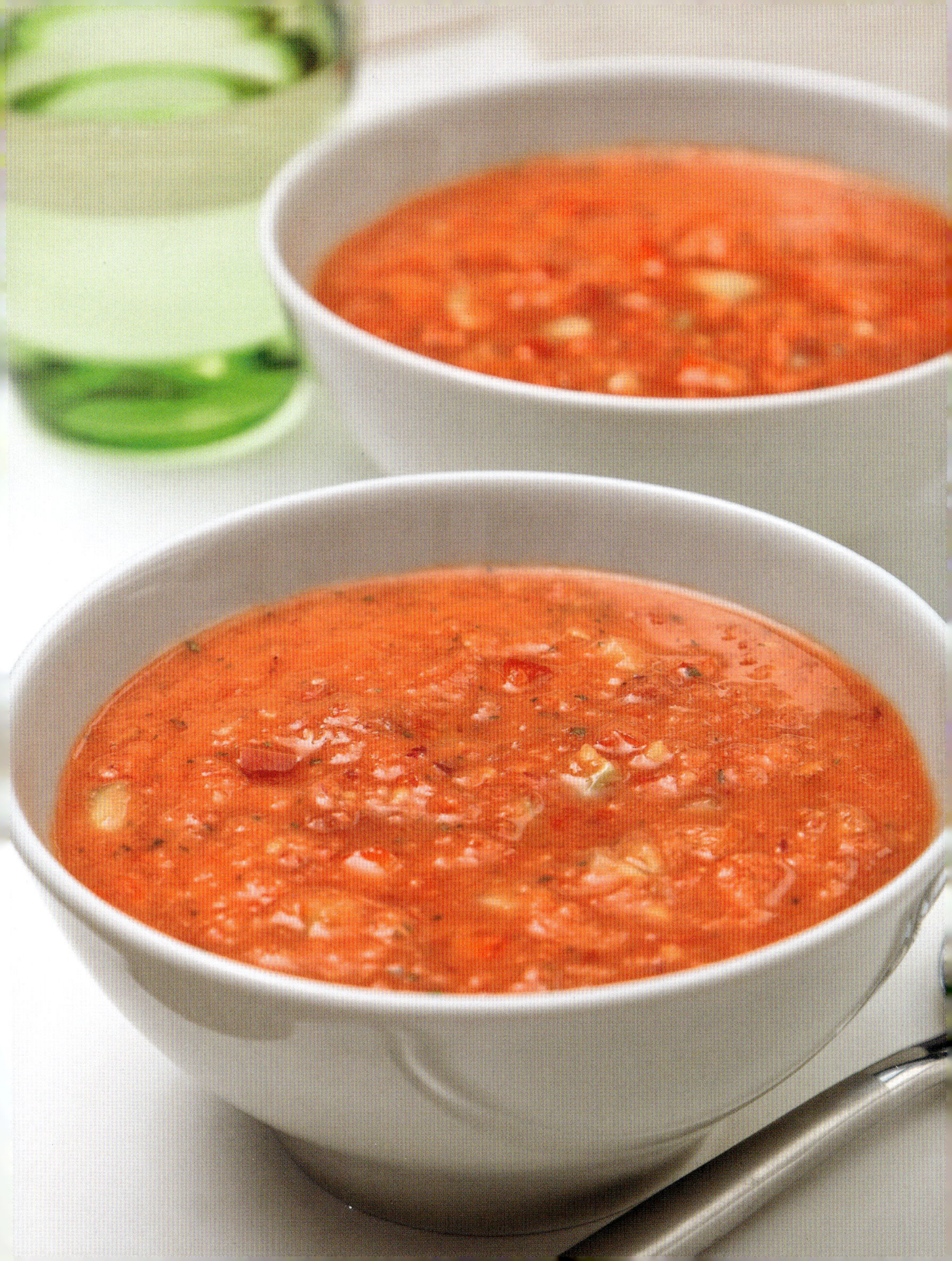

sopa picante de calabacín y arroz

ingredientes

para 4 personas

2 cucharadas de aceite vegetal
4 dientes de ajo en láminas
1 cucharada de guindilla (ají picante) molida suave, o al gusto
¼-½ cucharadita de comino molido
1,5 litros/6⅓ tazas de caldo para veganos
2 calabacines (zapallitos) troceados
4 cucharadas/¼ de taza de arroz largo
sal y pimienta
ramitas de orégano fresco, para adornar
cuñas de lima (limón), para servir

preparación

1 Caliente el aceite a fuego medio en una cazuela de base gruesa. Sofría el ajo 2 minutos, o hasta que se ablande. Añada la guindilla y el comino y rehóguelos 1 minuto a fuego medio-bajo.

2 Incorpore el caldo, el calabacín y el arroz, y cuézalo a fuego medio 10 minutos, o hasta que el calabacín y el arroz estén hechos. Salpimiente.

3 Reparta la sopa entre 4 cuencos precalentados, adórnela con unas ramitas de orégano y sírvala enseguida con cuñas de lima.

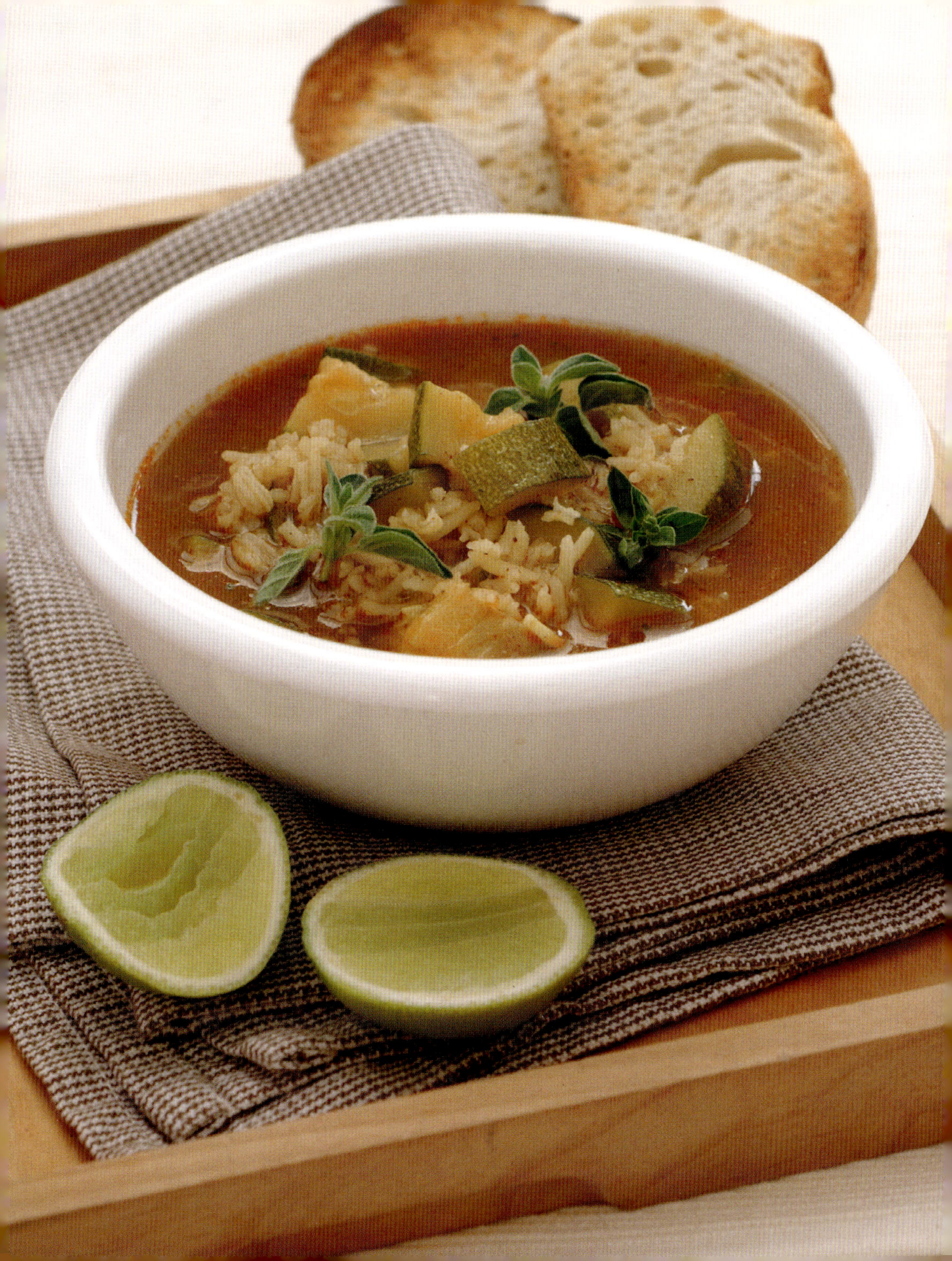

sopa de maíz

ingredientes

para 6 personas

1 cucharada de aceite de oliva
1 cebolla picada
1 zanahoria picada
1 puerro (poro) picado
2 dientes de ajo picados
1 cucharadita de tomillo
1 cucharada de harina
1,5 litros/6⅓ tazas de caldo para veganos
1 boniato (papa dulce) picado
500 g/3½ tazas de maíz (elote) congelado
sal y pimienta

preparación

1 Caliente el aceite a fuego lento en una sartén grande. Sofría la cebolla, la zanahoria, el puerro, el ajo y el tomillo de 5 a 8 minutos, o hasta que la cebolla se ablande y esté translúcida.

2 Incorpore la harina, prosiga con la cocción 1 minuto y, después, vierta el caldo y remueva bien.

3 Eche el boniato en la sartén, llévelo a ebullición y baje el fuego. Prosiga con la cocción otros 20 minutos, removiendo a menudo, hasta que se ablande.

4 Incorpore el maíz y cuézalo todo 5 minutos más.

5 Triture 500 ml/2 tazas de la sopa en el robot de cocina o la batidora de vaso hasta obtener un puré y devuélvalo a la sartén. Mézclelo bien y salpimiente. Recaliente la sopa y sírvala enseguida.

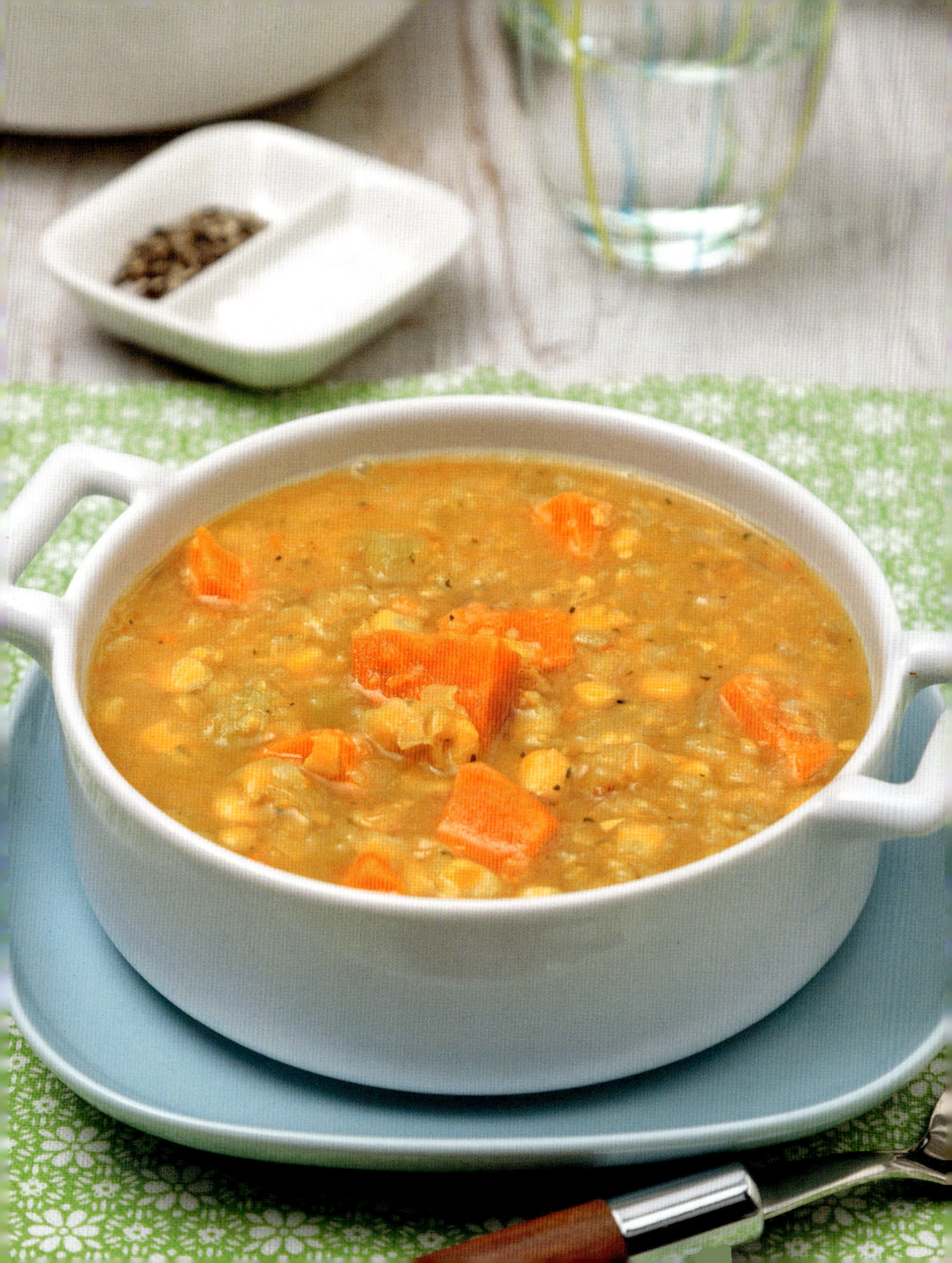

crema de boniato

ingredientes

para 6 personas

2 cucharaditas de aceite vegetal
1 cebolla en dados
1 cucharada de jengibre picado
1 cucharada de pasta de curry rojo tailandés para veganos
1 cucharadita de sal
4 boniatos (papas dulces) en dados
400 ml/1¾ tazas de leche de coco baja en grasa
1 litro/4 tazas de caldo para veganos
el zumo (jugo) de 1 lima (limón)
30 g/¾ de taza de cilantro troceado, para adornar

preparación

1. Caliente el aceite a fuego medio-fuerte en una cazuela grande de base gruesa. Sofría la cebolla y el jengibre, removiendo, unos 5 minutos o hasta que se ablanden. Añada la pasta de curry y la sal, y prosiga con la cocción, removiendo, 1 minuto más. Agregue el boniato, la leche de coco y el caldo, y llévelo a ebullición. Baje el fuego a temperatura media y prosiga con la cocción unos 20 minutos, o hasta que el boniato esté tierno.

2. Triture la sopa por tandas en la batidora de vaso o el robot de cocina o toda a la vez con la batidora de brazo. Póngala de nuevo en el fuego y llévela a ebullición a fuego lento. Cuando vaya a servirla, incorpore el zumo de lima. Sirva la crema caliente, adornada con el cilantro.

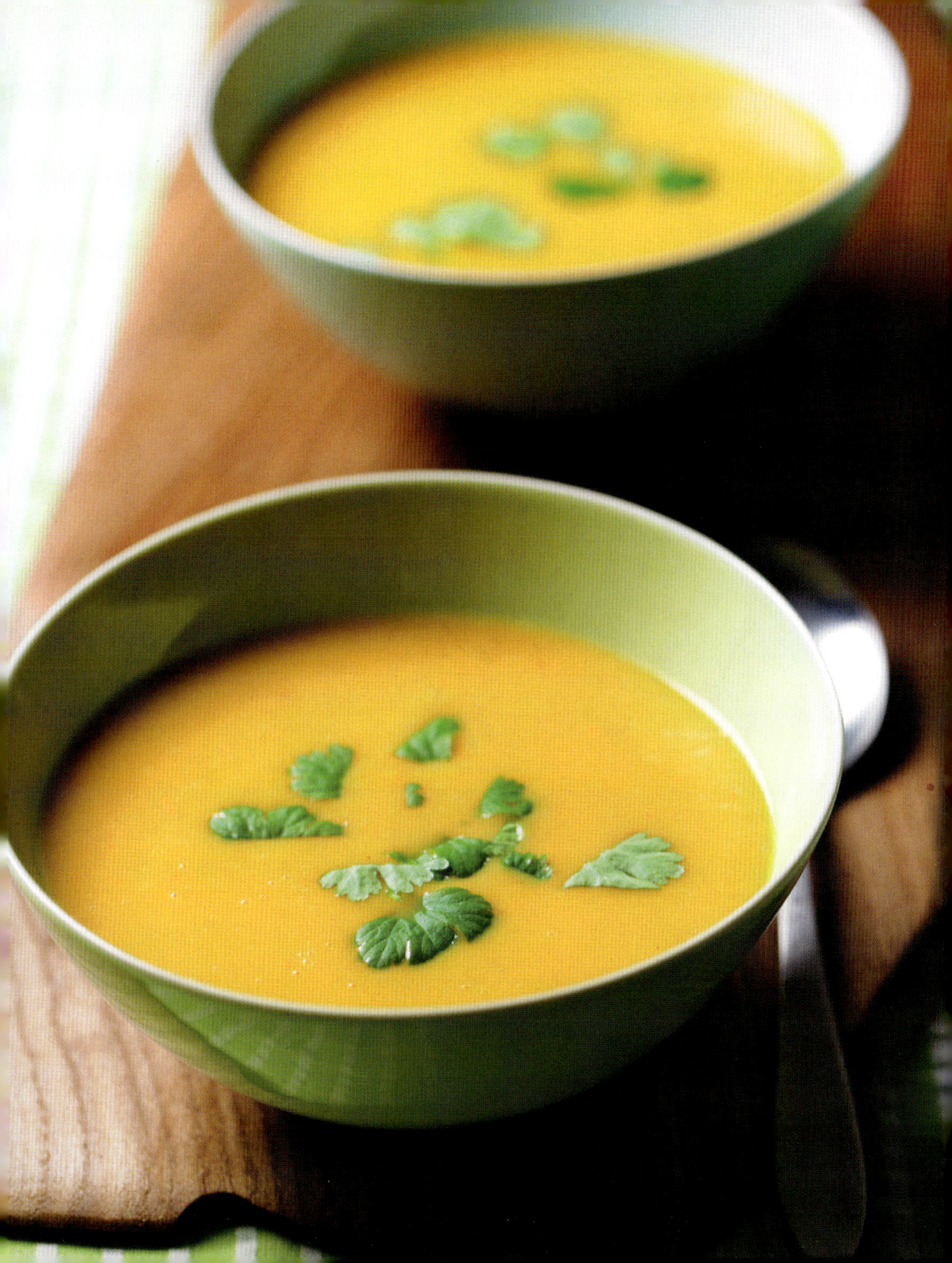

sopa con fideos tailandesa

ingredientes

para 4 personas

15 g/½ oz de setas (hongos) shiitake secas
1,2 litros/5 tazas de caldo para veganos
1 cucharada de aceite de cacahuete (cacahuate)
4 cebolletas (cebollas tiernas) en rodajas
115 g/10 mazorquitas de maíz (elote) en rodajas
2 dientes de ajo majados
2 hojas de lima (limón) kafir picadas
2 cucharadas de pasta de curry rojo tailandés para veganos
85 g/3 oz de fideos de arroz
1 cucharada de salsa de soja clara
2 cucharadas de cilantro picado, para adornar

preparación

1 Ponga las setas en un cuenco, cúbralas con el caldo y déjelas 20 minutos en remojo.

2 Caliente el aceite a fuego medio en una cazuela. Rehogue la cebolleta, las mazorquitas, el ajo y las hojas de lima 3 minutos, hasta que se ablanden.

3 Añada la pasta de curry y las setas remojadas con el caldo. Lleve la sopa a ebullición y cuézala 5 minutos, removiendo de vez en cuando.

4 Agregue los fideos y la salsa de soja. Devuelva la sopa a ebullición y cuézala a fuego lento 4 minutos más, hasta que los fideos empiecen a estar cocidos. Repártala entre 4 cuencos precalentados, adórnela con el cilantro picado y sírvala enseguida.

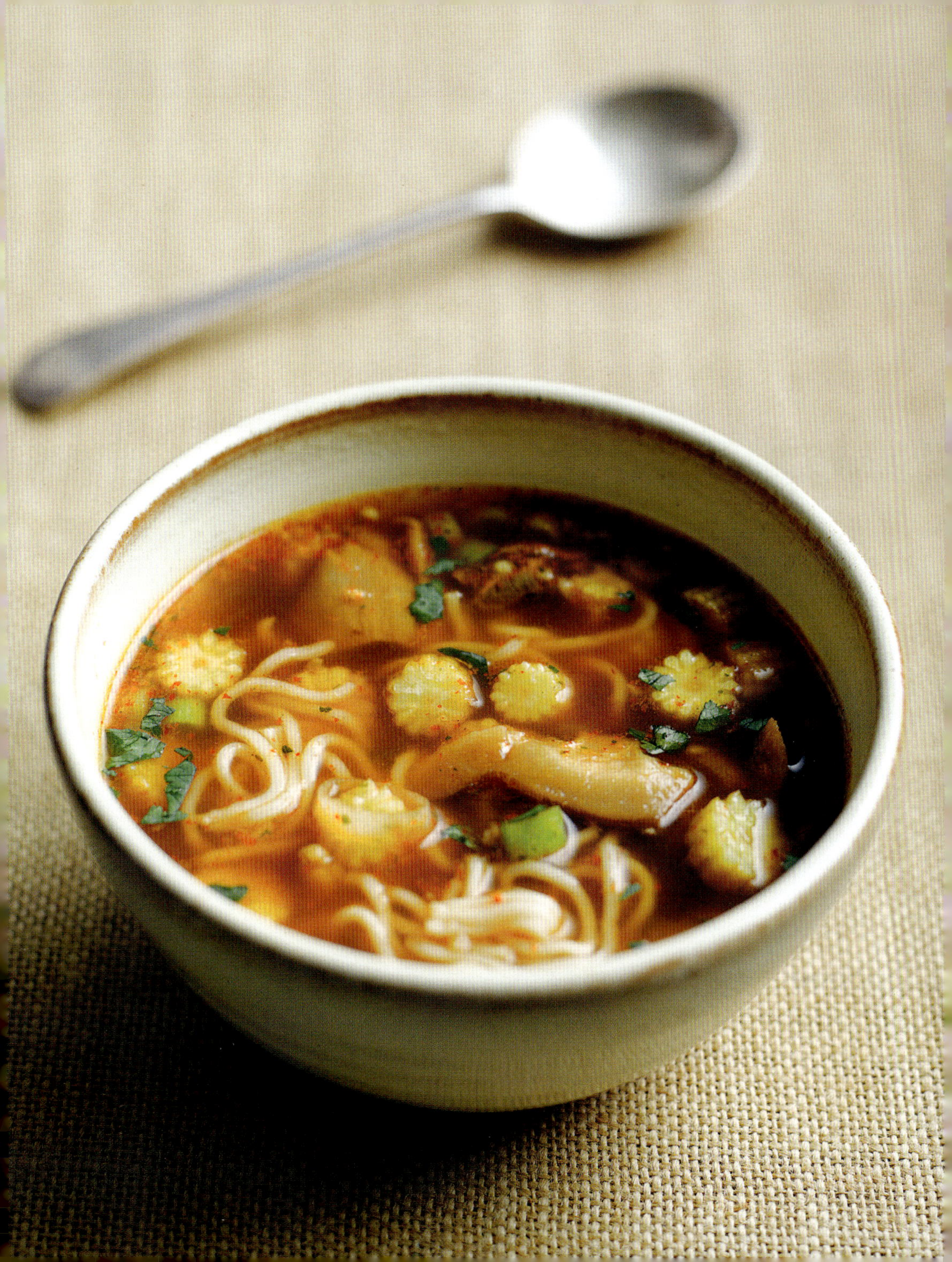

tofu macerado con jarabe de arce

ingredientes

para 4 personas

400 g/14 oz de tofu consistente
1 cucharada de aceite de oliva
125 ml/½ taza de zumo (jugo) de piña (ananás)
125 ml/½ taza de jarabe de arce
1 cucharada de salsa de soja
2 cucharadas de mostaza a la antigua
ensalada verde, para acompañar

preparación

1. Escurra el tofu y séquelo bien entre dos hojas de papel de cocina. Córtelo en 8 lonchas de aproximadamente 1 cm/½ pulgada de grosor.

2. Caliente el aceite a fuego medio en una sartén grande de base gruesa. Fría el tofu por ambas caras de 5 a 8 minutos o hasta que se dore, dándole la vuelta con cuidado.

3. Mientras tanto, ponga en un cuenco el zumo de piña, el jarabe de arce, la salsa de soja y la mostaza, y remueva bien. Viértalo sobre el tofu en la sartén y baje el fuego un poco. Cuézalo 20 minutos, dándole la vuelta una vez.

4. Sirva el tofu macerado caliente o frío, acompañado de ensalada verde.

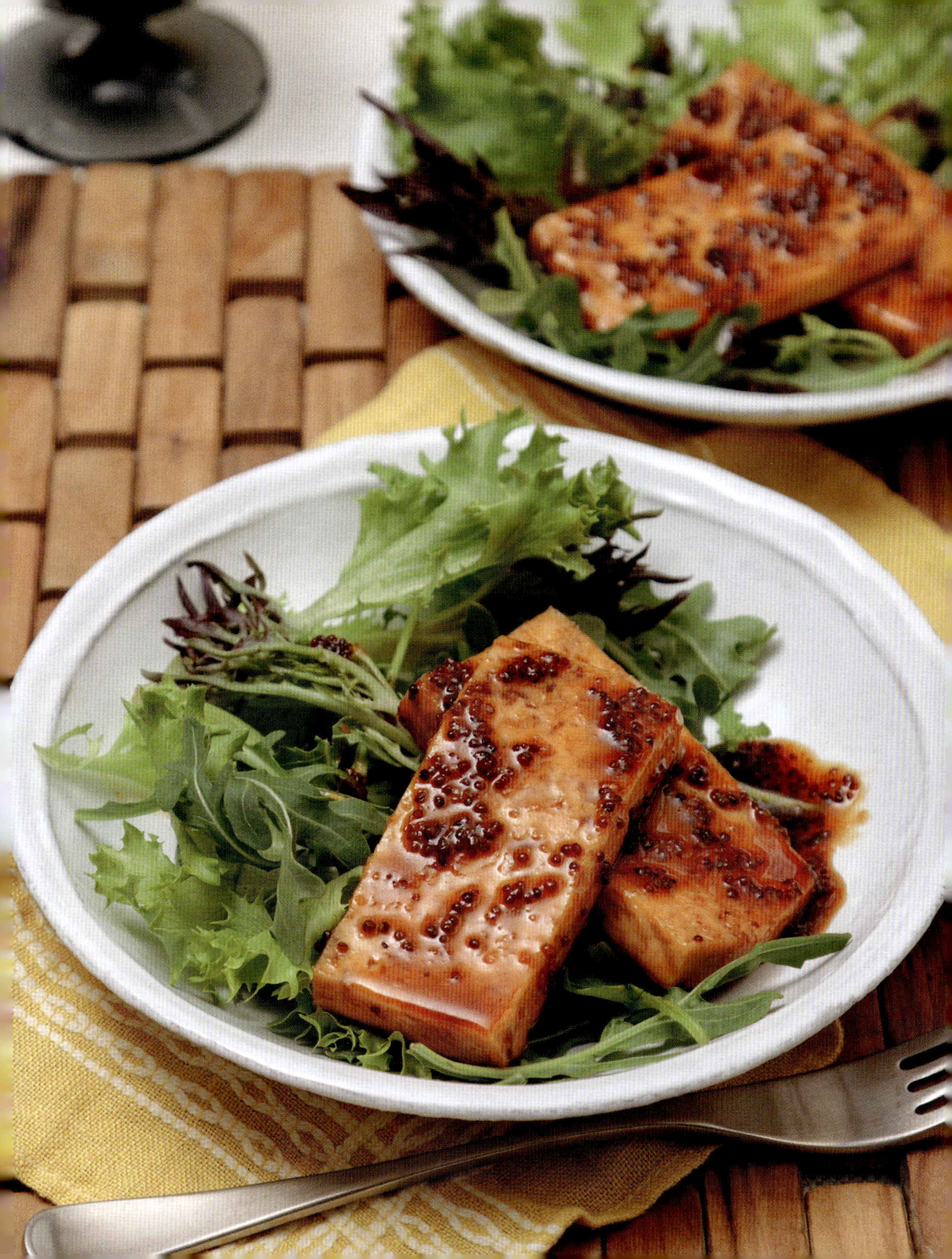

ensalada de aguacate y pomelo

ingredientes

para 2 personas

50 g/2 tazas de hojas para ensalada variadas
1 pomelo rosa separado en gajos
2 aguacates (paltas) en láminas
½ cebolla roja en rodajas finas

aliño

4 dátiles secos picados
1 cucharada de aceite de oliva
1 cucharada de aceite de nueces
1 cucharada de vinagre de vino blanco

preparación

1. Para preparar el aliño, mezcle en un cuenco con un tenedor los dátiles con los dos tipos de aceite y el vinagre.

2. En una ensaladera, ponga las hojas para ensalada y, después, el pomelo, el aguacate y la cebolla. Aliñe la ensalada y remuévala bien con dos tenedores. Sírvala enseguida.

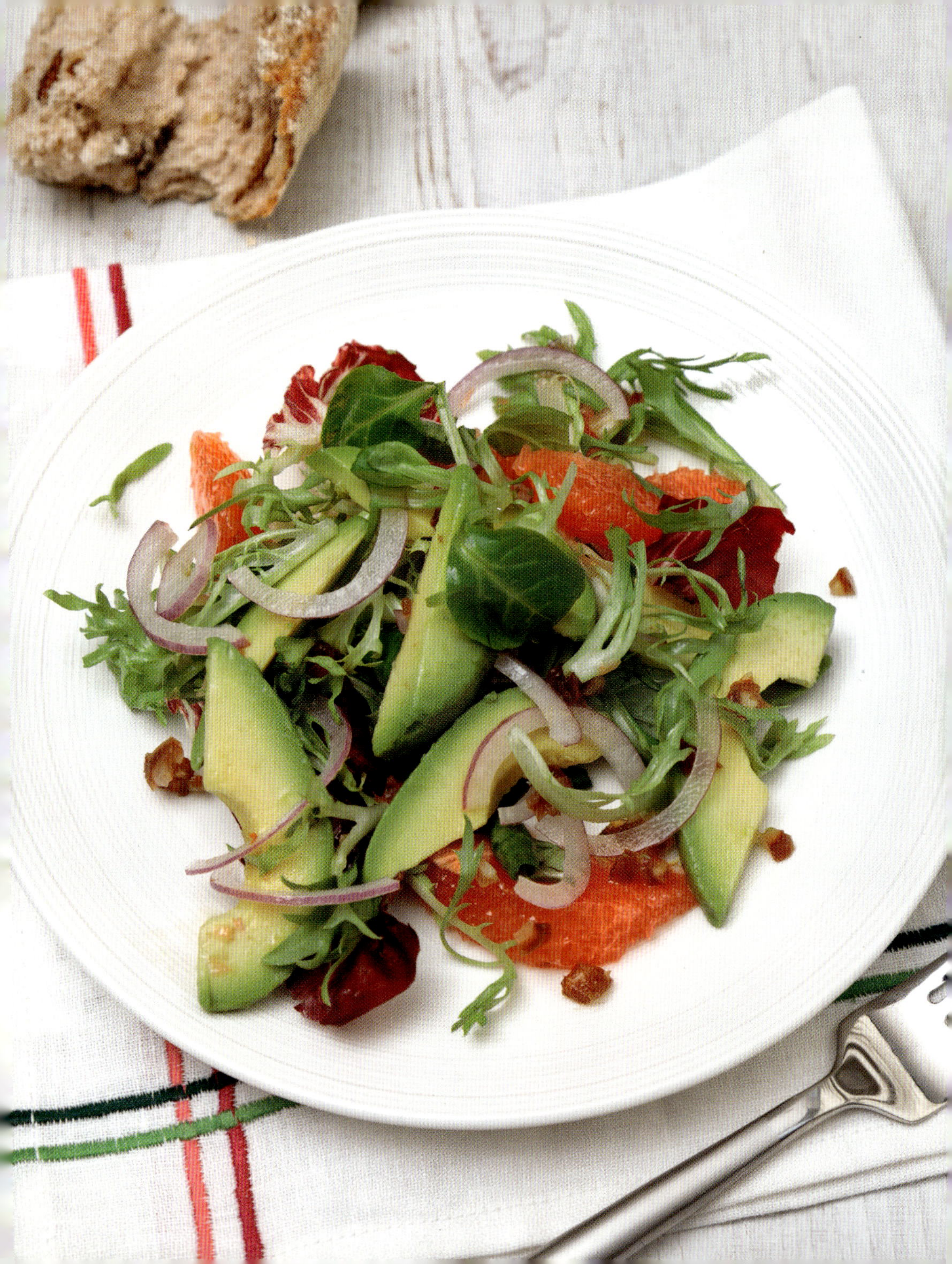

ensalada de quinoa y garbanzos

ingredientes

para 4 personas

50 g/⅓ de taza de quinoa roja
1 guindilla (ají picante) roja despepitada (sin semillas) y picada
8 cebolletas (cebollas tiernas) picadas
3 cucharadas de menta picada
2 cucharadas de aceite de oliva
2 cucharadas de zumo (jugo) de limón recién exprimido
30 g/⅓ de taza de harina de garbanzos (chícharos)
1 cucharadita de comino molido
½ cucharadita de pimentón
1 cucharada de aceite vegetal
150 g/1 taza de garbanzos (chícharos) cocidos

preparación

1 Ponga la quinoa en una cazuela mediana y cúbrala con agua hirviendo. Caliéntela a fuego lento y cuézala unos 10 minutos, o hasta que empiece a estar tierna. Escúrrala, pásela bajo el chorro de agua fría y vuelva a escurrirla. Póngala en una ensaladera, añada la guindilla, la cebolleta y la menta, y mézclelo bien.

2 Bata con un tenedor el aceite y el zumo de limón en un cuenco.

3 Tamice la harina de garbanzos, el comino y el pimentón en un bol ancho. Caliente el aceite a fuego medio en una sartén. Reboce los garbanzos con la harina condimentada y fríalos por tandas a fuego lento, removiendo a menudo, 2 o 3 minutos, hasta que se doren.

4 Mezcle los garbanzos templados con la quinoa e incorpore enseguida el aliño. Sírvalo templado o frío.

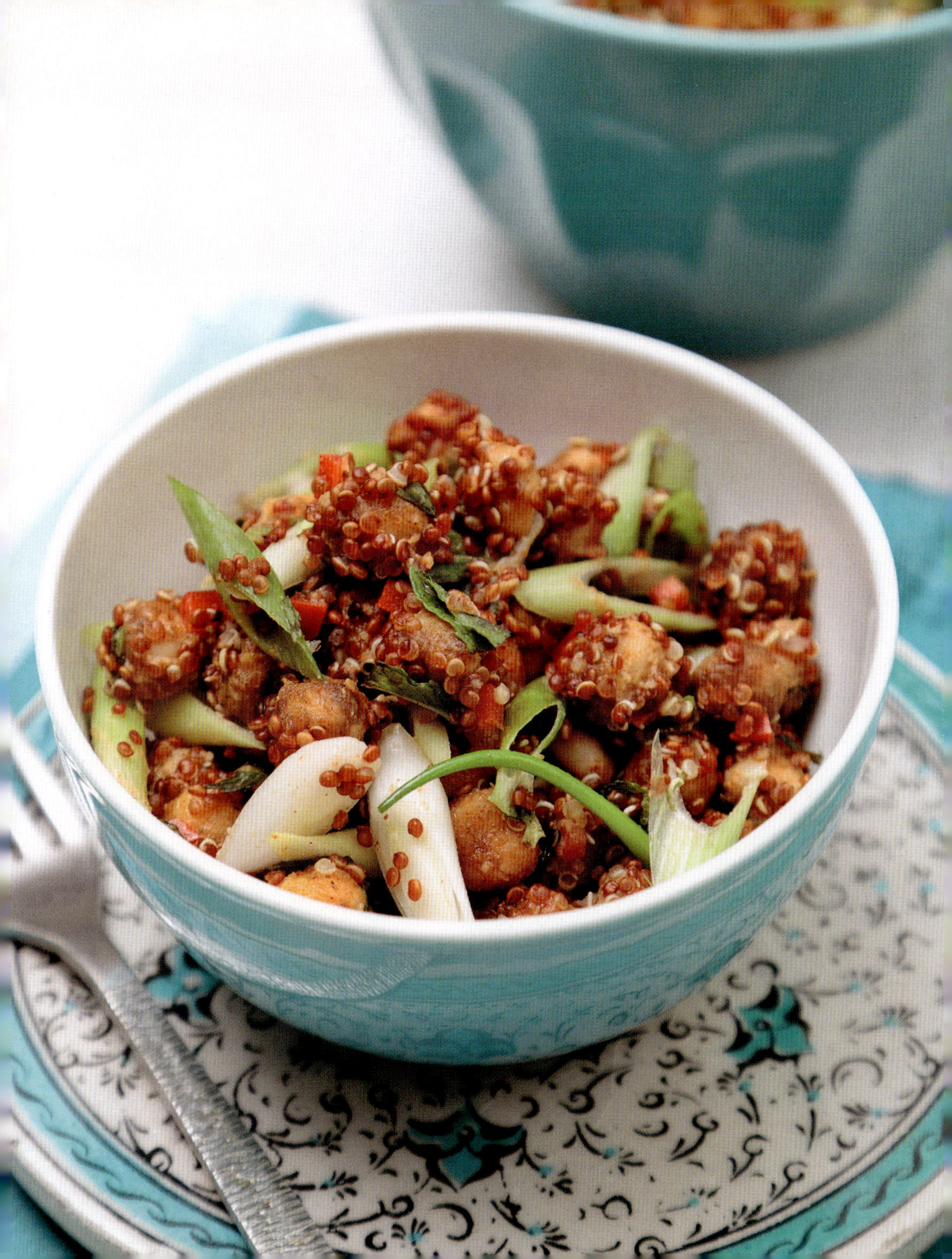

ensalada tailandesa crujiente

ingredientes

para 4 personas

1 mango no muy maduro
5 hojas de lechuga romana troceadas
100 g/1 taza de brotes de soja
1 puñado de hojas de cilantro
25 g/3 cucharadas de cacahuetes (cacahuates) tostados sin sal troceados

aliño

el zumo (jugo) de 1 lima (limón)
2 cucharadas de salsa de soja clara
1 cucharadita de azúcar moreno
1 chalote (echalote) en rodajitas
1 diente de ajo picado
1 guindilla (ají picante) ojo de pájaro despepitada (sin semillas) y en rodajitas
1 cucharada de menta picada

preparación

1. Para preparar el aliño, mezcle en un bol el zumo de lima con la salsa de soja y el azúcar y, después, incorpore el chalote, el ajo, la guindilla y la menta.

2. Pele el mango con un cuchillo afilado o un pelapatatas. Corte la pulpa de ambos lados y la que rodea el hueso. Pártala en rodajas finas o en tiras.

3. Ponga la lechuga, la soja, el cilantro y el mango en una ensaladera. Con suavidad, mezcle bien todos los ingredientes. Aliñe la ensalada, esparza los cacahuetes por encima y sírvala enseguida.

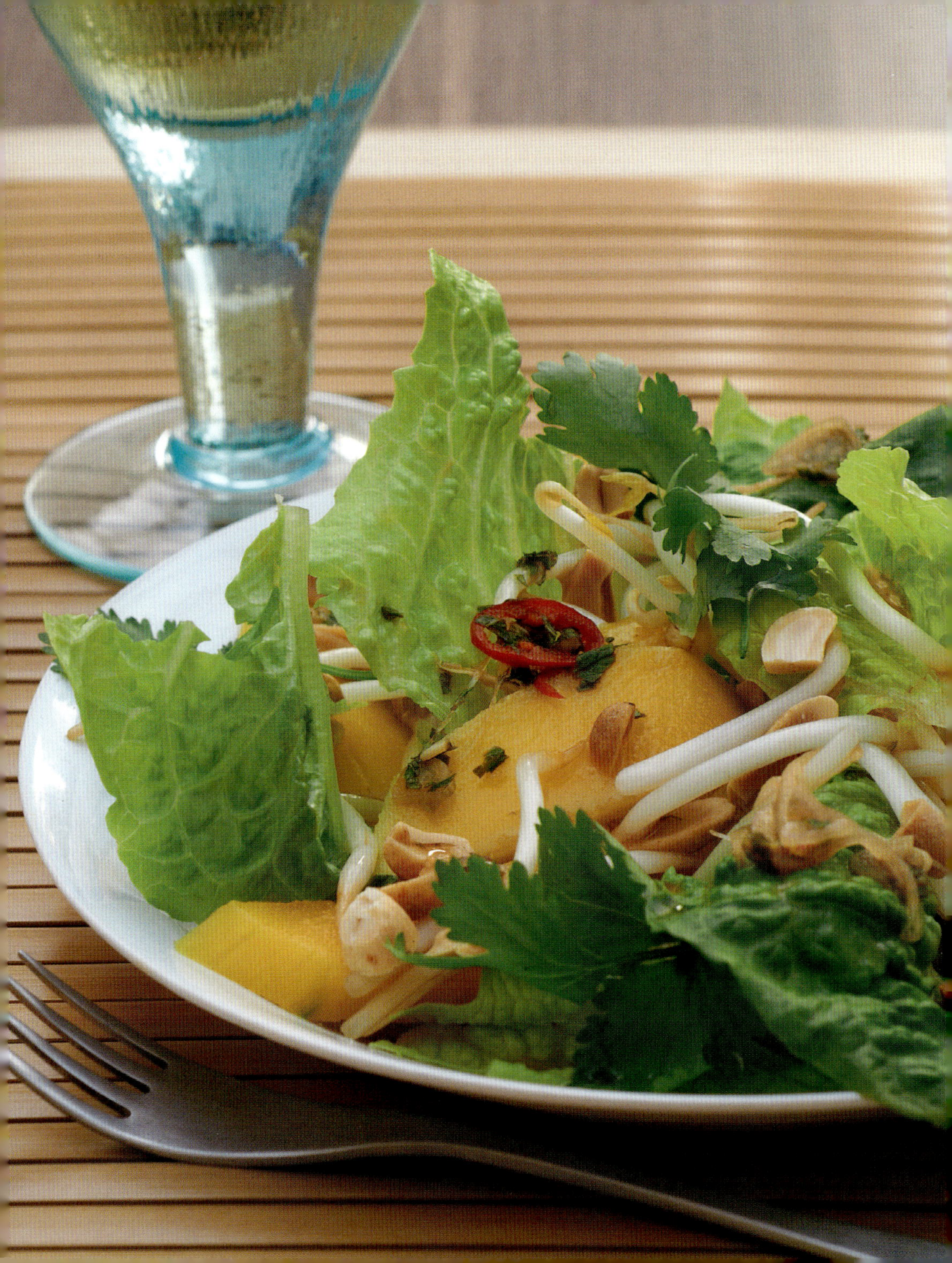

ensalada de arroz salvaje y alubias

ingredientes

para 6 personas

175 g/1 taza de arroz salvaje
200 g/1 taza de alubias (porotos) rojas cocidas
200 g/1 taza de alubias (porotos) verdinas cocidas
200 g/1 taza de alubias blancas (chícharos blancos) cocidas
1 cebolla roja en rodajas finas
4 cebolletas (cebollas tiernas) picadas
1 diente de ajo majado

aliño

4 cucharadas/¼ de taza de aceite de oliva
2 cucharadas de vinagre (aceto) balsámico
1 cucharadita de orégano

preparación

1 Ponga el arroz en una cazuela, cúbralo con agua y llévelo a ebullición. Baje el fuego y cuézalo 45 minutos, o según las indicaciones del envase, hasta que empiece a estar tierno y a «saltar». Si fuera necesario, añada más agua hirviendo durante la cocción. Cuando el arroz esté cocido, escúrralo, enjuáguelo bajo el chorro de agua fría y vuelva a escurrirlo.

2 Para preparar el aliño, bata todos los ingredientes en un cuenco con un tenedor o unas varillas pequeñas.

3 Ponga todas las alubias en una ensaladera con la cebolla, la cebolleta y el ajo. Añada el arroz enfriado y vierta el aliño por encima. Mézclelo bien con una cuchara de madera o metálica. Refrigere la ensalada hasta que vaya a servirla.

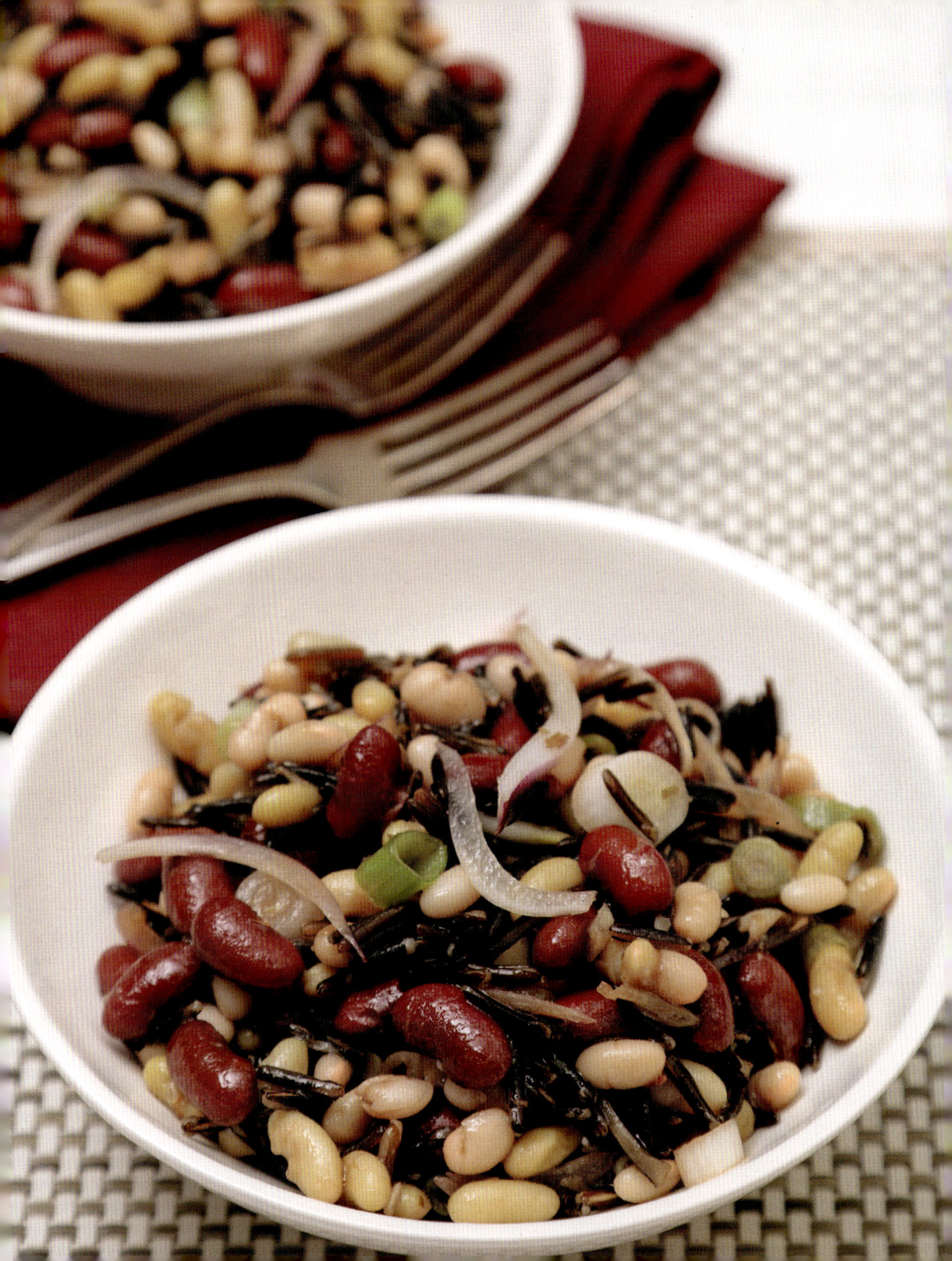

cuscús con tomates asados

ingredientes

para 6 personas

300 g/2 tazas de tomates (jitomates) cherry
3 cucharadas de aceite de oliva
125 g/¾ de taza de cuscús
200 ml/1 taza de agua hirviendo
30 g/¼ de taza de piñones tostados
5 cucharadas/⅓ de taza de menta troceada
la ralladura fina de 1 limón
1½ cucharadas de zumo (jugo) de limón
sal y pimienta

preparación

1 Precaliente el horno a 220 °C/430 °F. Ponga los tomates con 1 cucharada del aceite en una fuente refractaria. Úntelos bien en el aceite y áselos 7 u 8 minutos en el horno precalentado hasta que estén tiernos y la piel se rompa. Déjelos reposar 5 minutos.

2 Ponga el cuscús en un bol refractario. Vierta por encima el agua hirviendo, tápelo y déjelo reposar de 8 a 10 minutos, o hasta que el cuscús absorba todo el líquido. Ahuéquelo con un tenedor.

3 Añada los tomates con su jugo, los piñones, la menta, la ralladura y el zumo de limón y el aceite restante. Salpimiente y remueva con suavidad. Sírvalo templado o frío.

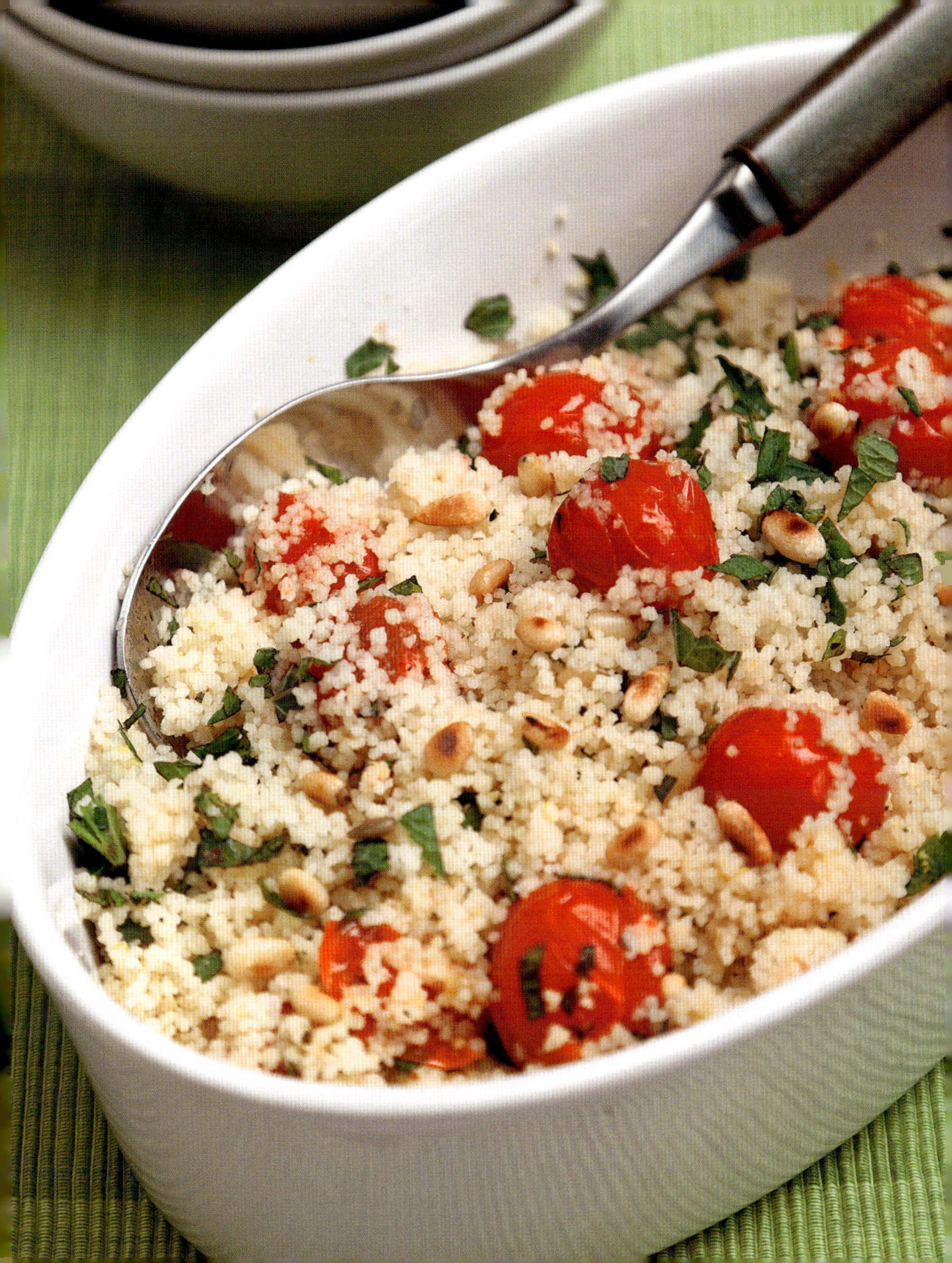

tempura de hortalizas al jengibre

ingredientes

para 6 personas

1,5 litros/6 tazas de aceite vegetal, para freír
600 g/1¼ libras de hortalizas de temporada en trozos grandes, como pimientos (ajís), tirabeques (bisaltos), espárragos, brécol (brócoli), berenjenas y calabacines (zapallitos)
1 cucharada de jarabe de caña o de arce, para servir
1 cucharada de pimentón, para espolvorear

tempura al jengibre

250 g/2 tazas de harina
250 g/2 tazas de maicena
300 ml/1¼ tazas de agua mineral con gas
300 ml/1¼ tazas de cerveza de jengibre con gas para veganos o Ginger Ale

preparación

1 Precaliente el horno a 160 °C/320 °F.

2 Para preparar la tempura, ponga la harina y la maicena en un bol ancho. Vierta el agua y la cerveza poco a poco, removiendo con rapidez para obtener una tempura homogénea. Si quedaran grumos, siga removiendo un poco más.

3 Caliente el aceite a fuego fuerte en una cazuela o en un wok, hasta que al echar una gota de tempura flote enseguida y crepite. Reboce las hortalizas troceadas en la tempura, déjelas escurrir un poco para que no goteen y fríalas por tandas unos 5 minutos, o hasta que estén crujientes y empiecen a dorarse. Escúrralas en papel de cocina y resérvelas en una fuente refractaria en el horno precalentado mientras fríe el resto. Vaya retirando los restos de tempura del aceite para que no se quemen y lo ennegrezcan.

4 Sirva las hortalizas apiladas en una fuente, rociadas con el jarabe de caña y espolvoreadas con el pimentón.

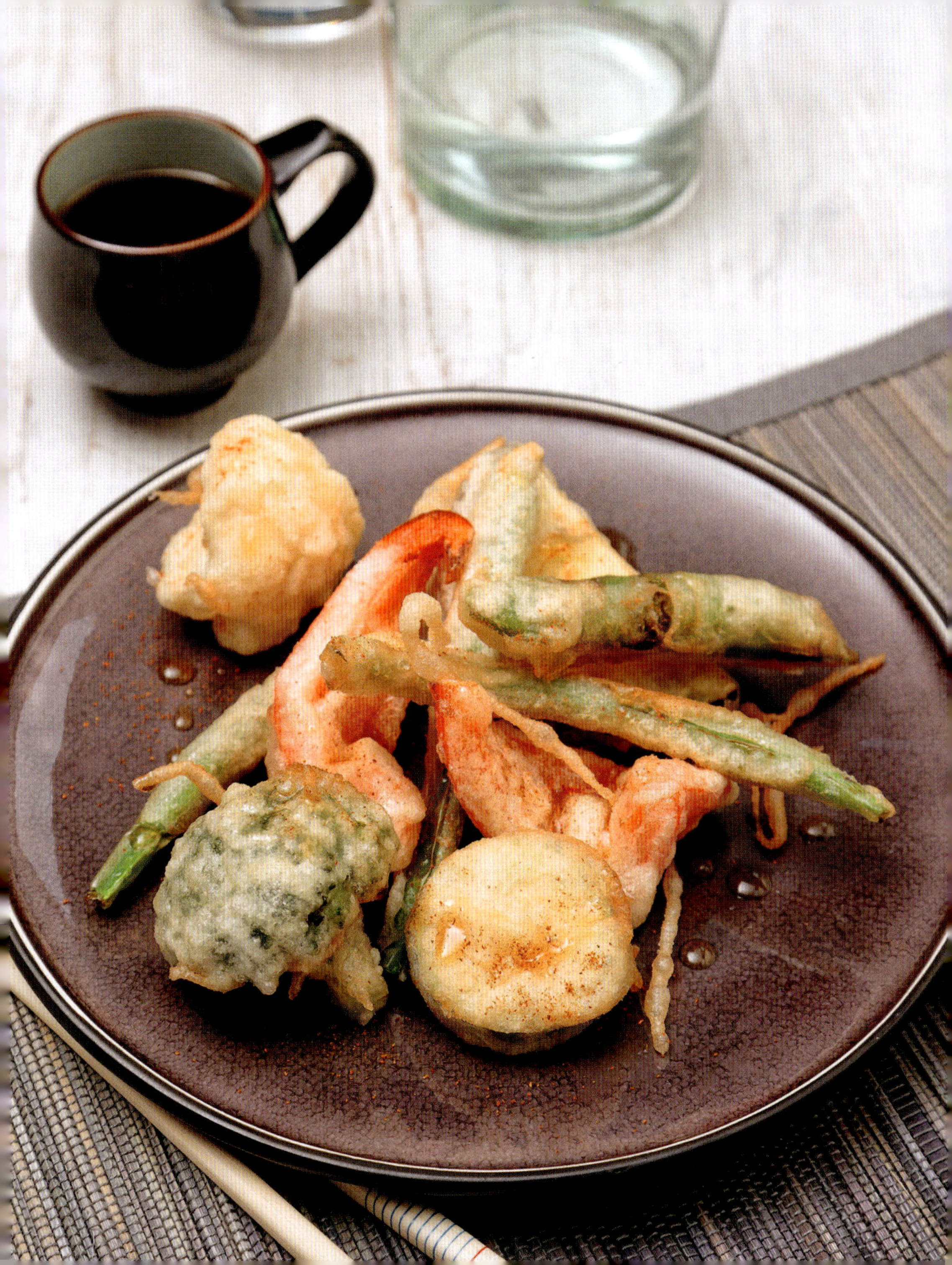

pastelitos de tomate y pimiento con albahaca

ingredientes

para 4 personas

1 cucharadita de aceite de oliva
2 chalotes (echalotes) picados
2 dientes de ajo picados
sal y pimienta
2 pimientos (ajís) rojos pelados, despepitados (sin semillas) y en tiras
1 pimiento (ají) naranja pelado, despepitado (sin semillas) y en tiras
4 tomates (jitomates) en rodajas finas
2 cucharadas de albahaca en juliana, y unas hojas para adornar

preparación

1 Unte 4 moldes pequeños con el aceite. Mezcle el chalote y el ajo en un cuenco, y salpimiente.

2 Disponga en los moldes capas alternas de pimiento y tomate, de chalote al ajo y de albahaca. Tape los moldes holgadamente con film transparente o papel vegetal. Ponga unos pesos encima y refrigérelos al menos 6 horas o, si es posible, toda la noche.

3 Cuando vaya a servirlo, retire los pesos y pase un cuchillo alrededor del contorno de los moldes. Desmolde los pastelitos y sírvalos adornados con hojas de albahaca.

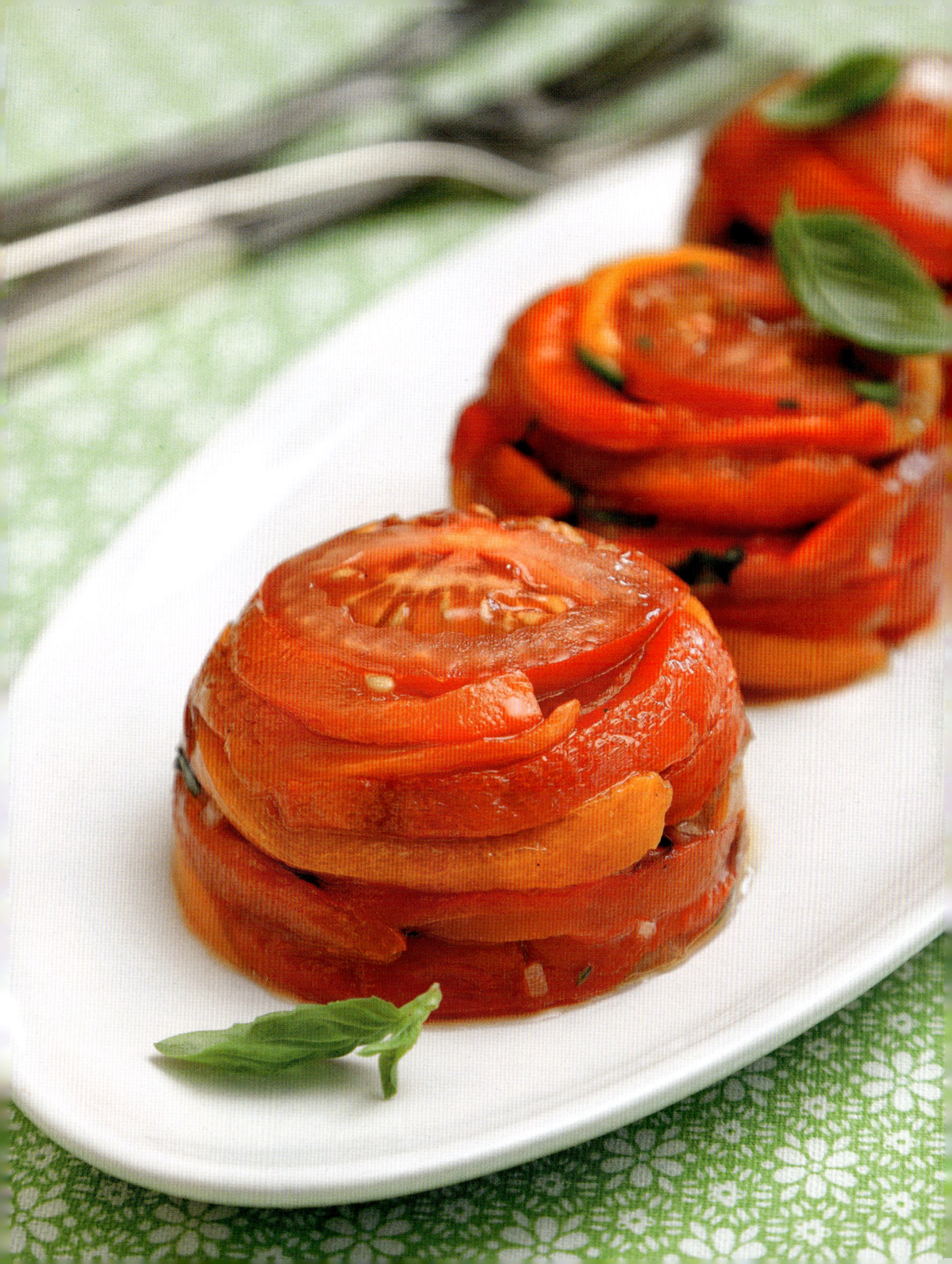

tostadas con paté de nuez

ingredientes
para 4 personas

paté de nueces
125 g/1 taza de nueces troceadas
125 g/3 tazas de pan integral para veganos rallado
1 cebolla roja pequeña picada
1 cucharada de estragón picado
1 cucharada de cebollino (cebollín) picado
1 cucharadita de concentrado de tomate (jitomate)
1 cucharadita de salsa de soja
1 cucharada de vino blanco para veganos (opcional)
2 cucharadas de aceite de nuez, y un poco más si fuera necesario

sal y pimienta
rebanadas de chapata o crackers para veganos

preparación

1 Ponga todos los ingredientes del paté en un bol y mézclelos bien con una cuchara de madera. Salpimiente. Tritúrelos en el robot de cocina hasta obtener una pasta homogénea. Si el pan rallado estuviera demasiado seco puede que deba añadir un poco más de vino, si lo utiliza.

2 Reparta el paté entre 4 moldes pequeños y refrigérelo. Sirva el paté con rebanadas de chapata o crackers.

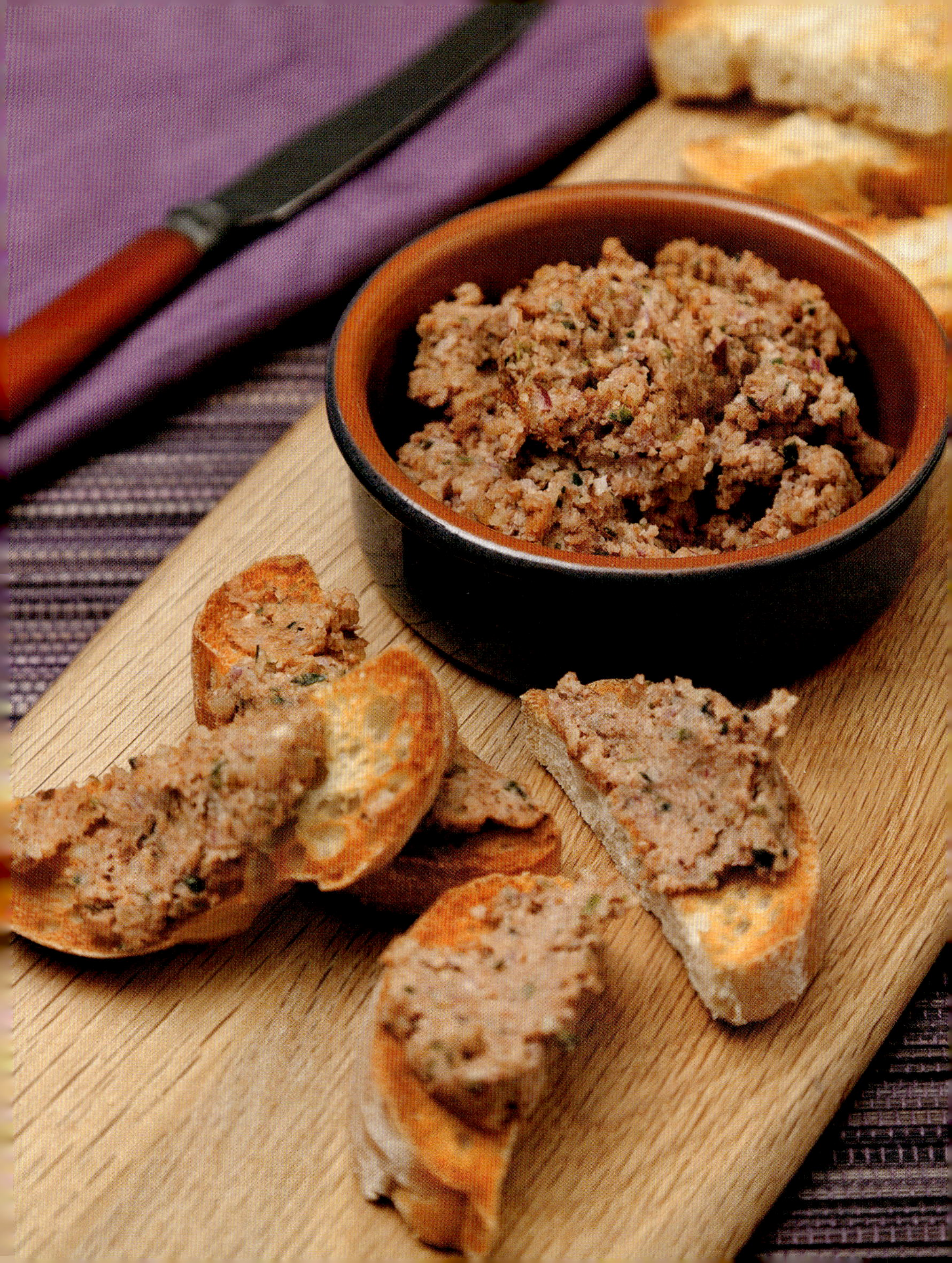

bocadillos de tofu ahumado y hortalizas

ingredientes

para 2-4 personas

1 calabacín (zapallito) pequeño en rodajas
1 pimiento (ají) rojo o amarillo despepitado (sin semillas) y en rodajas
1 cebolla roja cortada en 8 cuñas
2 cucharadas de aceite de oliva
1 barra de pan para veganos
1 puñado de albahaca picada
1 puñado de rúcula picada
70 g/2½ oz de tofu ahumado en lonchas (lonjas)
70 g/2½ oz de tomates (jitomates) en rodajas
1 cucharada de vinagre (aceto) balsámico

olivada

12 aceitunas negras sin hueso y troceadas
1 diente de ajo
1 cucharada de aceite de oliva
sal y pimienta

preparación

1 Precaliente el horno a 190 °C/375 °F. Ponga el calabacín, el pimiento y la cebolla en la bandeja del horno, rocíelos con el aceite y remueva para que se impregnen bien. Ase las hortalizas en el horno precalentado unos 25 minutos, o hasta que estén tiernas y empiecen a tomar color.

2 Para preparar la olivada, triture las aceitunas, el ajo y el aceite en el robot de cocina hasta obtener una pasta de textura gruesa. Salpimiente.

3 Parta la barra de pan por la mitad y unte la olivada por la parte cortada de la mitad superior.

4 En la mitad inferior, disponga las hortalizas asadas sin escurrir el aceite, la albahaca y la rúcula. A continuación, añada el tofu y el tomate y, para terminar, rocíelo con el vinagre balsámico. Tápelo con la otra mitad de la barra de pan y presione bien para comprimir el relleno.

5 Envuelva la barra en film transparente o papel de aluminio bien apretados y refrigérela al menos 1 hora antes de servirla. Cuando vaya a servirla, córtela con suavidad con un cuchillo de sierra.

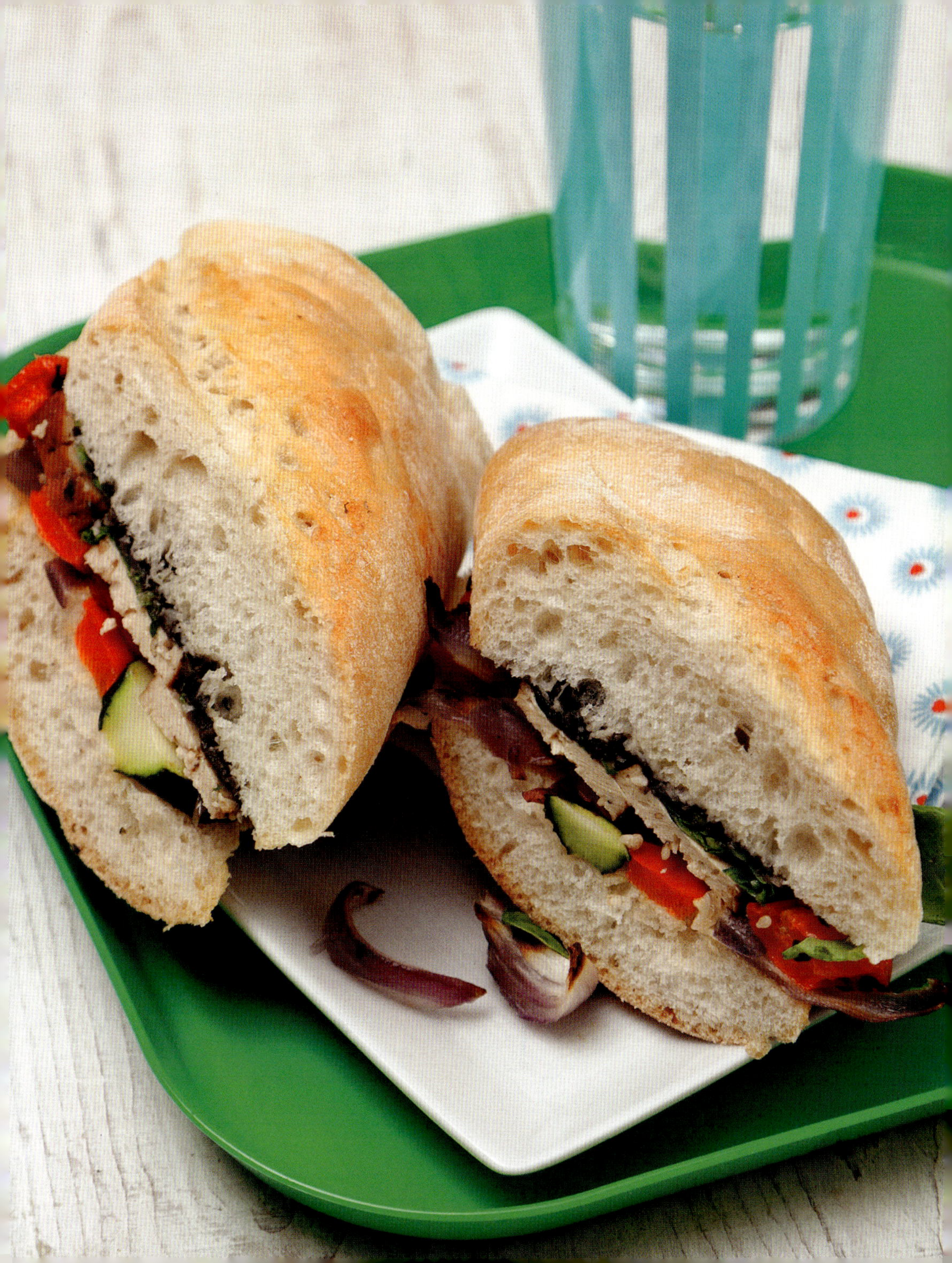

rollitos de hortalizas a la mediterránea

ingredientes

para 4 personas

1 calabacín (zapallito) pequeño en rodajas finas

1 pimiento (ají) rojo o amarillo despepitado (sin semillas) y troceado

1 cucharada de aceite de oliva

4 tortillas de harina para veganos

6 cucharadas/⅓ de taza de pasta de tomates (jitomates) secados al sol

85 g/3 tazas de hojas de espinaca tiernas

4 corazones de alcachofa (alcaucil) en aceite partidos en cuartos

8 tomates (jitomates) secados al sol en aceite, cortados en cuartos

16 aceitunas negras deshuesadas y partidas por la mitad

1 puñado de hojas de albahaca en juliana

preparación

1 Precaliente el horno a 190 °C/375 °F. Ponga el calabacín y el pimiento en la bandeja del horno, rocíelos con el aceite y remueva para que se impregnen bien. Ase las hortalizas en el horno precalentado 20 minutos, o hasta que se ablanden y empiecen a tomar color. A continuación, sáquelas del horno.

2 Unte las tortillas de harina con una capa fina de pasta de tomates secados al sol. Corte las espinacas en juliana y repártalas entre las tortillas.

3 Mezcle en un bol las hortalizas asadas con los corazones de alcachofa, los tomates secados al sol, las aceitunas y la albahaca. Repártalo entre las tortillas, extendiendo el relleno de modo uniforme por encima de las espinacas. Enrolle las tortillas, pártalas por la mitad y sirva los rollitos enseguida.

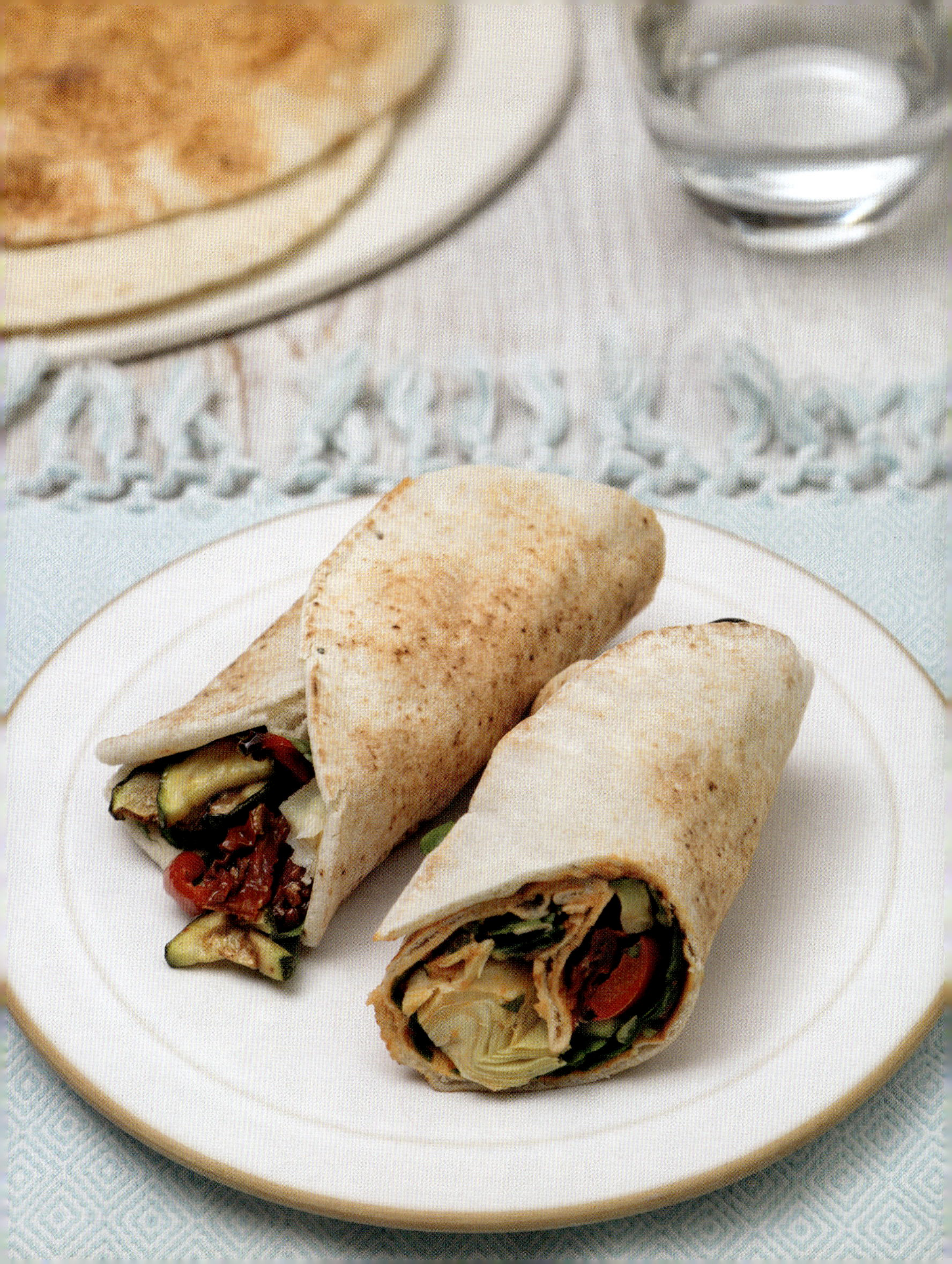

bocadillos de champiñones al pesto

ingredientes

para 2 personas

25 g/2 cucharadas de margarina para veganos
200 g/3 tazas de champiñones en láminas
1 cebolla en rodajas
1 buen puñado de perejil picado
sal y pimienta
1 chapata pequeña para veganos
aceite de oliva, para pintar

pesto

55 g/½ taza de anacardos (castañas de cajú)
35 g/1 taza de hojas de albahaca
2 dientes de ajo majados
4 cucharadas/¼ de taza de aceite de oliva o cáñamo
sal y pimienta

preparación

1 Para preparar el pesto, tueste un poco los anacardos en una sartén de base gruesa hasta que empiecen a dorarse.

2 A continuación, tritúrelos con la albahaca, el ajo, el aceite, sal y pimienta en el robot de cocina hasta obtener una pasta de textura gruesa. O, si lo prefiere, pique bien los anacardos y la albahaca y, después, maje todos los ingredientes en el mortero.

3 Derrita la margarina en una sartén a fuego lento y rehogue los champiñones, la cebolla y el perejil 5 minutos, o hasta que la cebolla se ablande. Salpimiente.

4 Parta la chapata por la mitad y corte cada trozo también por la mitad. Pinte la chapata por fuera con un poco de aceite de oliva.

5 Divida el pesto en 4 partes y extiéndalo sobre la parte cortada de cada trozo de pan. Reparta los champiñones rehogados calientes entre 2 trozos y tape el relleno con los otros dos.

6 Caliente una plancha estriada y tueste los bocadillos 2 o 3 minutos por cada lado, presionándolos bien para aplanarlos y marcarlos.

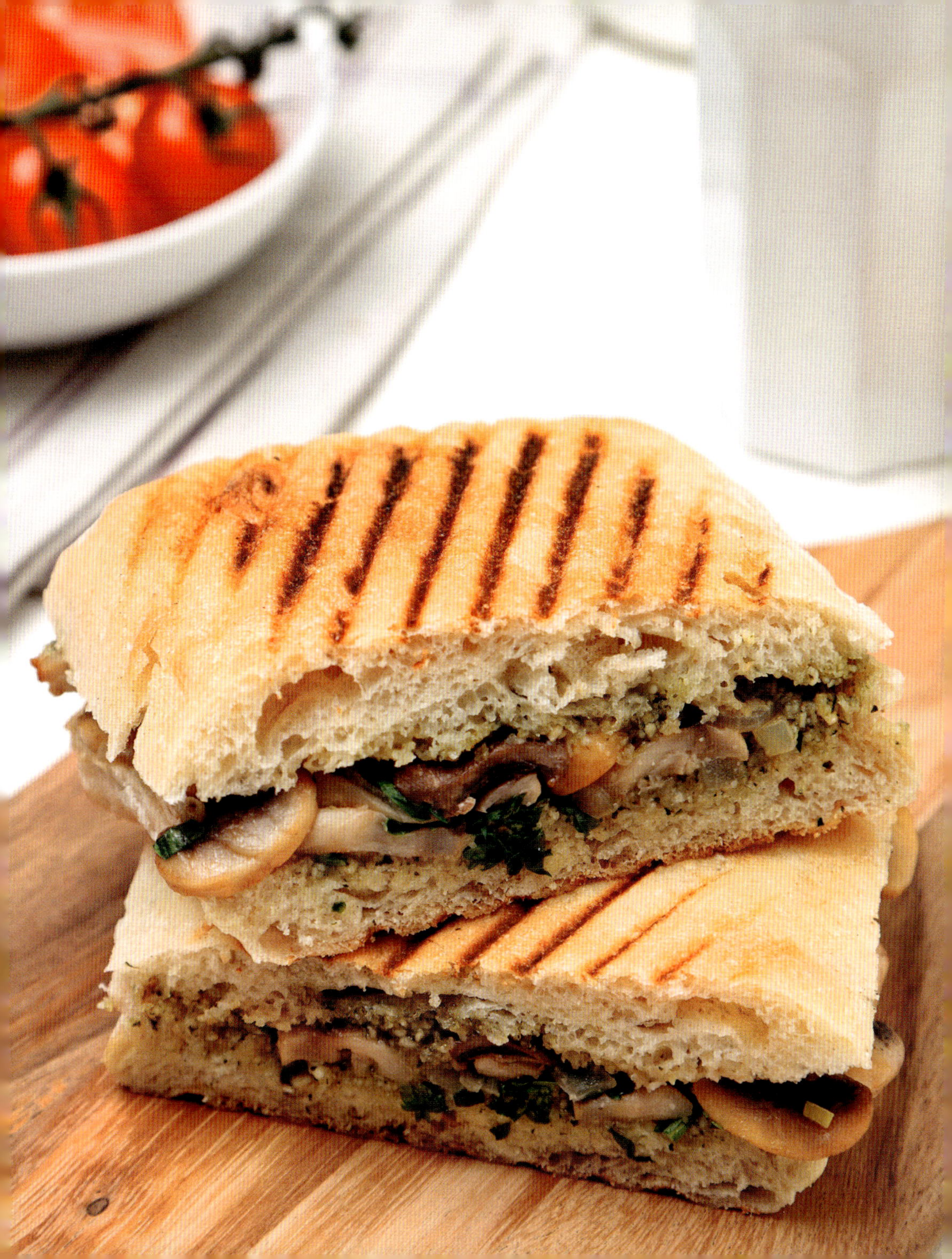

hamburguesas de alubias

ingredientes

para 4 personas

1 cucharada de aceite de girasol, y un poco más para pintar
1 cebolla picada
1 diente de ajo picado
1 cucharadita de cilantro molido
1 cucharadita de comino molido
115 g/2 tazas de champiñones picados
425 g/15 oz de alubias blancas (chícharos blanco) o rojas (porotos) cocidas
2 cucharadas de perejil picado
sal y pimienta
harina, para espolvorear
panecillos de hamburguesa para veganos y hojas para ensalada, para acompañar

preparación

1. Caliente el aceite a fuego medio en una sartén de base gruesa. Sofría la cebolla, removiendo a menudo, 5 minutos o hasta que se ablande. Añada el ajo, el cilantro y el comino, y remueva 1 minuto más. Eche los champiñones y rehóguelos, removiendo, 4 o 5 minutos, hasta que el líquido se evapore. Reserve las hortalizas en un bol.

2. Ponga las alubias en un plato llano y cháfelas con un tenedor. Incorpórelas a las hortalizas, añada el perejil y salpimiente.

3. Precaliente el gratinador a temperatura media-fuerte. Divida la mezcla en 4 partes, espolvoréelas con un poco de harina y deles forma de hamburguesas. Píntelas con aceite y áselas bajo el gratinador 4 o 5 minutos por cada lado. Sírvalas en los panecillos, acompañadas de ensalada.

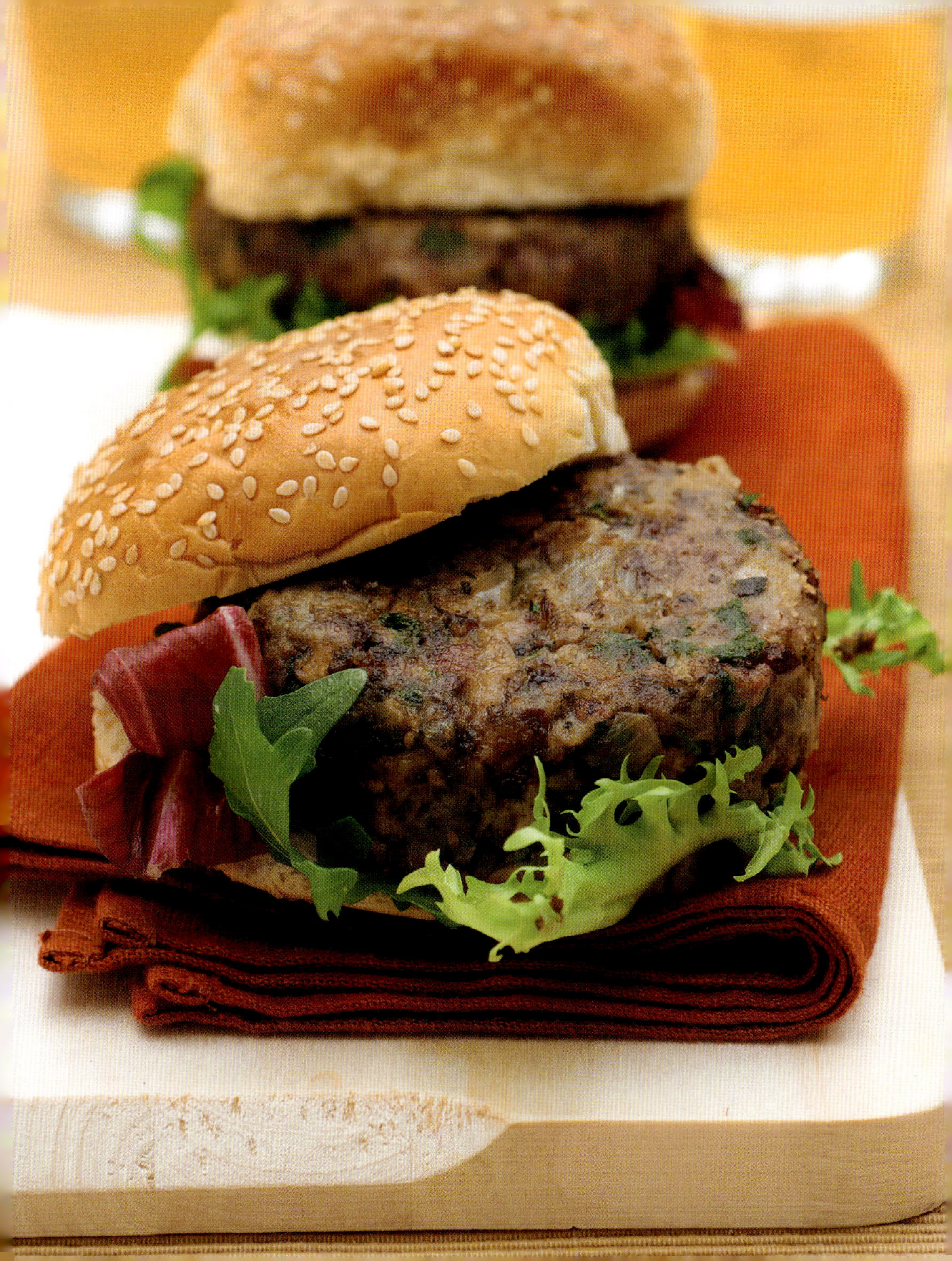

sushi fácil de hortalizas

ingredientes

para 4-6 personas

200 g/1 taza de arroz para sushi
2-3 cucharadas de vinagre de arroz
1 pizca de sal
1 cucharada de vino de arroz dulce (mirin)
7 láminas de alga nori pretostadas
½ pepino en bastoncillos
1 pimiento (ají) rojo despepitado (sin semillas) en tiras
1 aguacate (palta) en tiras
4 cebolletas (cebollas tiernas) partidas por la mitad
salsa de soja, wasabi y jengibre encurtido, para servir (opcional)

preparación

1 Ponga el arroz en una cazuela y cúbralo con 375 ml/ 1½ tazas de agua. Llévelo a ebullición, baje el fuego al mínimo, tápelo y cuézalo 20 minutos. Escúrralo y páselo a un bol. Incorpore con suavidad el vinagre, la sal y el mirin y deje que se enfríe.

2 Cuando el arroz esté frío, ponga una lámina de alga nori en una esterilla para sushi con la parte satinada hacia abajo y extienda una capa fina de arroz por encima, dejando un margen de 1 cm/½ pulgada en todo el contorno. Disponga parte de las hortalizas de modo que los bastoncillos queden en la misma dirección que las tiras de bambú de la esterilla.

3 Ayudándose de la esterilla, levante el extremo de la lámina más próximo a usted y enróllela en dirección ascendente remetiéndola bien. Siga enrollándola y, si fuera necesario, humedezca el extremo con un poco de agua para encerrar el rollito. Repita la operación con el alga nori, el arroz y las hortalizas restantes. Envuelva los rollitos con film transparente bien apretado y refrigérelos hasta que vaya a servirlos. (Si no dispone de esterilla para sushi, enrolle las láminas sobre una tabla).

4 Para servir el sushi, corte cada rollito en rodajas de unos 2,5 cm/1 pulgada de grosor. Si lo desea, sirva el sushi con salsa de soja, wasabi y jengibre encurtido.

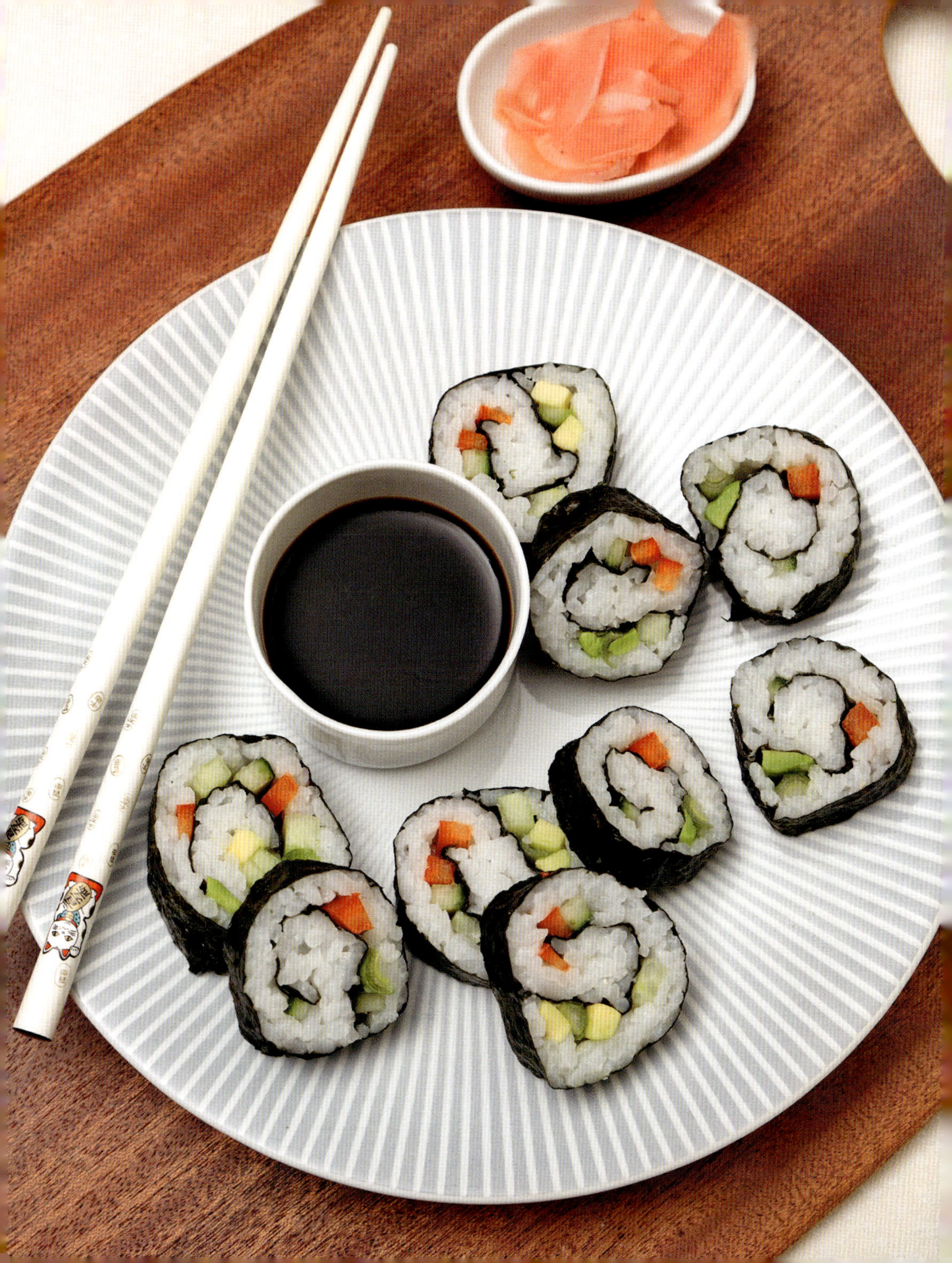

patatas rellenas al gratén

ingredientes

para 2 personas

aceite vegetal, para engrasar
2 patatas (papas) para asar del mismo tamaño
aceite de oliva, para asar y freír
3 lonchas (lonjas) de beicon (panceta) para veganos
1 cucharada de hierbas aromáticas variadas picadas, como salvia, perejil y orégano
sal y pimienta
10 g/½ cucharada de margarina para veganos

preparación

1 Precaliente el horno a 190 °C/375 °F. Engrase la bandeja del horno con un poco de aceite.

2 Marque el contorno de las patatas con un cuchillo para partirlas después por la mitad. Envuélvalas en papel de cocina y cuézalas de 6 a 10 minutos en el microondas, hasta que estén cocidas. A continuación, desenvuélvalas y déjelas enfriar hasta que pueda manipularlas. Parta las patatas por la mitad y retire con cuidado la pulpa, dejando un contorno de 1 cm/½ pulgada de grosor. Resérvela en un bol mediano.

3 Unte la piel de las patatas con aceite de oliva y póngalas, con la parte cortada hacia abajo, en la bandeja engrasada. Áselas en el horno precalentado 15 minutos, o hasta que se doren, y, después, páselas a una bandeja limpia con la parte cortada hacia arriba.

4 Caliente aceite a fuego medio en una sartén. Fría el beicon 5 minutos, o hasta que esté crujiente, y píquelo o desmenúcelo. Chafe la pulpa de patata con un tenedor y mézclela con el beicon y las hierbas. Salpimiente.

5 Precaliente el gratinador a la temperatura máxima. Rellene las patatas con la mezcla, dibuje unas líneas con el tenedor y añada unos trocitos de margarina. Gratínelas 5 minutos, hasta que estén doradas y crujientes. Sírvalas enseguida.

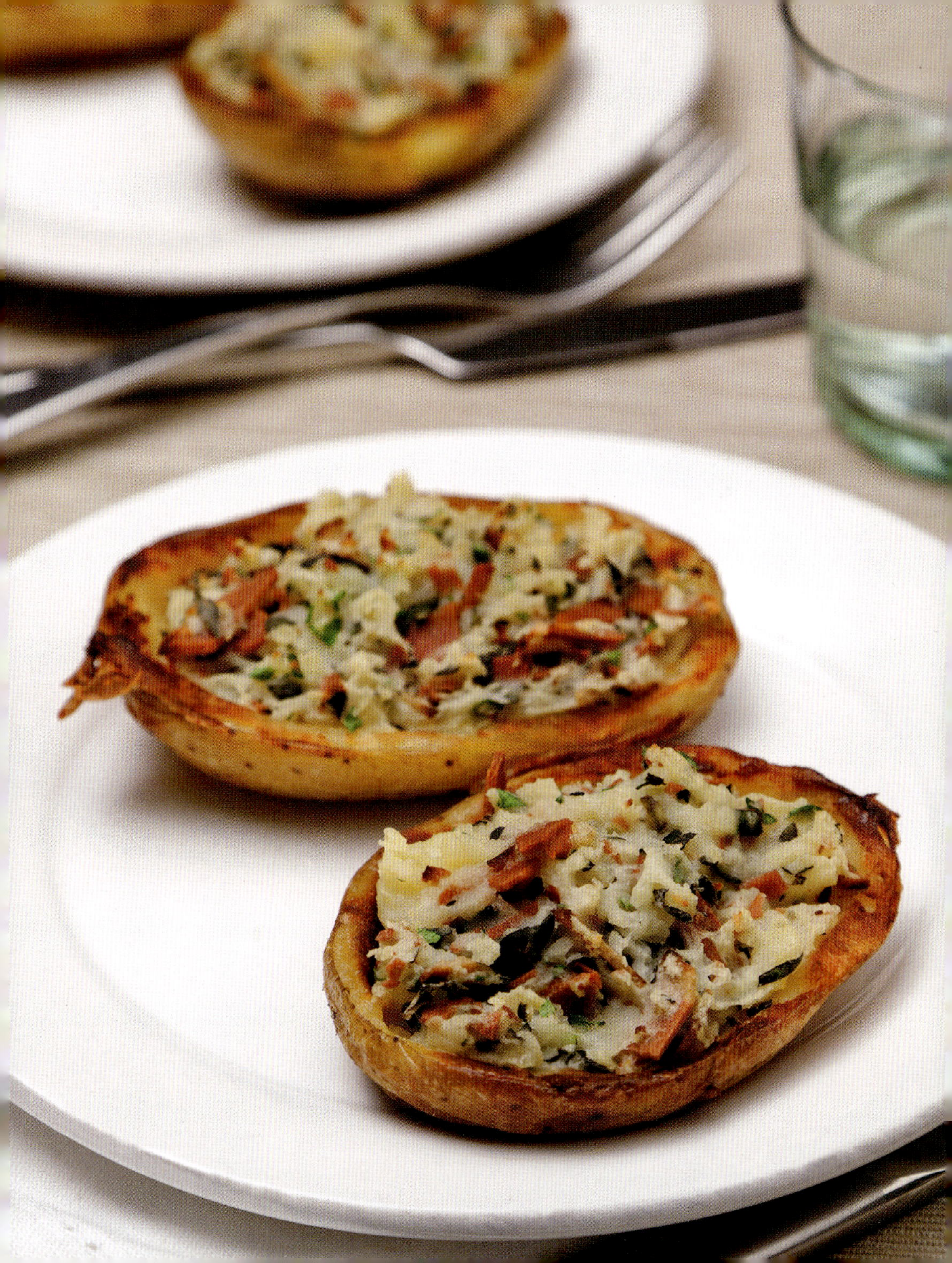

tortitas de tofu con salsa de guindilla

ingredientes

para 4 personas

300 g/10 oz (peso escurrido) de tofu consistente rallado grueso
1 tallo de limoncillo bien picado
2 dientes de ajo picados
1 trozo de jengibre de 2,5 cm/ 1 pulgada pelado y rallado
2 hojas de lima (limón) kafir picadas (opcional)
2 chalotes (echalotes) picados
2 guindilla (ají picante)s rojas sin semillas y picadas
4 cucharadas/¼ de taza de cilantro
90 g/¾ de taza de harina, y un poco más para espolvorear
½ cucharadita de sal
aceite de maíz (elote), para freír

salsa de guindilla

3 cucharadas de vinagre blanco destilado
2 cebolletas (cebollas tiernas) en rodajitas
1 cucharada de azúcar
2 guindillas (ají picantes) rojas
2 cucharadas de cilantro picado
1 pizca de sal

preparación

1 Para preparar la salsa de guindilla, mezcle todos los ingredientes en un cuenco y resérvela.

2 Mezcle en un bol el tofu con el limoncillo, el ajo, el jengibre, las hojas de lima (si lo desea), el chalote, las guindillas y el cilantro picados. Incorpore la harina y la sal, y mézclelo hasta obtener una pasta grumosa y viscosa. Tape el bol y refrigérelo 1 hora para que la pasta adquiera un poco de consistencia.

3 Con las manos enharinadas, forme 8 bolas de pasta del tamaño de una nuez y aplástelas un poco en forma de tortitas. Cubra con el aceite el fondo de una sartén grande de base gruesa y caliéntelo a fuego medio. Fría por tandas las tortitas de tofu por ambos lados de 4 a 6 minutos, o hasta que estén doradas. Déjelas escurrir sobre papel de cocina y sírvalas calientes acompañadas de la salsa de guindilla.

variación

Si prefiere una salsa menos picante, sustituya las guindillas por mezcla china de cinco especias.

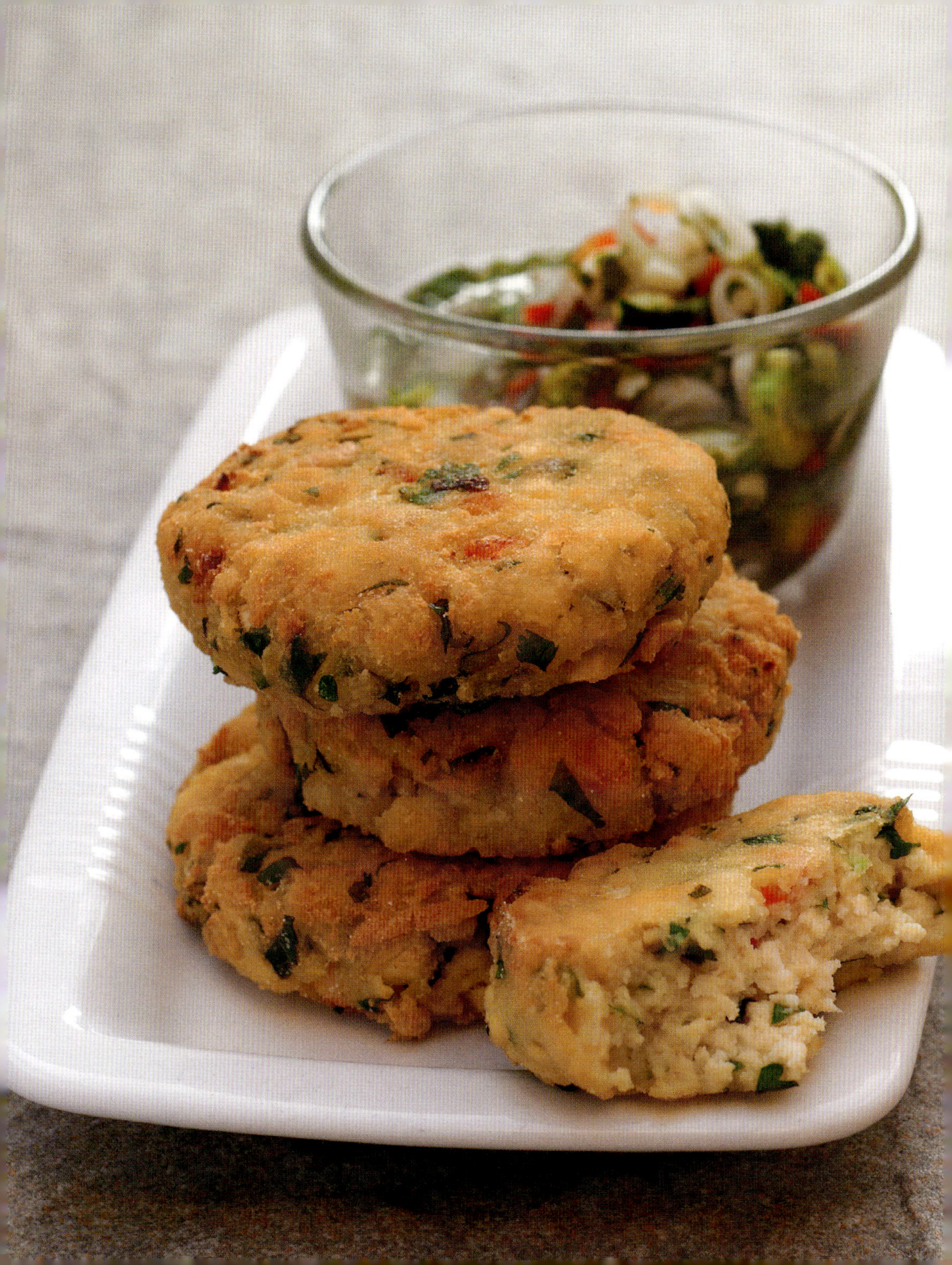

pizza de hortalizas asadas

ingredientes

para 2 unidades

1 pimiento (ají) verde y otro rojo o amarillo en tiras
1 calabacín (zapallito) en rodajas
½ berenjena pequeña en rodajas
1 cebolla roja en rodajas
2 cucharadas de aceite de oliva, y un poco más adicional
1 puñado de hojas de albahaca
1 puñado de aceitunas negras sin hueso partidas por la mitad
1 cucharada de piñones

salsa de tomate

1 cebolla picada
2 dientes de ajo majados
400 g/2 tazas de tomate picado
1 cucharadita de azúcar moreno
1 cucharadita de pasta de tomates (jitomates)
1 cucharadita de orégano
sal y pimienta

bases de pizza

375 g/2¾ tazas de harina de fuerza, y para espolvorear
1 cucharada de azúcar
7 g/2¼ cucharaditas de levadura seca de panadería

preparación

1 Precaliente el horno a 200 °C/400 °F. Engrase 2 bandejas de horno con un poco de aceite. Ponga en un bol el pimiento, el calabacín, la berenjena y la cebolla con el aceite y mézclelo bien. Pase las hortalizas a una fuente refractaria y áselas 30 minutos, o hasta que empiecen a dorarse. Sáquelas del horno y resérvelas.

2 Para preparar la salsa de tomate, caliente 1 cucharada del aceite en una sartén grande. Sofría la cebolla 4 o 5 minutos, añada el ajo y prosiga con la cocción 1 minuto más. Incorpore el tomate picado, el azúcar, la pasta de tomate y el orégano. Cueza la salsa a fuego lento de 6 a 8 minutos, hasta que quede bien espesa. Salpimiéntela, apártela del fuego y deje que se enfríe.

3 Para preparar las bases de pizza, tamice sobre un bol la harina, 1 cucharadita de sal, el azúcar y la levadura. Incorpore 2 cucharadas de aceite y 225 ml/1 taza de agua templada. Vuelque los ingredientes en la encimera espolvoreada con un poco de harina y trabájelos de 8 a 10 minutos hasta que queden ligados. Forme 2 redondeles de 25 cm/10 pulgadas y póngalos en las bandejas. Incorpore la albahaca en tiras a la salsa de tomate y extiéndala sobre las bases. Añada las aceitunas, las hortalizas asadas y los piñones. Deje reposar las pizzas 20 minutos. Precaliente el horno a 230 °C/450 °F. Cueza las pizzas de 10 a 12 minutos, o hasta que se doren. Déjelas enfriar 5 minutos y sírvalas.

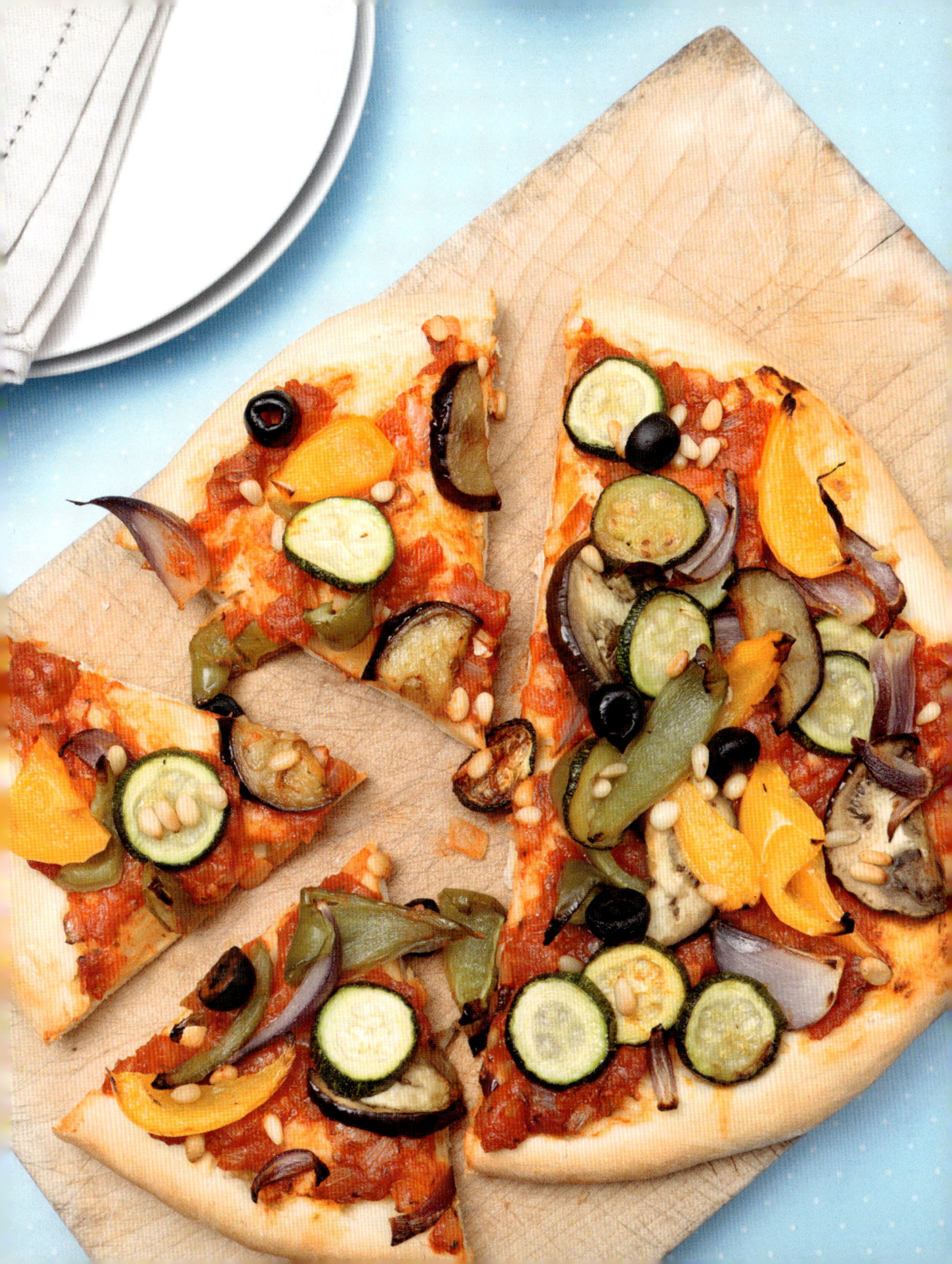

tacos de fríjoles negros picantes

ingredientes

para 4 personas

2 cucharadas de aceite de oliva
1 cebolla en rodajas finas
2 dientes de ajo picados
1 pimiento (ají) verde despepitado (sin semillas) y en tiras
2 cucharadas de pasta de tomates (jitomates)
2 cucharadas de pasta de guindilla (ají picante)
800 g/28 oz de fríjoles negros cocidos
100 g/1 tomate (jitomate) troceado
8 tortillas de maíz (elote) para tacos para veganos
150 g/3 tazas de lechuga iceberg en juliana
1 aguacate (palta) en láminas

preparación

1 Precaliente el horno a 180 °C/350 °F.

2 Caliente el aceite a fuego medio en una sartén grande. Sofría la cebolla, el ajo y el pimiento 5 minutos, o hasta que la cebolla se ablande y esté translúcida. Incorpore la pasta de tomates, la pasta de guindilla y los fríjoles, y prosiga 5 minutos con la cocción. Añada el tomate, remueva y aparte enseguida la sartén del fuego.

3 Disponga las tortillas en la bandeja del horno y caliéntelas 3 minutos en el horno precalentado.

4 Mezcle la lechuga con el aguacate en un cuenco y repártalo entre las tortillas. Recaliente los fríjoles, si fuera necesario, y añádalos a la lechuga. Sirva los tacos enseguida.

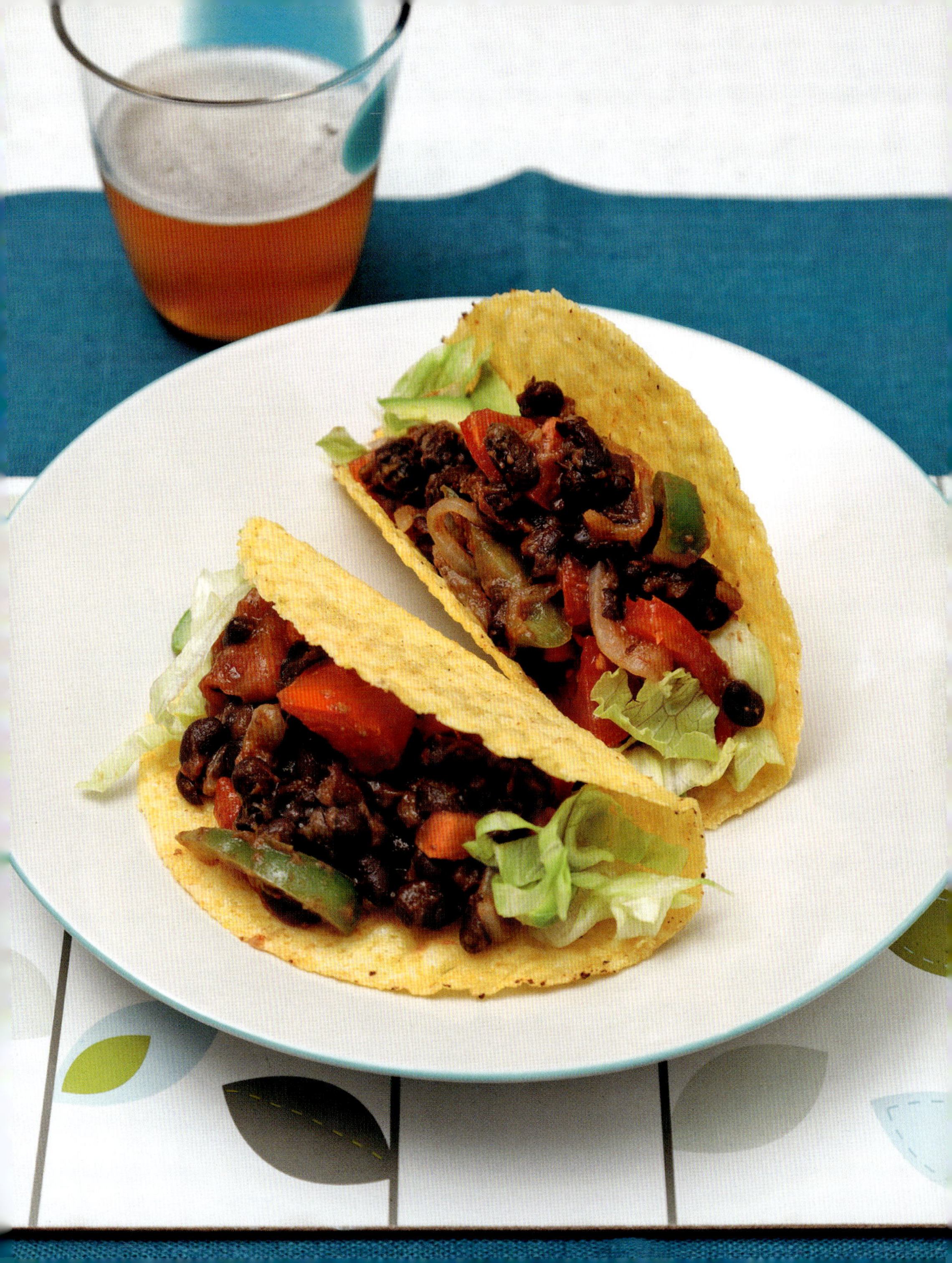

salteado rápido de hortalizas con miso y jengibre

ingredientes
para 2 personas

salsa
1 cucharada de pasta de miso disuelta en 2 cucharadas de agua hirviendo
1 cucharada de concentrado de tomate (jitomate)
1 trozo de jengibre de 2,5 cm /1 pulgada pelado

2 cucharadas de aceite vegetal
1 cucharada de aceite de sésamo
1 pimiento (ají) verde y 1 rojo despepitados (sin semillas)
¼ col (repollo) blanca sin el troncho
1 zanahoria en bastoncillos
1 guindilla (ají picante) roja despepitada (sin semillas) y picada
6 cebolletas (cebollas tiernas)
50 g/⅓ de taza de habas tiernas de soja (edamame)
50 g/⅓ de taza de anacardos (castañas de cajú) troceados
arroz blanco o fideos para veganos, para acompañar

preparación

1 Para preparar la salsa, mezcle el miso templado y el concentrado de tomate en un cuenco. Ralle grueso el jengibre, júntelo y estrújelo con las manos sobre el cuenco para recoger el jugo.

2 Caliente los dos tipos de aceite a fuego fuerte en un wok grande. Saltee 5 minutos los pimientos en tiras, la col en juliana, la zanahoria, la guindilla, las cebolletas picadas, la soja y los anacardos.

3 Incorpore la salsa de miso y jengibre y prosiga con la cocción 1 minuto.

4 Sírvalo enseguida, acompañado de arroz o fideos.

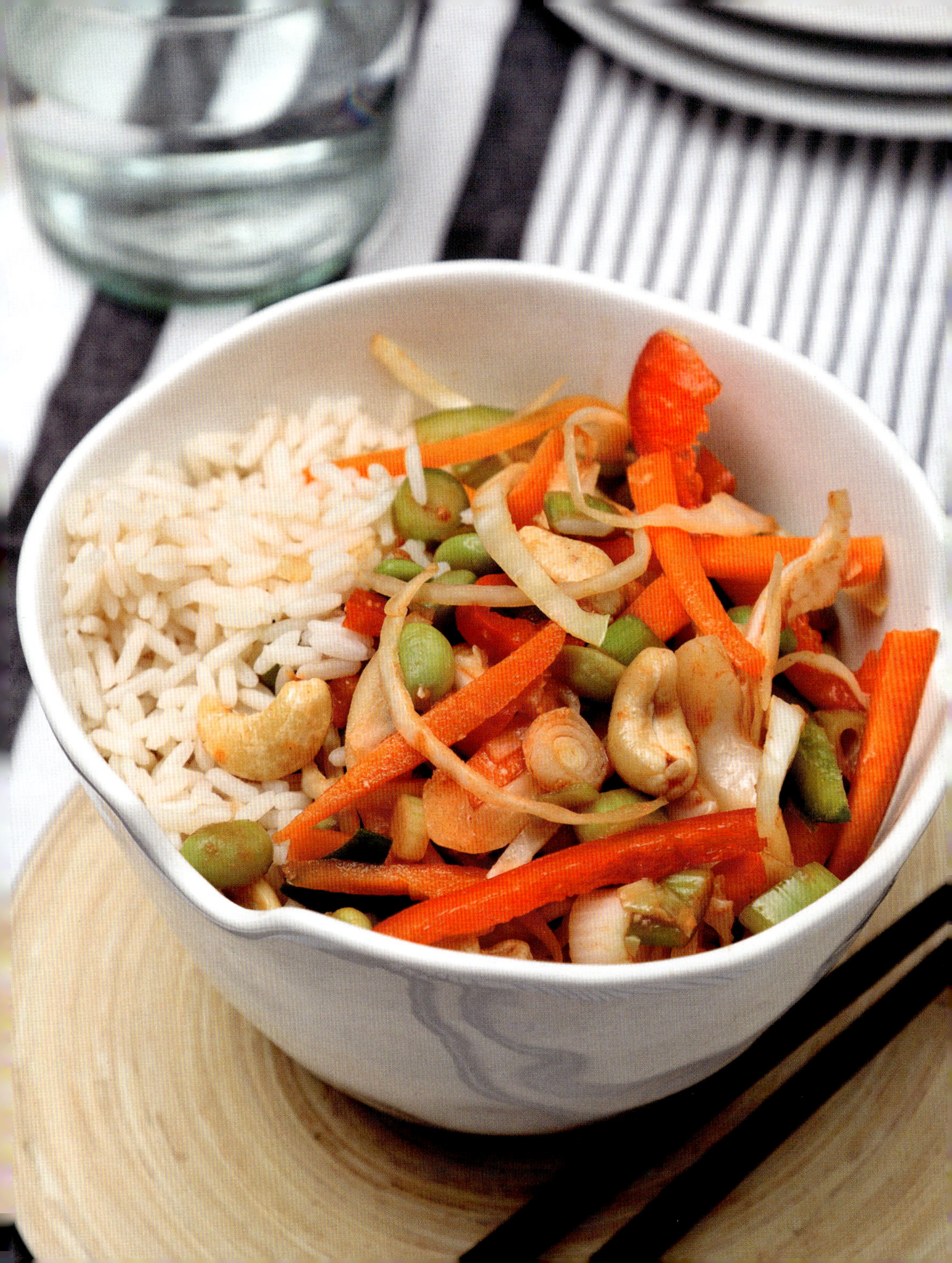

pan de maíz con patatas picantes

ingredientes

para 6 personas

patatas picantes
4 patatas (papas) en trozos pequeños
2 cucharadas de aceite de oliva, y un poco más para engrasar
1 cebolla grande en rodajas
1 cucharadita de tomillo
¼ de cucharadita de cúrcuma
¼ de cucharadita de pimentón ahumado
¼ de cucharadita de sal

pan de maíz
500 ml/2 tazas de leche de soja
2 cucharaditas de vinagre de sidra
325 g/3⅓ tazas de harina de maíz (elote)
140 g/1¼ tazas de harina
2 cucharaditas de levadura en polvo
½ cucharadita de sal
80 ml/⅓ de taza de aceite vegetal
2 cucharadas de jarabe de arce
aceite de guindilla (ají picante), para rociar

preparación

1 Para preparar las patatas picantes, ponga las patatas en una cazuela con agua a fuego fuerte. Hiérvalas de 10 a 15 minutos, o hasta que estén cocidas, y escúrralas. Caliente el aceite en una sartén grande y rehogue las patatas, la cebolla, el tomillo, la cúrcuma, el pimentón y la sal de 8 a 10 minutos, o hasta que se doren.

2 Precaliente el horno a 180 °C/350 °F. Engrase un molde para tarta de 20 cm/8 pulgadas de diámetro.

3 Para preparar el pan de maíz, bata la leche de soja con el vinagre en un bol mediano y déjelo reposar 5 minutos. Mezcle los dos tipos de harina con la levadura y la sal en un bol grande.

4 Incorpore el aceite y el jarabe de arce a la leche de soja y viértalo sobre los ingredientes secos. Mézclelo bien hasta obtener una pasta y pásela al molde.

5 Hornee el pan en el horno precalentado de 25 a 30 minutos, o hasta que empiece a tomar color, y déjelo enfriar 5 minutos. Desmóldelo en una fuente de servicio y reparta las patatas picantes alrededor (si fuera necesario, recaliéntelas previamente). Rocíelo todo con un chorrito de aceite de guindilla y sírvalo.

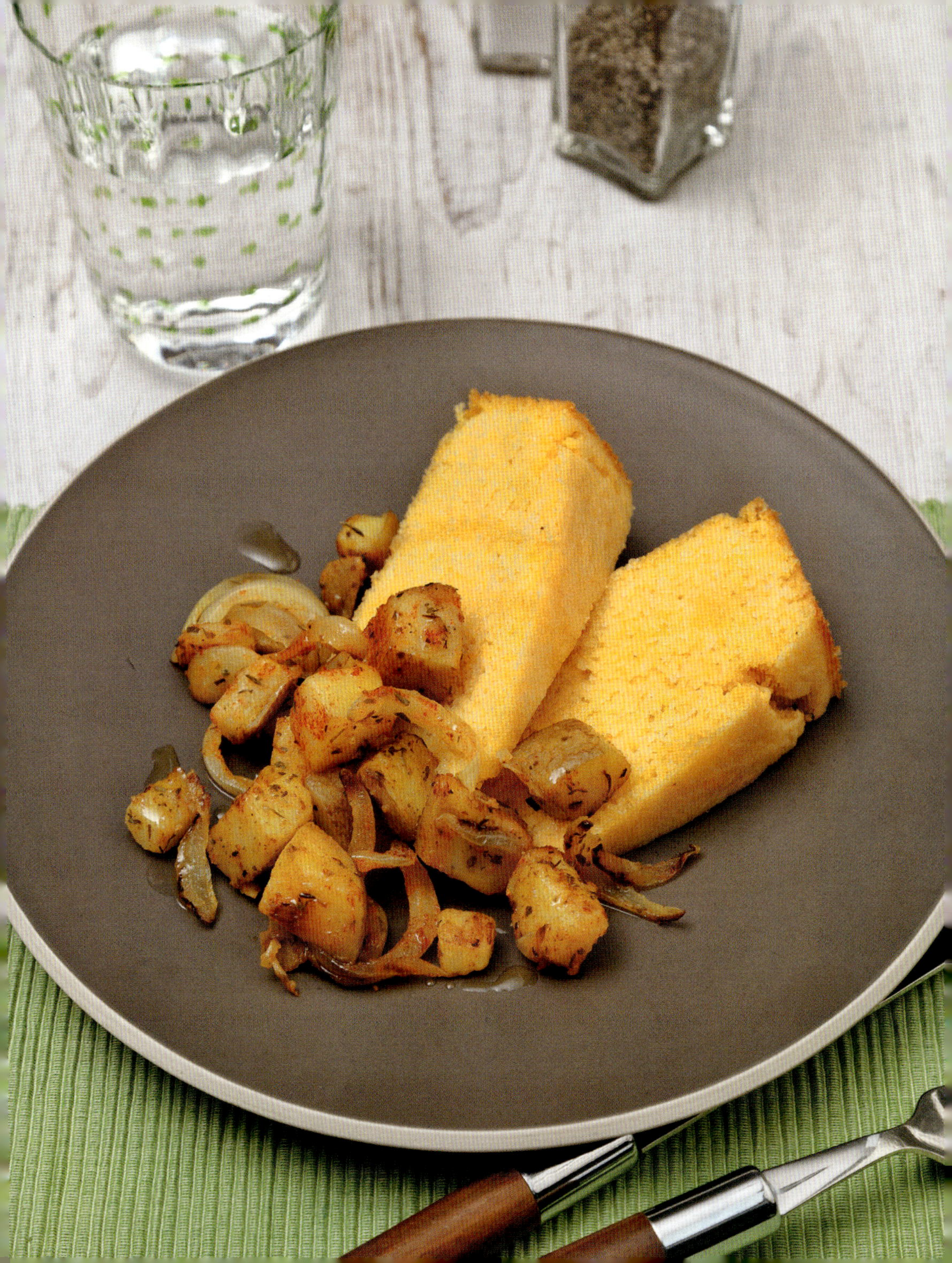

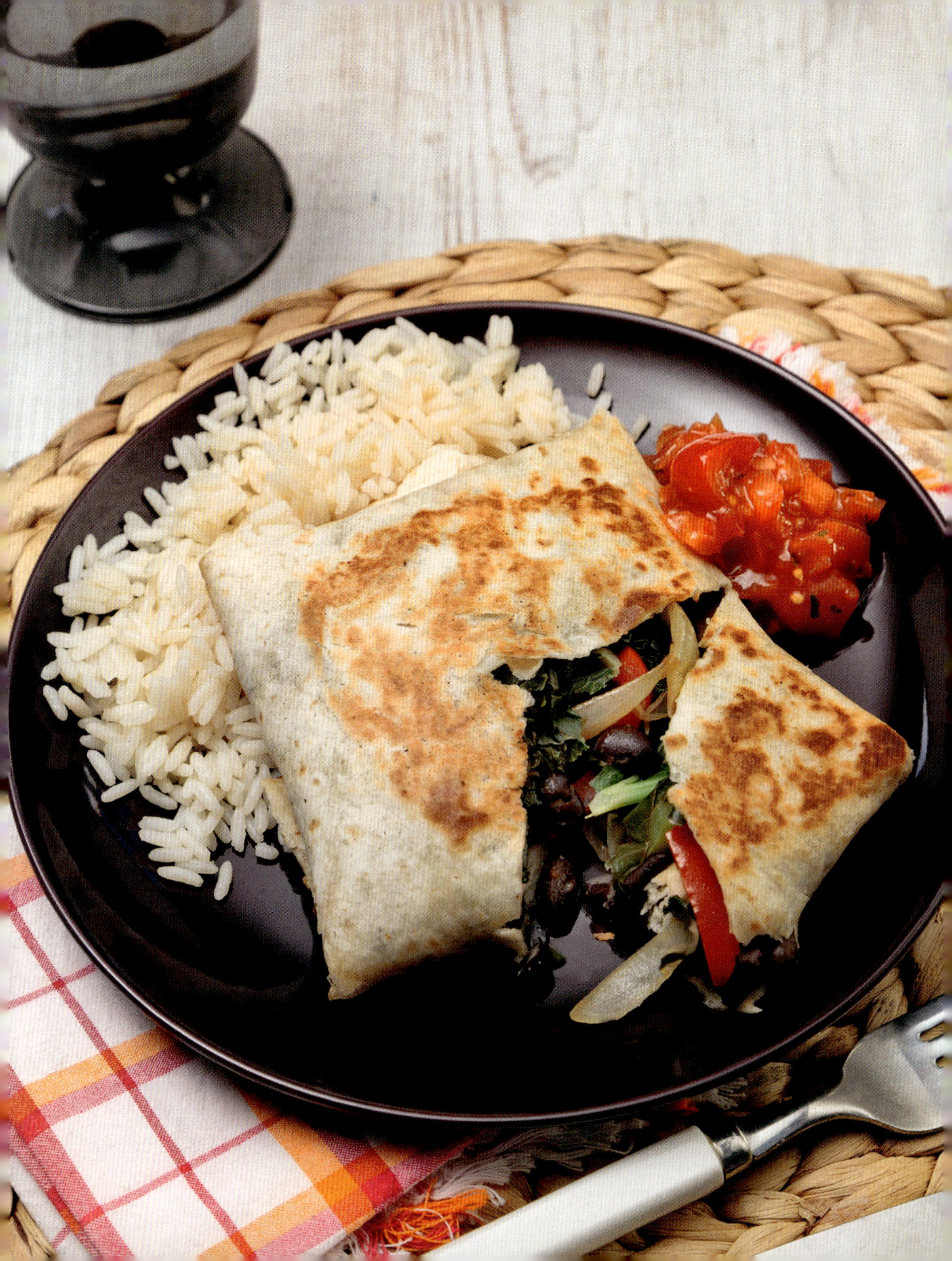

cenas

calzones de espinacas y setas

ingredientes

para 2 calzones grandes

masa
375 g/3 tazas de harina, y un poco más para espolvorear
1 cucharadita de sal
1 cucharada de azúcar
7 g/¼ de oz de levadura seca de panadería
2 cucharadas de aceite de oliva
225 ml/1 taza de agua templada

relleno
2 cucharadas de aceite de oliva
2 cebollas en rodajas
3 dientes de ajo picados
200 g/8 oz de setas (hongos) variadas troceadas
2 cucharadas de piñones
2 cucharadas de vino blanco seco para veganos
1 cucharada de hojas de albahaca picadas
1 bolsa/175 g/6 oz de hojas tiernas de espinaca en juliana
sal y pimienta

ensalada verde y tomates (jitomates) en rodajas, para acompañar

preparación

1 Precaliente el horno a 190 °C/375 °F. Espolvoree con harina una bandeja de horno grande.

2 Para preparar el relleno, caliente el aceite a fuego medio en una cazuela. Rehogue la cebolla, el ajo y las setas hasta que la cebolla esté tierna y translúcida. Añada los piñones y el vino, remueva y prosiga con la cocción 2 minutos más. Incorpore la albahaca y las espinacas, y rehóguelo todo 2 minutos más, hasta que las espinacas empiecen a ablandarse. Salpimiente.

3 Para preparar la masa, mezcle la harina con la sal, el azúcar y la levadura en un bol. Incorpore el aceite y el agua. Vuelque la masa en la encimera espolvoreada con harina y trabájela 10 minutos, hasta que esté homogénea. Extiéndala en dos redondeles de 26 cm/10½ pulgadas de diámetro.

4 Reparta el relleno entre las porciones de masa, juntándolo en una mitad y dejando un contorno de 4 cm/1½ pulgadas. Doble la parte sin relleno, aplane un poco los bordes y pellízquelos con los dedos o las púas de un tenedor.

5 Disponga los calzones en la bandeja y cuézalos en el horno precalentado de 15 a 20 minutos, o hasta que empiecen a dorarse. Sírvalos con ensalada verde y tomate para acompañar.

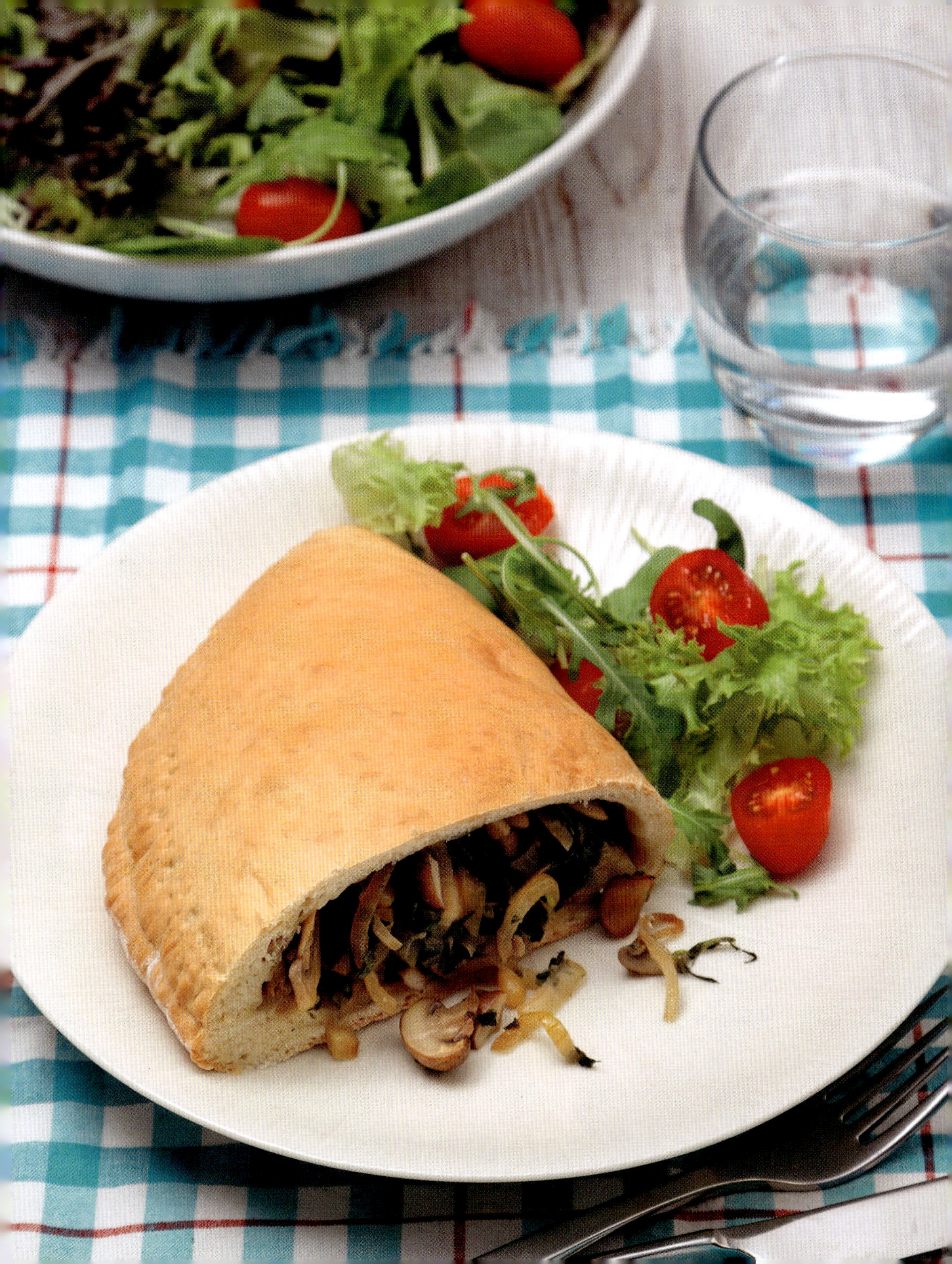

macarrones con berenjena y garbanzos

ingredientes

para 4 personas

unas hebras de azafrán
450 ml/2 tazas de caldo para veganos
2 cucharadas de aceite de oliva
1 cebolla grande troceada
1 cucharadita de semillas de comino machacadas
350 g/12 oz de berenjena en dados
1 pimiento (ají) rojo grande despepitado (sin semillas) y troceado
400 g/14 oz de tomate (jitomate) triturado con ajo en conserva
1 cucharadita de canela molida
30 g/¾ de taza de cilantro con las hojas y los tallos troceados por separado
400 g/15 oz de garbanzos (chícharos) cocidos
sal y pimienta
280 g/10 oz de macarrones para veganos
harissa o salsa de guindilla (ají picante), para servir

preparación

1 Tueste el azafrán a fuego medio en una sartén de 20 a 30 segundos, solo hasta que empiece a desprender aroma. Páselo a un cuenco y desmenúcelo con los dedos. Vierta 2 cucharadas del caldo caliente y déjelo en infusión.

2 Caliente el aceite en una cazuela. Sofría la cebolla 5 o 6 minutos, hasta que se dore. Añada el comino y prosiga con la cocción de 20 a 30 segundos. Incorpore la berenjena, el pimiento, el tomate, la canela, los tallos de cilantro, el azafrán con el líquido y el caldo restante. Tápelo y cuézalo 20 minutos a fuego lento.

3 Añada los garbanzos y salpimiente. Prosiga con la cocción a fuego lento 5 minutos más y, si fuera necesario, destape la cazuela para reducir y espesar la salsa.

4 Mientras tanto, ponga a hervir agua con un poco de sal en una olla. Eche los macarrones, espere a que el agua hierva de nuevo y déjelos cocer de 8 a 10 minutos, o hasta que estén al dente. Escúrralos y páselos a una fuente de servicio precalentada. Añada la salsa y la mitad de las hojas de cilantro picadas y remueva. Adórnelo con el cilantro restante y sírvalo enseguida con harissa o salsa de guindilla.

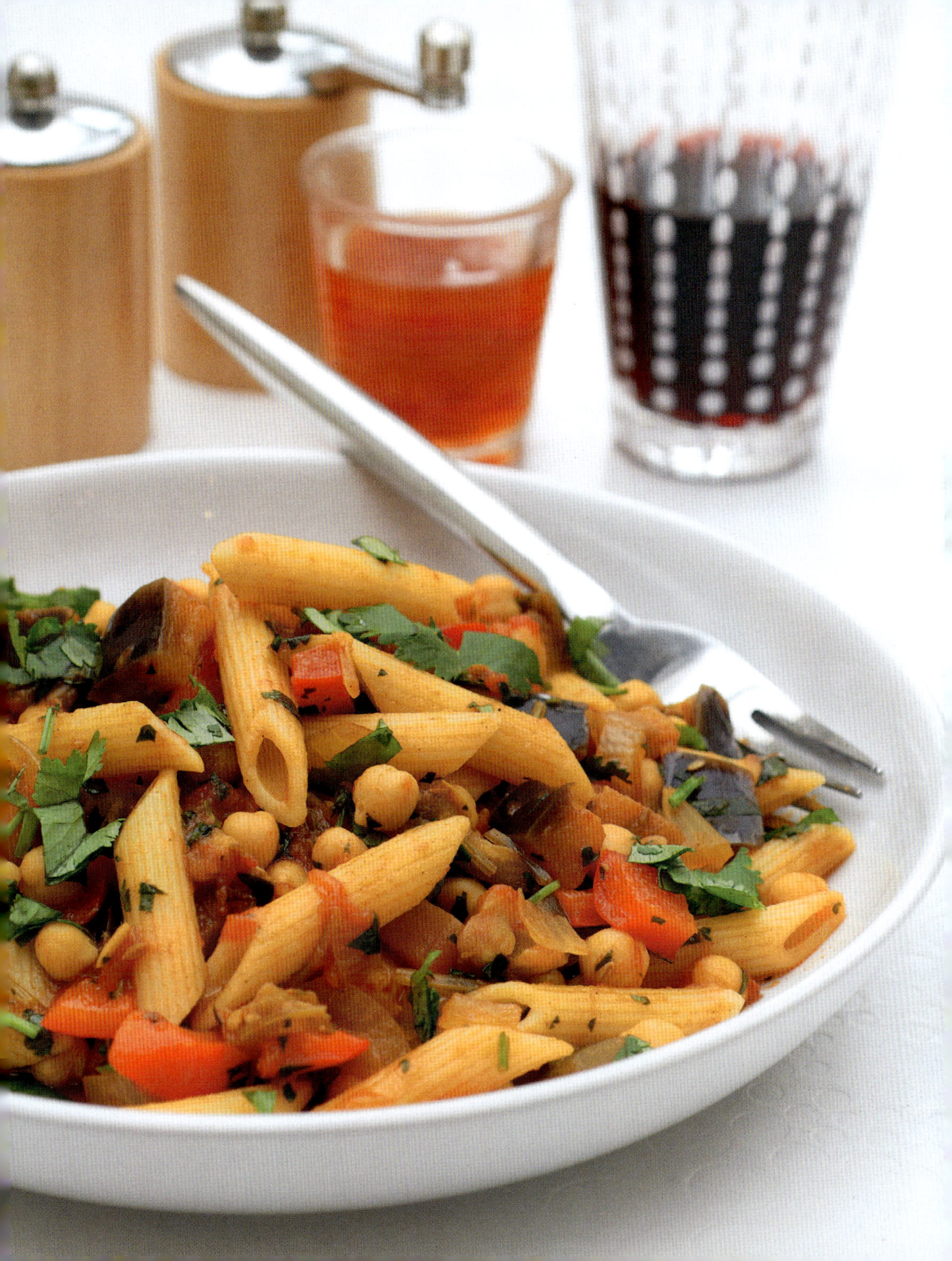

pastelitos de champiñones a la cerveza

ingredientes
para 2 personas
1 cucharada de aceite de oliva
200 g/3 tazas de champiñones en láminas
1 cebolla troceada
1 puerro (poro) en rodajas
3 cucharadas de harina, y un poco más para espolvorear
250 ml/1 taza de caldo para veganos
250 ml/1 taza de cerveza negra para veganos
1 cucharadita de perejil picado
1 cucharadita de salsa de soja
sal y pimienta
1 lámina de hojaldre para veganos

preparación

1 Precaliente el horno a 190 °C/375 °F.

2 Caliente el aceite a fuego lento en una cazuela. Rehogue los champiñones, la cebolla y el puerro 10 minutos, o hasta que los champiñones se ablanden. Incorpore la harina, rehóguelo todo 1 minuto e incorpore poco a poco el caldo y la cerveza. Agregue el perejil y la salsa de soja y prosiga con la cocción 10 minutos más. Aparte la cazuela del fuego, rectifique la sazón y déjelo enfriar.

3 Extienda la lámina de hojaldre en la encimera espolvoreada con harina y recórtela en dos óvalos o redondeles del mismo diámetro que dos moldes refractarios de 350 ml/1½ tazas de capacidad. Reparta los champiñones enfriados entre los moldes, coloque el hojaldre encima a modo de tapa y métalo en el horno precalentado. Cuézalo de 15 a 20 minutos, o hasta que el hojaldre se hinche y se dore. Déjelo enfriar 5 minutos y sírvalo.

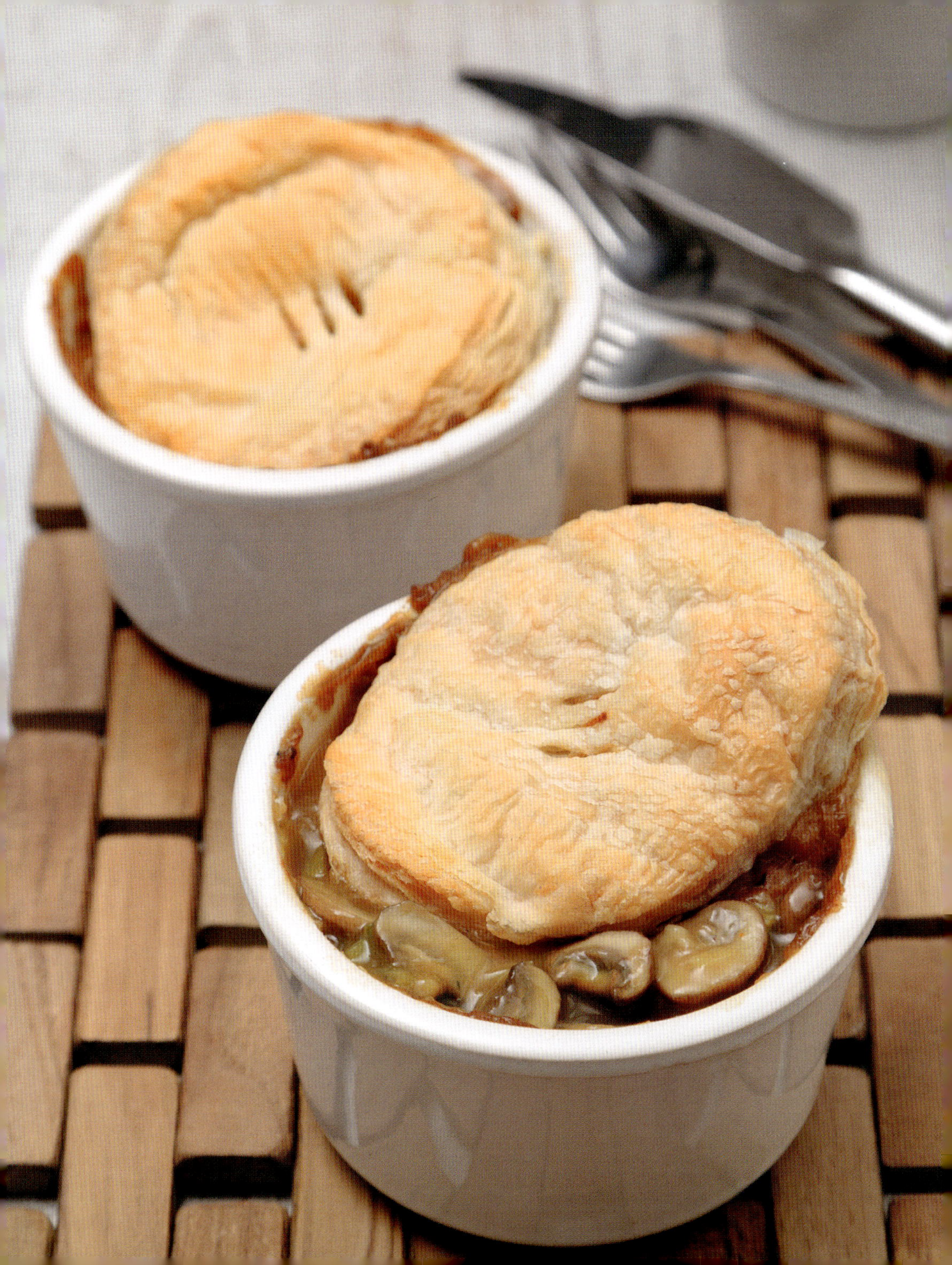

chimichangas de fríjoles

ingredientes

para 4 personas

2 cucharadas de aceite de oliva
2 cebollas en rodajas
1 pimiento (ají) verde despepitado (sin semillas) y en tiras
1 pimiento (ají) rojo despepitado (sin semillas) y en tiras
400 g/15 oz de fríjoles negros cocidos
2 cucharaditas de pasta de guindilla (ají picante)
2 cucharadas de aceite vegetal, y un poco más para freír
150 g/2 tazas de col (repollo) rizada en juliana
el zumo (jugo) de 1 naranja
sal y pimienta
4 tortillas de harina grandes para veganos
arroz blanco, para acompañar
ensalada de zanahoria o salsa de tomate (jitomate) mexicana, para acompañar

preparación

1 Caliente el aceite de oliva a fuego medio-lento en una sartén grande. Sofría la cebolla y el pimiento de 10 a 12 minutos, o hasta que la cebolla esté translúcida pero el pimiento aún esté bastante consistente. Añada los fríjoles y la pasta de guindilla, rehóguelo todo 1 minuto y apártelo del fuego.

2 Caliente el aceite vegetal a fuego fuerte en un wok pequeño. Saltee la col con el zumo de naranja 4 minutos, o hasta que se ablande. Salpimiente.

3 Reparta la col salteada entre las tortillas, apilándola en el centro. Disponga una capa de fríjoles rehogados. Doble con cuidado los lados de las tortillas en forma de paquetitos cuadrados.

4 Caliente un poco de aceite vegetal a fuego medio en una sartén grande. Fría las chimichangas por ambos lados (empezando por el lado de los dobleces) hasta que estén crujientes y doradas. Sírvalas enseguida, acompañadas de arroz y ensalada o salsa de tomate mexicana.

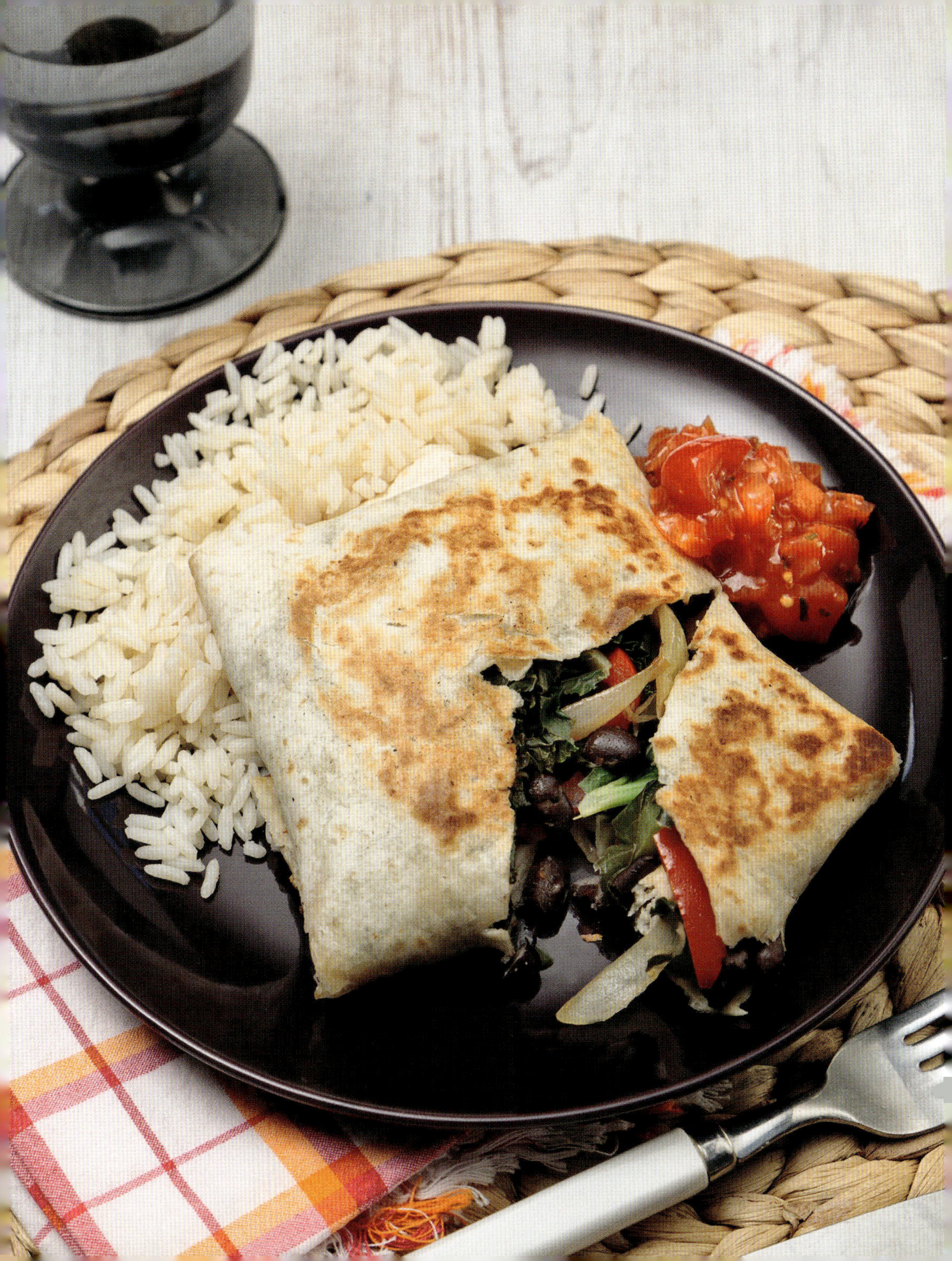

pimientos rellenos picantes

ingredientes

para 4 personas

4 pimientos (ajís) de colores variados
aceite vegetal en aerosol
1 cebolla picada
2 dientes de ajo picados
1 trozo de jengibre de 2,5 cm/ 1 pulgada pelado y rallado
1-2 guindillas (ajís picantes) rojas frescas, despepitadas (sin semillas) y picadas
1 cucharadita de comino molido
1 cucharadita de cilantro molido
85 g/½ taza de arroz de grano largo integral cocido
115 g/1 taza de zanahoria rallada
85 g/¾ de taza de calabacín (zapallito) rallado
25 g/3 cucharadas de orejones de albaricoque (damasco) picados
1 cucharada de cilantro picado
pimienta
150 ml/⅔ de taza de agua
hierbas frescas aromáticas, para adornar

preparación

1 Precaliente el horno a 190 °C/375 °F. Rebane la parte superior de los pimientos y resérvela. Despepítelos. Ponga los pimientos en un bol y escáldelos con agua hirviendo. Déjelos en remojo 10 minutos; escúrralos y resérvelos.

2 Caliente una sartén grande a fuego medio y pulverícela con un poco de aceite. Rehogue la cebolla, el ajo, el jengibre y la guindilla 3 minutos, removiendo a menudo. Agregue el comino y el cilantro molidos, y rehóguelo todo 2 minutos más.

3 Aparte la sartén del fuego y eche el arroz, la zanahoria, el calabacín, los orejones, el cilantro picado y 1 pizca de pimienta. Mezcle bien los ingredientes y rellene con ellos los pimientos.

4 Disponga los pimientos rellenos en una fuente refractaria en la que quepan derechos. Cúbralos con la parte superior reservada. Vierta el agua alrededor de la base, tápelos holgadamente con la tapa o papel de aluminio y áselos en el horno de 25 a 30 minutos, o hasta que estén cocidos. Sírvalos adornados con hierbas aromáticas.

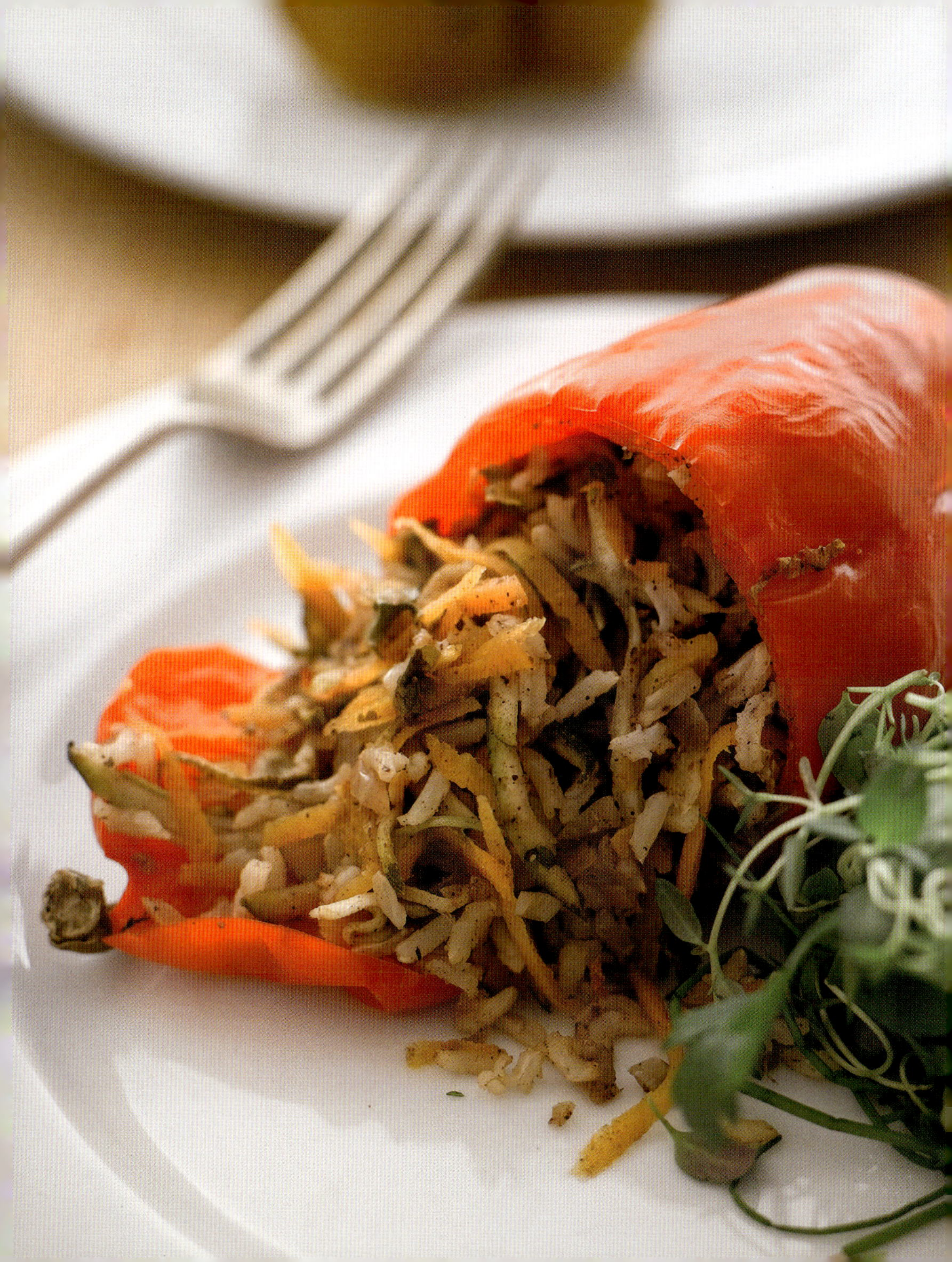

lasaña de espárragos y nueces

ingredientes

para 4 personas

175 g/6 oz de espárragos limpios
3 cucharadas de aceite de oliva
70 g/½ taza de cebolletas (cebollas tiernas) picadas
2 dientes de ajo picados
4 cucharadas/¼ de taza de harina
850 ml/3½ tazas de leche de soja sin endulzar
1 cucharadita de salsa de soja
sal y pimienta
100 g/¾ de taza de nueces troceadas, y 10 g/1 cucharada de nueces picadas
6 láminas de lasaña para veganos

preparación

1 Precaliente el horno a 180 °C/350 °F.

2 Ponga a hervir agua con sal en una olla. Hierva los espárragos de 6 a 10 minutos, hasta que estén tiernos pero aún con un punto consistente. Escúrralos y enjuáguelos bajo el chorro de agua fría.

3 Caliente el aceite a fuego medio en una sartén grande. Sofría la cebolleta y el ajo 3 minutos, incorpore la harina y prosiga con la cocción 1 minuto más. Vierta la leche de soja poco a poco, sin dejar de remover y manteniendo un punto de ebullición suave. Cuando la haya añadido toda, deje que hierva un par de minutos más para espesar la salsa. Aparte la sartén del fuego, incorpore la salsa de soja y salpimiente.

4 Disponga la mitad de los espárragos en una fuente refractaria de 24 x 18 cm/9½ x 7 pulgadas. Esparza la mitad de las nueces troceadas por encima y vierta un tercio de la bechamel de soja. Cúbralo con 3 láminas de lasaña y, después, añada otra capa de espárragos y nueces y otro tercio de la bechamel. Disponga las láminas de lasaña restantes. Por último, vierta el resto de la bechamel y esparza las nueces picadas por encima. Salpimiente la lasaña.

5 Cuézala en el horno precalentado 25 minutos, o hasta que esté gratinada. Déjala enfriar 5 minutos y sírvala.

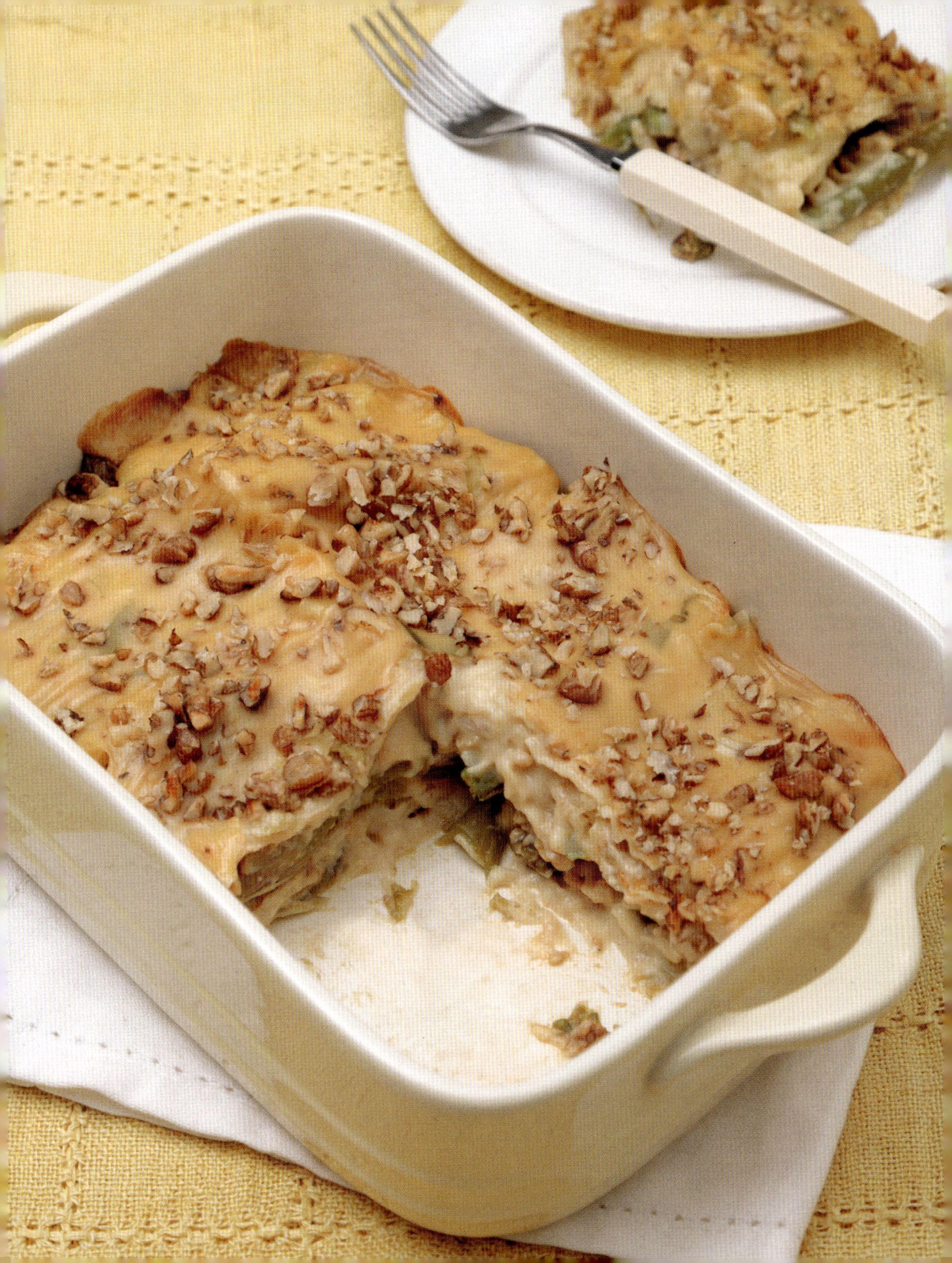

potaje de lentejas con boniato

ingredientes

para 4 personas

2 cucharadas de aceite de oliva
2 boniatos (papas dulces) en dados de 1 cm/½ pulgada
1 cebolla picada
1 zanahoria picada
1 puerro (poro) en rodajas
1 hoja de laurel
85 g/½ taza de lentejas
700 ml/3 tazas de caldo para veganos
1 cucharada de salvia picada
sal y pimienta

preparación

1 Caliente el aceite a fuego lento en una cazuela. Rehogue el boniato, la cebolla, la zanahoria, el puerro y el laurel 5 minutos.

2 Incorpore las lentejas, el caldo y la salvia, y llévelo a ebullición. Baje el fuego y cuézalo a fuego suave 20 minutos, o hasta que las lentejas estén tiernas pero no deshechas.

3 Salpimiente y retire el laurel. Sírvalo enseguida.

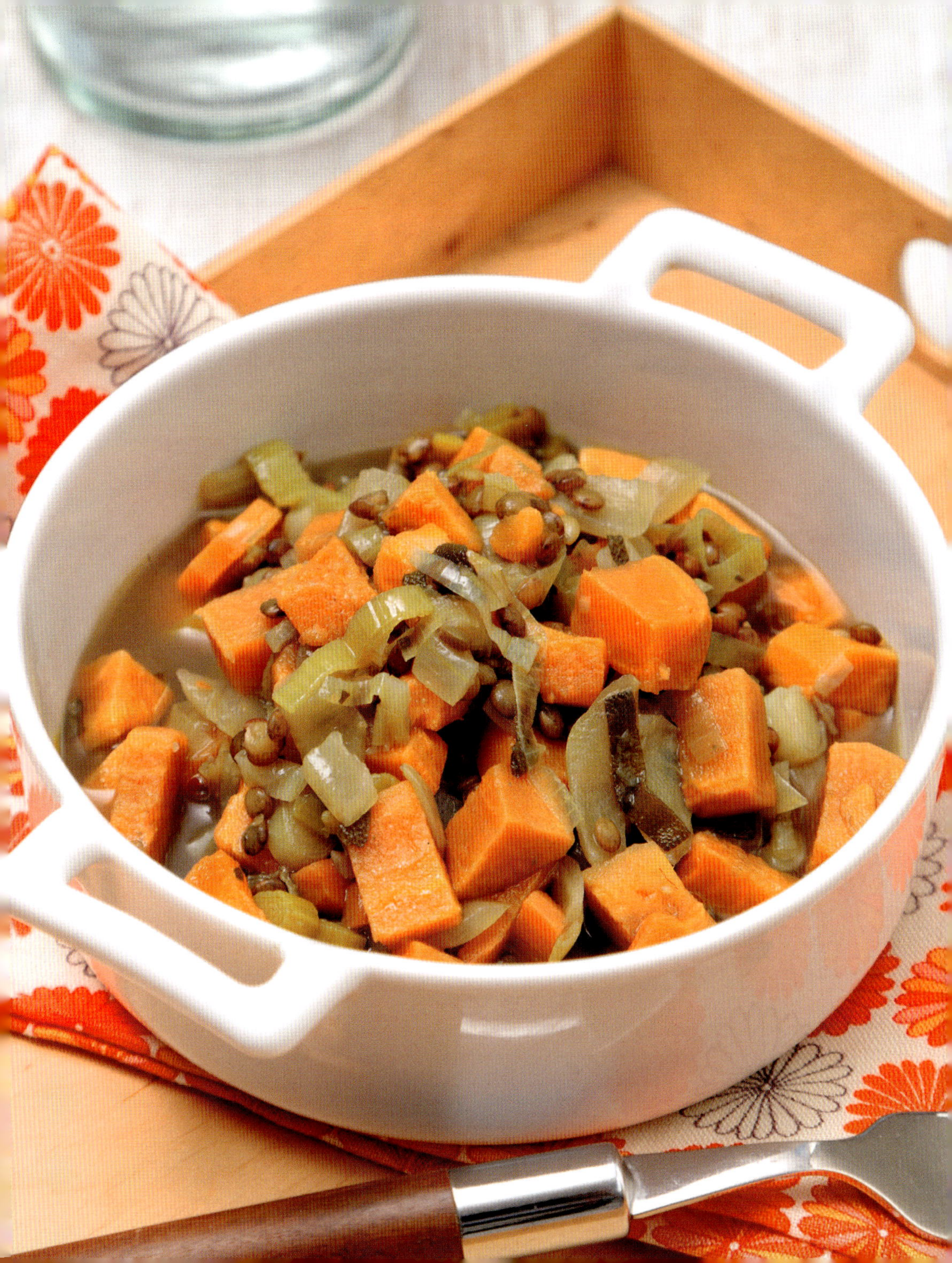

fideos con tofu con salsa teriyaki

ingredientes

para 2 personas

140 g/5 oz de fideos para veganos
200 g/7 oz de tofu consistente escurrido
2 cucharadas de aceite vegetal
1 pimiento (ají) rojo despepitado (sin semillas) y en tiras finas
140 g/12 mazorquitas de maíz (elote) partidas por la mitad a lo largo
200 g/3 tazas de choi sum en trozos de 4 cm/1½ pulgadas
sal

salsa

3 cucharadas de tamari o salsa de soja oscura
3 cucharadas de vino de arroz
2 cucharadas de sirope de agave claro
1 cucharada de maicena
1 cucharada de jengibre rallado fino
1-2 dientes de ajo picados
250 ml/1 taza de agua

preparación

1 Ponga a hervir agua con sal en una olla. Eche los fideos y, cuando el agua rompa de nuevo el hervor, prosiga con la cocción 4 minutos, hasta que estén al dente. Escúrralos bien.

2 Mientras tanto, corte el tofu en lonchas de 15 mm /½ pulgada y estas, a su vez, en trozos del tamaño de un bocado. Séquelo bien con papel de cocina. Caliente una sartén antiadherente a fuego medio-lento y marque el tofu 3 minutos, sin moverlo. Dele la vuelta y márquelo 2 o 3 minutos más por el otro lado. Resérvelo en una fuente.

3 Para preparar la salsa, mezcle en un bol el tamari, el vino de arroz, el sirope de agave, la maicena, el jengibre y el ajo, y vierta el agua. Resérvela.

4 Caliente el aceite en un wok o una sartén grande de base gruesa. Saltee el pimiento y las mazorquitas 3 minutos. Añada el choi sum y saltéelo 2 minutos. Vierta la salsa y caliéntela, sin dejar de remover, hasta que hierva y se espese. Agregue los fideos y el tofu, y saltéelo un par de minutos más, hasta que todos los ingredientes estén calientes. Sírvalo enseguida.

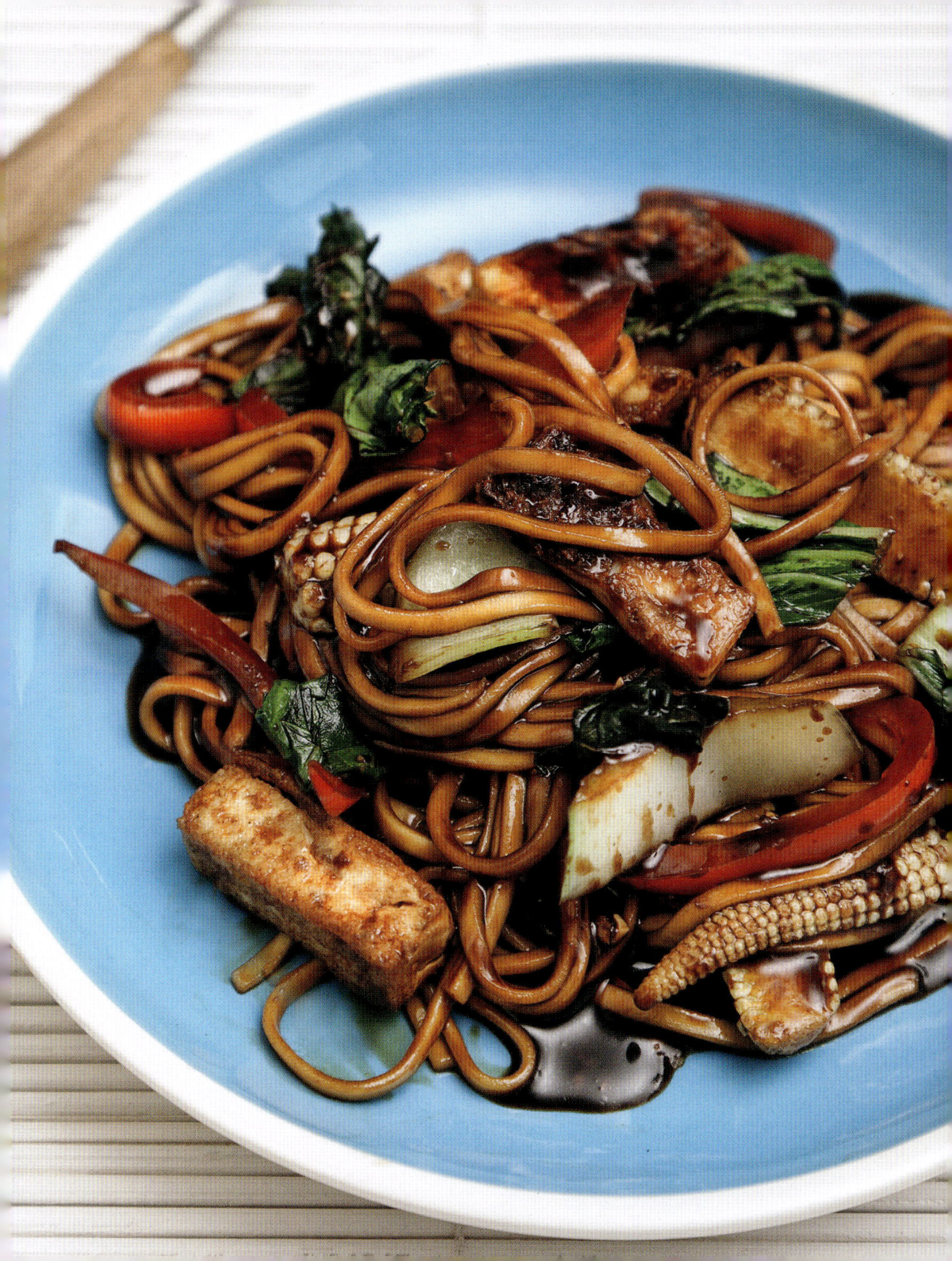

espaguetis con calabaza y tomates secos

ingredientes

para 4 personas

600 g/21 oz de calabaza (zapallo anco) en trozos del tamaño de un bocado
2 cebollas rojas en cuñas
1 cucharada de aceite de oliva
15 tomates (jitomates) secados al sol en aceite
sal y pimienta
350 g/12 oz de espaguetis para veganos
hojas de albahaca, para adornar

preparación

1 Precaliente el horno a 180 °C/350 °F.

2 Mezcle la calabaza y la cebolla con el aceite para que se impregnen bien. Extiéndalas en una fuente refractaria y áselas en el horno precalentado de 25 a 30 minutos, o hasta que estén tiernas. Déjelas enfriar 5 minutos.

3 Corte los tomates en trocitos y mézclelos con las hortalizas asadas. Salpimiente.

4 Ponga a hervir agua con sal en una olla. Eche los espaguetis, deje que el agua vuelva a hervir y cuézalos de 8 a 10 minutos, o hasta que estén al dente.

5 Escurra bien los espaguetis y repártalos entre 4 platos precalentados. Añada las hortalizas y adórnelo con hojas de albahaca. Sírvalo enseguida.

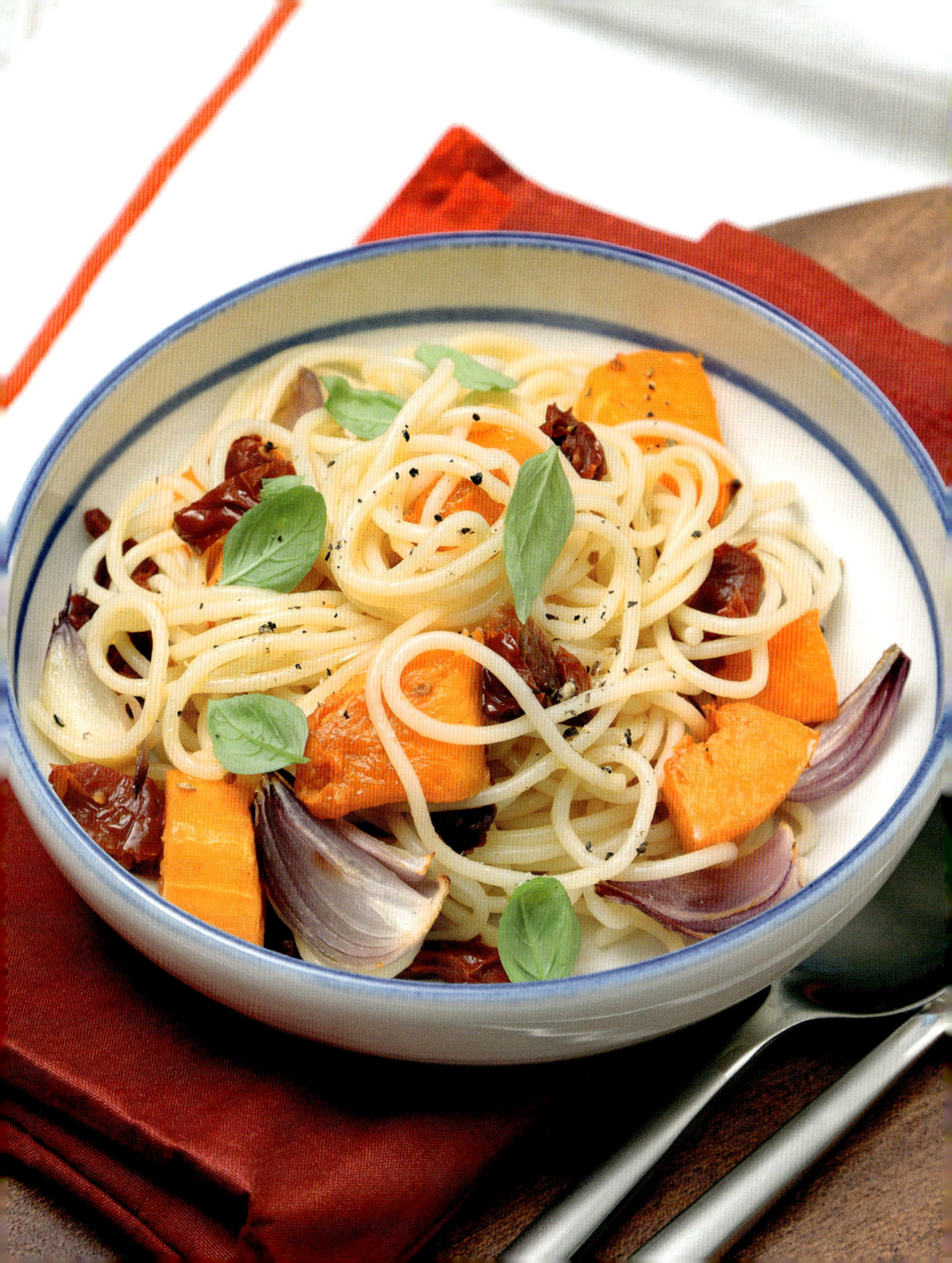

alubias picantes con hortalizas

ingredientes

para 4 personas

4 cucharadas/¼ de taza de caldo para veganos
1 cebolla troceada
1 pimiento (ají) verde despepitado (sin semillas) y picado
1 pimiento (ají) rojo despepitado (sin semillas) y picado
1 cucharadita de ajo picado
1 cucharadita de jengibre picado
2 cucharaditas de comino molido
½ cucharadita de guindilla (ají picante) molida
2 cucharadas de concentrado de tomate (jitomate)
400 g/14½ oz de tomate (jitomate) troceado en conserva
sal y pimienta
400 g/15 oz de alubias (porotos) rojas cocidas
400 g/15 oz de alubias (porotos) de careta cocidas
nachos para veganos, para acompañar

preparación

1 Caliente el caldo en una cazuela y cueza a fuego suave la cebolla y el pimiento 5 minutos, o hasta que se ablanden.

2 Incorpore el ajo, el jengibre, el comino, la guindilla, el concentrado y el tomate troceado. Salpimiente y déjelo a fuego lento unos 10 minutos.

3 Añada las alubias, remueva y prosiga con la cocción 5 minutos más, o hasta que estén calientes. Sírvalo enseguida, acompañado de nachos.

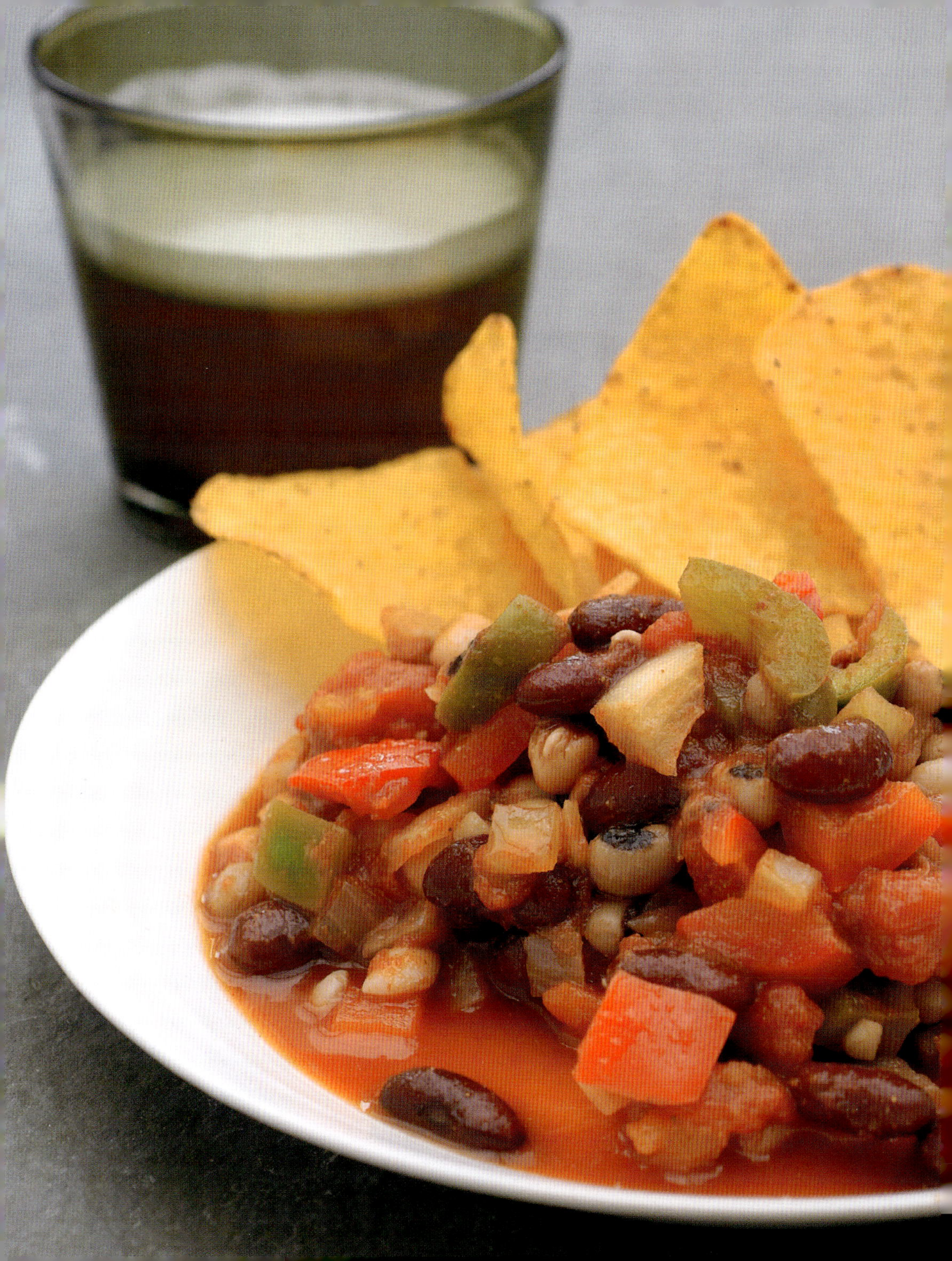

curry de garbanzos y anacardos

ingredientes

para 4 personas

150 g/1 taza de patatas (papas) en trozos del tamaño de un bocado
3 cucharadas de aceite vegetal
1 cebolla picada
2 dientes de ajo picados
1 trozo de jengibre de 3 cm/ 1¼ pulgadas pelado y picado
1 cucharadita de semillas de comino
1 cucharadita de guindilla (ají picante) molida
½ cucharadita de cúrcuma
½ cucharadita de canela molida
400 g/15 oz de garbanzos (chícharos) cocidos
150 g/1 taza de anacardos (castañas de cajú) partidos por la mitad
350 ml de caldo para veganos
100 g/3½ oz de coco cremoso
cilantro picado, para adornar
arroz blanco, para acompañar

preparación

1 Ponga la patata en una olla con agua hirviendo y cuézala de 10 a 15 minutos, hasta que esté tierna pero sin deshacerse.

2 Caliente el aceite a fuego medio en una cazuela. Rehogue la cebolla, el ajo, el jengibre, el comino, la guindilla, la cúrcuma y la canela 5 minutos, o hasta que la cebolla esté tierna y translúcida.

3 Incorpore la patata cocida, los garbanzos y los anacardos, y prosiga con la cocción 3 minutos más. Agregue el caldo y el coco, y remueva hasta que el coco se derrita. Baje el fuego al mínimo y cuézalo 15 minutos, o hasta que la salsa se espese y quede cremosa.

4 Adórnelo con cilantro picado y sírvalo enseguida con arroz blanco para acompañar.

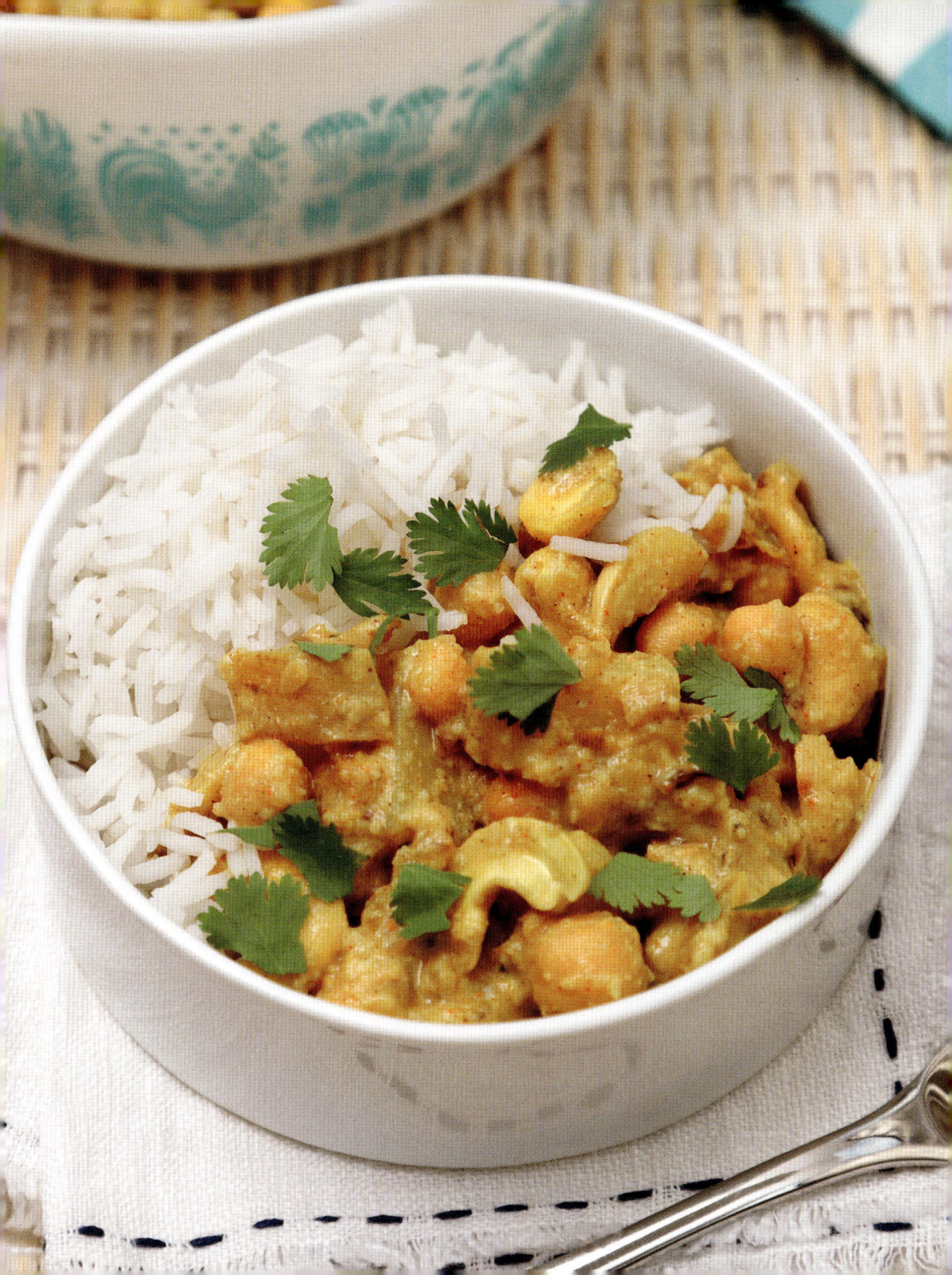

risotto crujiente de remolacha

ingredientes

para 6 personas

500 g/1 libra de remolachas (betarragas) del mismo tamaño enteras y sin pelar
2 cucharadas de aceite de oliva
1 cebolla picada
1 diente de ajo picado
250 g/1⅓ tazas de arroz para risotto
800 ml/3⅓ tazas de caldo para veganos
200 ml/1 taza de vino blanco seco para veganos
sal y pimienta

para espolvorear

1 cucharada de semillas de alcaravea
50 g/1 taza de pan para veganos recién rallado
½ cucharadita de azúcar
1 cucharada de aceite vegetal

preparación

1 Ponga las remolachas en una olla, cúbralas con agua y llévelo a ebullición. Cuézalas 45 minutos, o hasta que estén tiernas y pueda pincharlas con un tenedor. Escúrralas bien y pélelas bajo el chorro de agua fría; la piel debería desprenderse con facilidad. Retire los restos de piel con el cuchillo y reserve las remolachas.

2 Precaliente el horno a 180 °C/350 °F. Caliente el aceite a fuego medio en una cazuela refractaria. Sofría la cebolla y el ajo 3 o 4 minutos, o hasta que estén blandos. Incorpore el arroz, el caldo y 150 ml/⅔ de taza del vino. Tape la cazuela y métala en el horno precalentado. Cueza el arroz 30 minutos, hasta que esté tierno.

3 Machaque las semillas de alcaravea con el rodillo y mézclelas con el resto de los ingredientes en un cuenco. Tuéstelo a fuego medio en una sartén pequeña, sin dejar de remover, 2 o 3 minutos. Déjelo enfriar en un plato.

4 Triture una cuarta parte de las remolachas en el robot de cocina hasta obtener un puré homogéneo. Pique bien las restantes. Incorpore la remolacha triturada y picada al risotto junto con el resto del vino y salpimiente. Reparta el risotto entre 6 platos precalentados, esparza las semillas por encima y sírvalo enseguida.

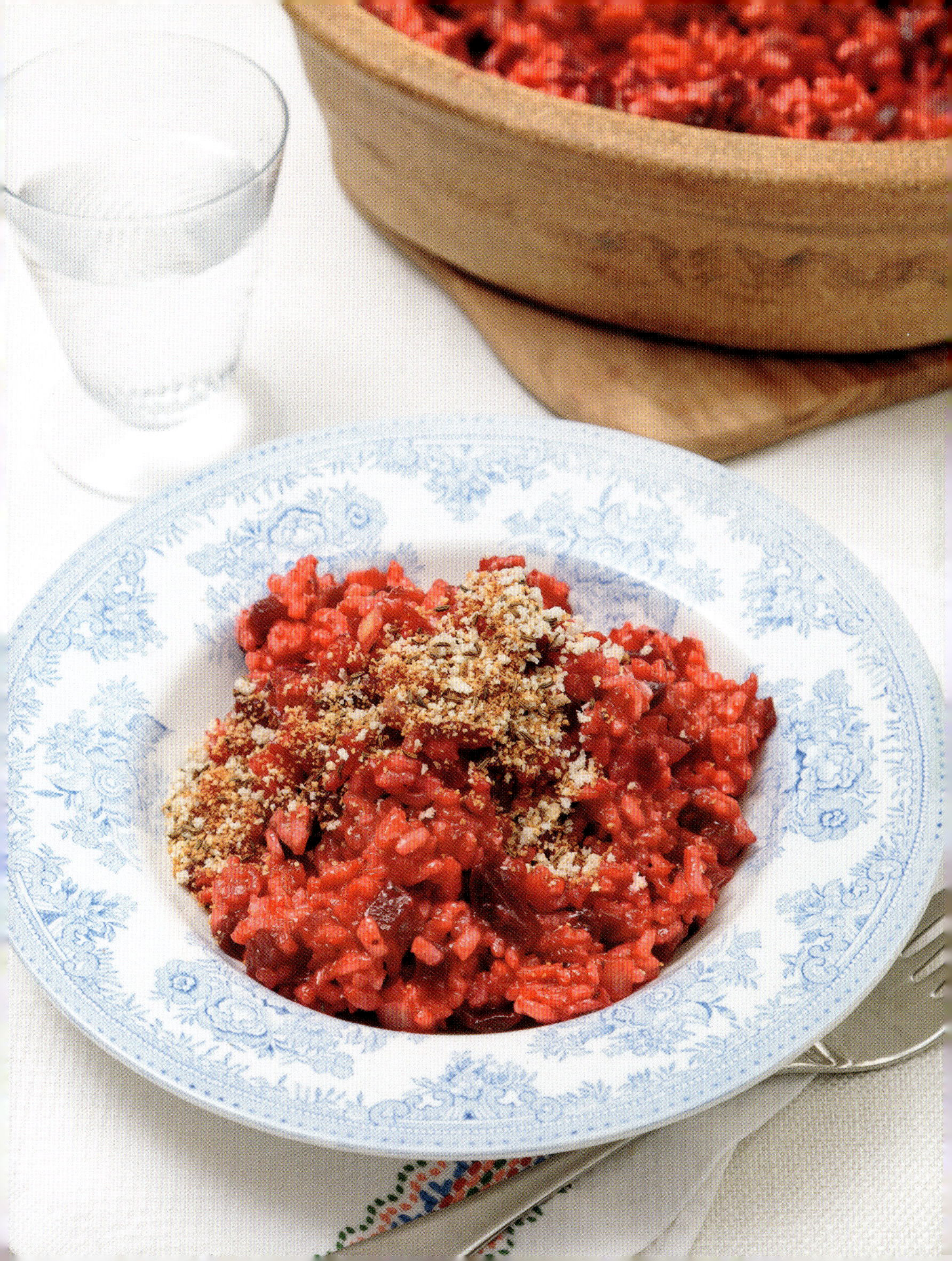

espirales con setas silvestres

ingredientes

para 4 personas

450 g/1 libra de espirales para veganos
60 g/½ taza de avellanas
4 cucharadas/¼ de taza de aceite de oliva
1 cebolla picada
4 dientes de ajo picados
300 g/10 oz de setas (hongos) silvestres variadas, como setas de cardo o champiñones, troceados
sal y pimienta
4 cucharadas/¼ de taza de perejil picado

preparación

1 Ponga a hervir agua con sal en una olla. Eche los espirales y, cuando el agua rompa de nuevo el hervor, prosiga con la cocción de 8 a 10 minutos, hasta que estén al dente.

2 Tueste las avellanas en una sartén pequeña de base gruesa 3 o 4 minutos, o hasta que la piel empiece a tomar color. Póngalas sobre un paño de cocina limpio y húmedo, envuélvalas y páselas por la encimera como si el paño fuera un rodillo, para pelarlas. Trocéelas.

3 Caliente el aceite a fuego medio en una cazuela. Rehogue la cebolla, el ajo y las setas 5 minutos, o hasta que empiecen a dorarse. Incorpore las avellanas y déjelo en el fuego 1 minuto más. Salpimiente.

4 Escurra la pasta y mézclela bien con las setas y el perejil picado. Sírvalo enseguida.

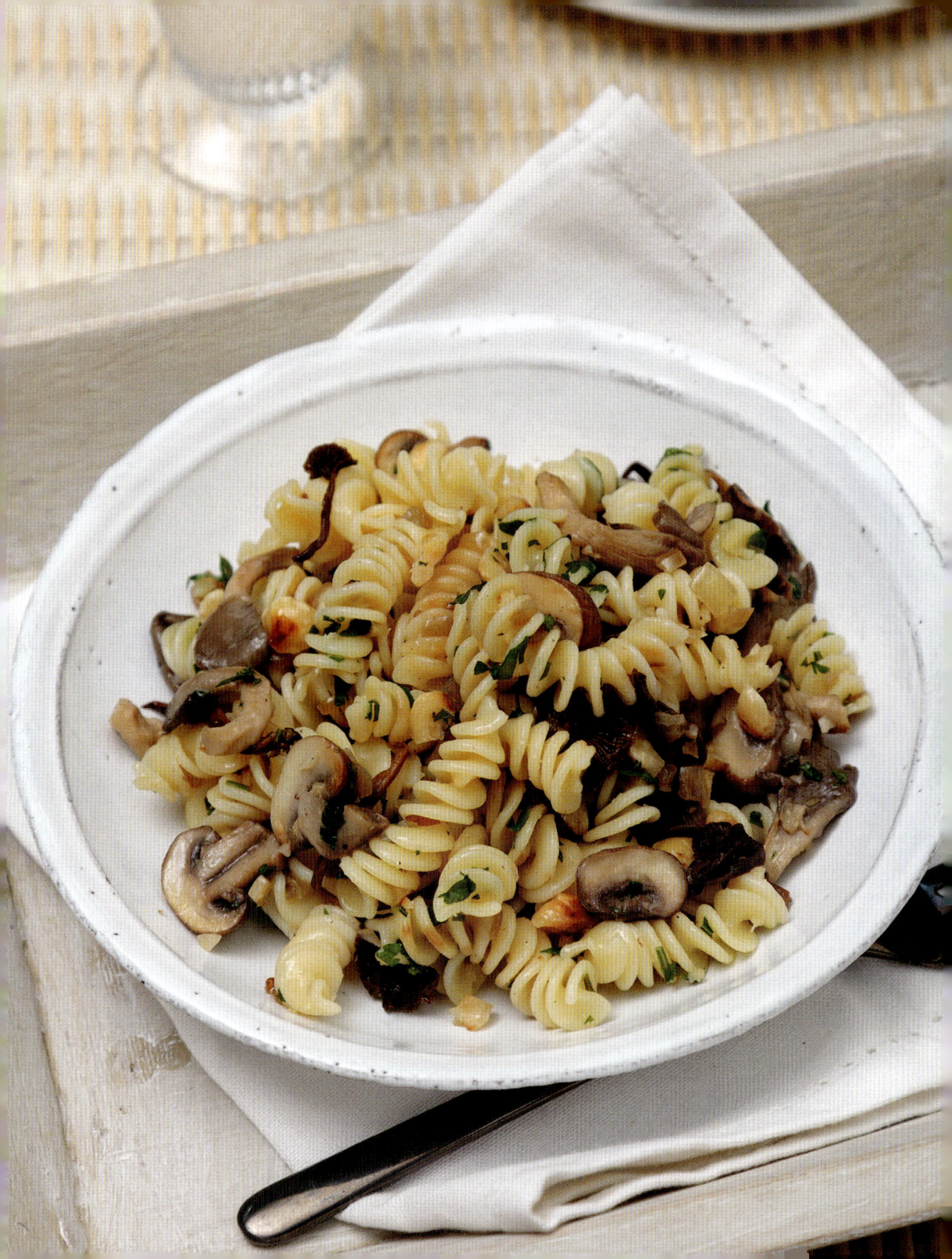

croquetas de zanahoria con puré de patata

ingredientes

para 4 personas

croquetas de zanahoria
1 cucharada de aceite de oliva
25 g/2 cebolletas (cebollas tiernas)
1 diente de ajo picado
½ guindilla (ají picante) roja despepitada (sin semillas)
1 cucharadita de comino molido
450 g/4 tazas de zanahoria rallada
½ cucharadita de sal
3 cucharadas de crema de cacahuete (cacahuate) con trocitos
25 g/½ taza de cilantro picado, y un poco más para adornar
100 g/2 tazas de pan integral para veganos recién rallado
harina, para rebozar
aceite vegetal, para freír

puré de patata
900 g/2 libras de patatas (papas) harinosas peladas y troceadas
3 cucharadas de leche de soja
55 g/¼ de taza de margarina para veganos
sal y pimienta

preparación

1. Para preparar las croquetas, caliente el aceite de oliva a fuego medio en una cazuela. Rehogue las cebolletas picadas, el ajo, la guindilla picada y el comino 2 minutos. Agregue la zanahoria y la sal, y mézclelo bien. Tape la cazuela y cuézalo a fuego mínimo de 6 a 8 minutos, o hasta que la zanahoria esté tierna.

2. Pase las hortalizas rehogadas a un bol, añada la crema de cacahuete y el cilantro, y mézclelo bien. Déjelo enfriar y, después, incorpore el pan rallado.

3. En la encimera espolvoreada con harina, forme con la pasta 8 croquetas alargadas. Refrigérelas 1 hora como máximo. Caliente aceite vegetal a fuego medio en una sartén y fría las croquetas 10 minutos, dándoles la vuelta de vez en cuando, hasta que se doren.

4. Mientras tanto, ponga a hervir agua con un poco de sal en una olla. Eche las patatas, deje que el agua rompa de nuevo el hervor y hiérvalas de 15 a 20 minutos, o hasta que estén cocidas. Escúrralas, páselas a un bol con la leche de soja y la margarina, y cháfelas con un tenedor. Salpimiente.

5. Reparta el puré entre 4 platos precalentados y añada las croquetas. Adórnelo con cilantro picado y sírvalo.

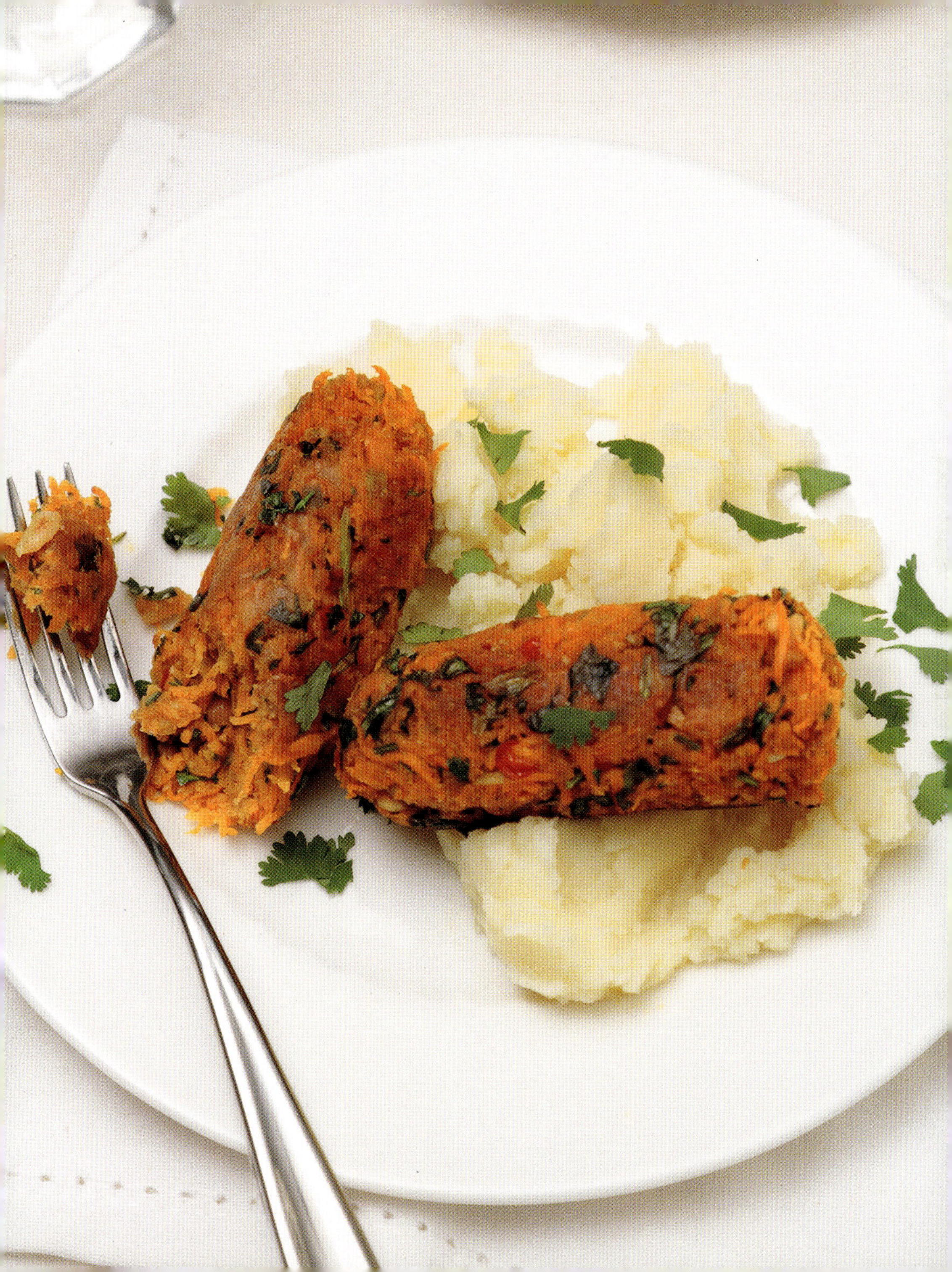

curry verde tailandés

ingredientes

para 4 personas

2 cucharadas de aceite vegetal
2 cebollas en rodajas finas
1 manojo de espárragos finos
400 ml/1¾ tazas de leche de coco
2 cucharadas de pasta de curry verde tailandés para veganos
3 hojas de lima (limón) kafir
225 g/6-8 oz de hojas de espinaca tiernas
2 cogollos de pak choi picados
1 col (repollo) china pequeña en juliana
1 puñado de cilantro picado
arroz blanco, para acompañar

preparación

1. Caliente un wok a fuego medio-alto y vierta el aceite. Saltee la cebolla y los espárragos 1 o 2 minutos.

2. Agregue la leche de coco, la pasta de curry y las hojas de lima, y llévelo todo a ebullición removiendo de vez en cuando.

3. Incorpore las espinacas, el pak choi y la col china y prosiga con la cocción 2 o 3 minutos, hasta que se ablanden. Añada el cilantro y mézclelo bien. Sírvalo enseguida con arroz blanco recién hervido.

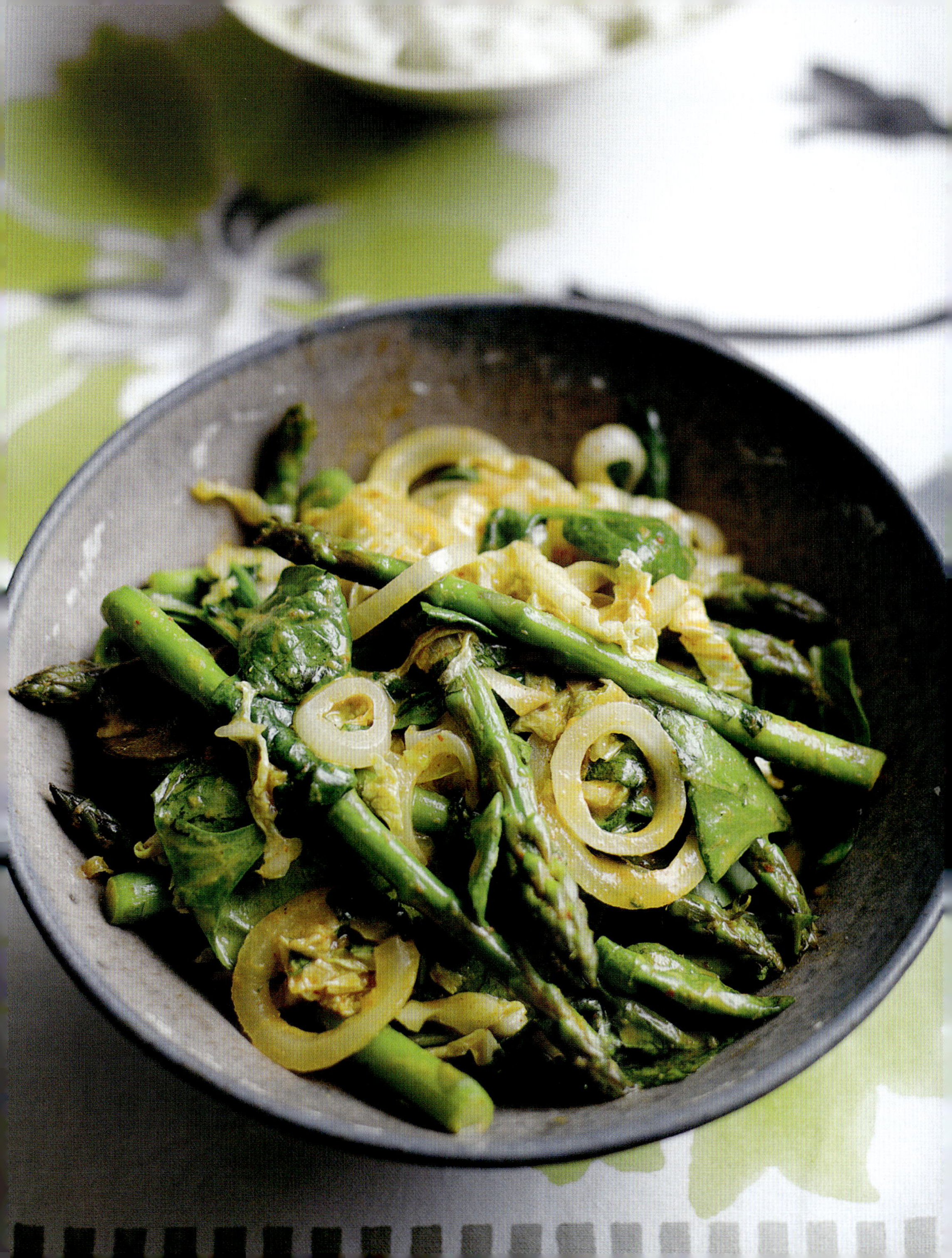

hortalizas con cacahuetes al gratín

ingredientes

para 4 personas

450 g/1 libra de patatas (papas) nuevas en rodajas
1 cucharada de aceite de oliva
½ cebolla pequeña picada
400 ml/1¾ tazas de leche de coco
8 cucharadas/½ taza de de crema de cacahuete (cacahuate) con trocitos
1 cucharada de salsa de soja
2 cucharaditas de azúcar
½ cucharadita de copos de guindilla (ají picante)
200 g/3 tazas de ramitos de brécol (brócoli)
60 g/½ taza de cacahuetes (cacahuates) sin sal
sal y pimienta
2 cucharaditas de margarina para veganos derretida

preparación

1 Precaliente el horno a 190 C/375 °F.

2 Ponga a hervir agua con sal en una olla. Eche la patata, deje que el agua rompa de nuevo el hervor y hiérvala de 8 a 10 minutos, o hasta que empiece a estar tierna. Escúrrala y resérvela.

3 Caliente el aceite a fuego medio en una cazuela. Sofría la cebolla 2 minutos y, después, incorpore la leche de coco, la crema de cacahuete, la salsa de soja, el azúcar y la guindilla. Llévelo a ebullición y mézclelo bien. Baje el fuego y cuézalo 5 minutos a fuego suave.

4 Mientras tanto, cueza el brécol en una vaporera 4 o 5 minutos, o hasta que empiece a estar tierno.

5 Incorpore el brécol y los cacahuetes a la salsa, salpimiente y páselo a una fuente cuadrada refractaria.

6 Añada las rodajas de patata y la margarina derretida por encima y sazone con pimienta. Cuézalo en el horno precalentado de 20 a 25 minutos, o hasta que la patata se dore. Déjelo enfriar unos 5 minutos antes de servirlo.

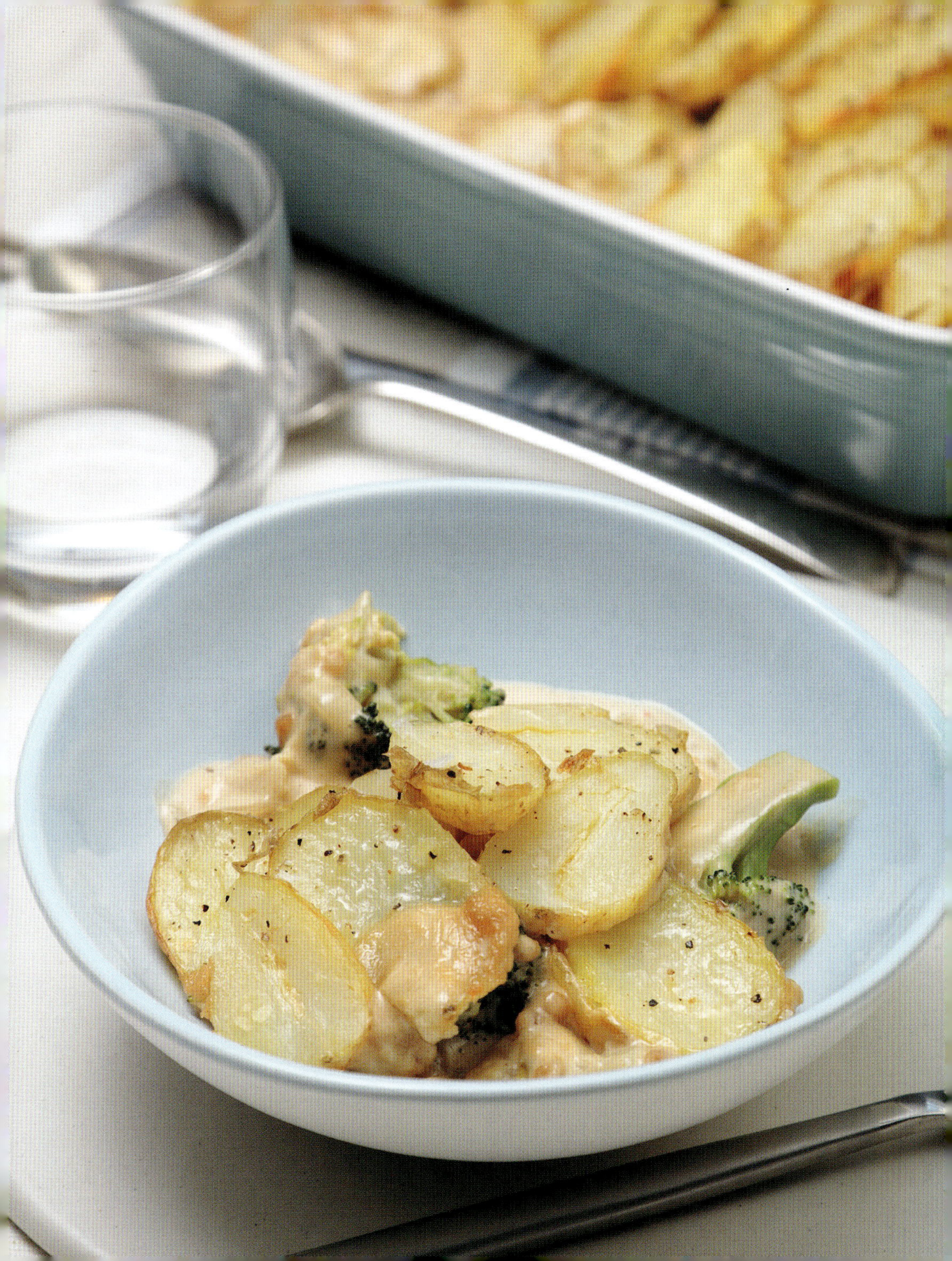

ñoquis con col rizada y alcachofa

ingredientes
para 4 personas

200 g/3 tazas de col (repollo) rizada en juliana
2 cucharadas de aceite de oliva
1 cebolla picada
400 g/14 oz de corazones de alcachofa (alcaucil) en conserva partidos en cuartos
2 dientes de ajo picados
1 cucharadita de copos de guindilla (ají picante)
el zumo (jugo) de ½ limón
2 cucharadas de piñones
sal

ñoquis
675 g/1½ libras de patatas (papas) para cocer del mismo tamaño
250 g/2 tazas de harina, y un poco más para espolvorear
2 cucharadas de aceite de oliva

preparación

1 Para preparar los ñoquis, precaliente el horno a 230 °C/450 °F. Ponga las patatas en la bandeja del horno y áselas hasta que estén completamente tiernas, entre 45 minutos y 1 hora, según el tamaño. Déjelas enfriar, pélelas y tritúrelas con el pasapurés hasta obtener un puré homogéneo.

2 Vuelque el puré de patata en la encimera espolvoreada con harina y trabájelo 5 minutos con la harina y el aceite. Divida la pasta en 4 partes y forme una tira larga y fina con cada una. Córtelas en trocitos de unos 2 cm/¾ de pulgada de largo.

3 Ponga a hervir agua con sal en una olla. Eche la col y cuézala de 6 a 8 minutos. Escúrrala y presiónela bien para retirar toda el agua posible.

4 Caliente el aceite a fuego fuerte en una sartén. Rehogue la cebolla 3 minutos y, después, agregue las alcachofas, el ajo y la guindilla. Prosiga con la cocción 1 minuto más e incorpore la col, el zumo de limón y los piñones. Resérvelo.

5 Ponga a hervir agua con sal en una olla. Eche unos cuantos ñoquis y, cuando el agua rompa de nuevo el hervor, cuézalos 2 o 3 minutos, hasta que floten. Cueza los ñoquis restantes, por tandas, del mismo modo. Mézclelos con las hortalizas y sírvalos enseguida.

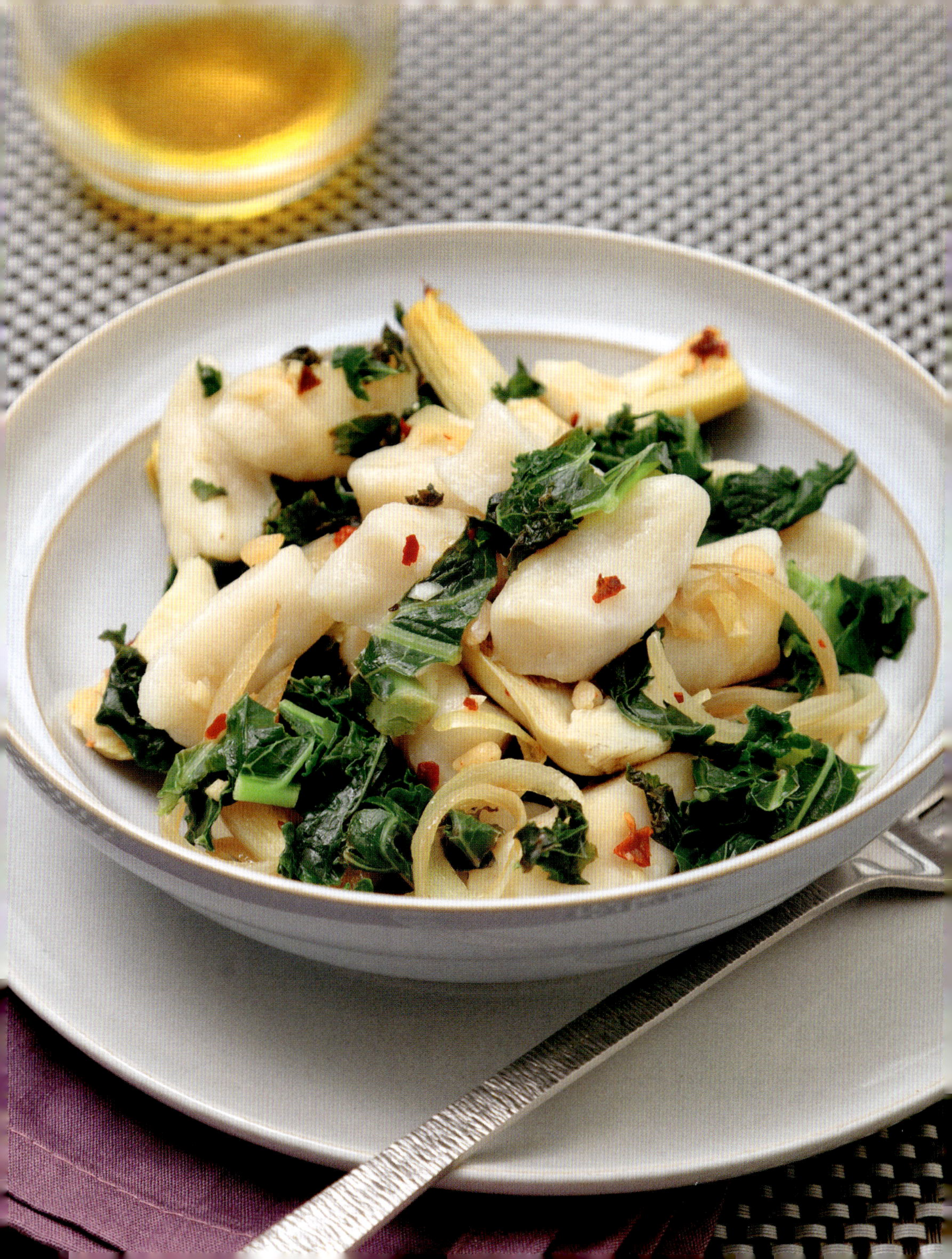

ensalada de germinados y semillas

ingredientes

para 6 personas

225 g/2-3 tazas de semillas y legumbres germinadas variadas, como alfalfa, judías mungo, soja, azukis (adukis), garbanzos (chícharos) y semillas de rábano
30 g/3 cucharadas de pipas (semillas) de calabaza peladas
30 g/3 cucharadas de semillas de girasol peladas
30 g/3 cucharadas de semillas de sésamo
1 manzana pequeña
70 g/½ taza de orejones de albaricoque (damasco)
la ralladura y el zumo (jugo) de 1 limón
50 g/½ taza de nueces troceadas
2 cucharadas de aceite omega 3-6-9 para veganos

preparación

1 Mezcle en un bol los germinados, las pipas y el sésamo. Retírele el corazón a la manzana y trocéela, y pique los orejones. Eche la fruta en el bol e incorpore la ralladura de limón y las nueces.

2 Para preparar el aliño, ponga el zumo de limón y el aceite en un cuenco y bátalo con un tenedor.

3 Aliñe la ensalada y sírvala enseguida.

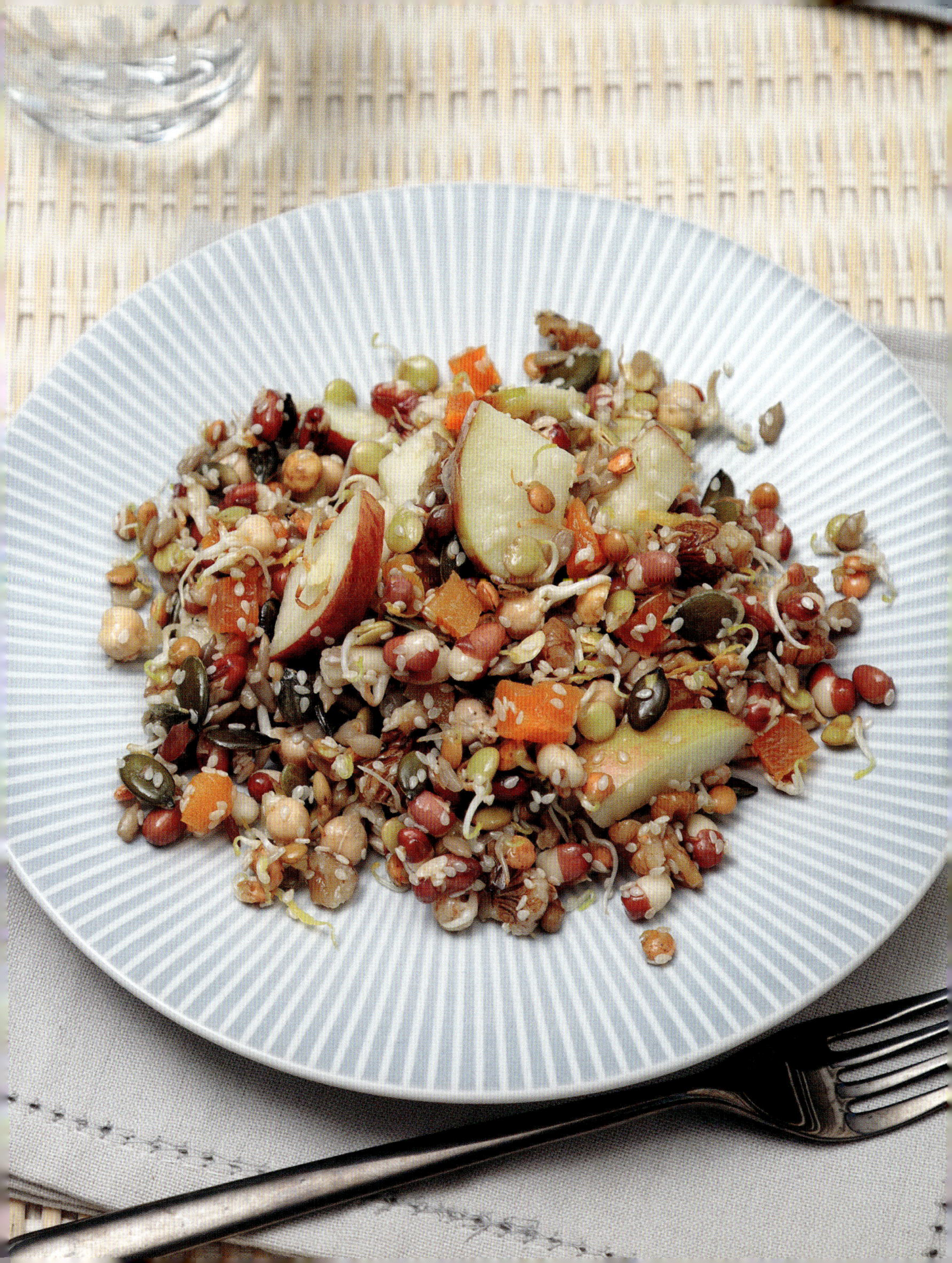

salteado de hortalizas al estilo de sichuan

ingredientes

para 4 personas

2 cucharadas de aceite de guindilla (ají picante)
4 dientes de ajo picados
1 trozo de jengibre de 5 cm/ 2 pulgadas pelado y rallado
250 g/4 zanahorias en tiras finas
1 pimiento (ají) rojo despepitado y en juliana
150 g/6 oz de setas (hongos) shiitake en láminas
150 g/2 tazas de tirabeques (bisaltos)
3 cucharadas de crema de cacahuete (cacahuate) con trocitos
3 cucharadas de salsa de soja
350 g/3½ tazas de brotes de soja
arroz blanco, para acompañar

preparación

1 Caliente el aceite en un wok precalentado y saltee el ajo, el jengibre y la zanahoria 3 minutos. Añada el pimiento y saltéelo otros 2 minutos.

2 Añada las setas y los tirabeques y prosiga con el salteado 1 minuto más.

3 En un cuenco, disuelva la crema de cacahuete en la salsa de soja.

4 Haga un hueco en medio de las hortalizas salteadas con una cuchara de madera de modo que se vea el fondo del wok. Eche la salsa y llévelo a ebullición, sin dejar de remover hasta que empiece a espesarse. Incorpore los brotes de soja y mézclelo bien.

5 Páselo a una fuente de servicio y sírvalo enseguida acompañado de arroz blanco.

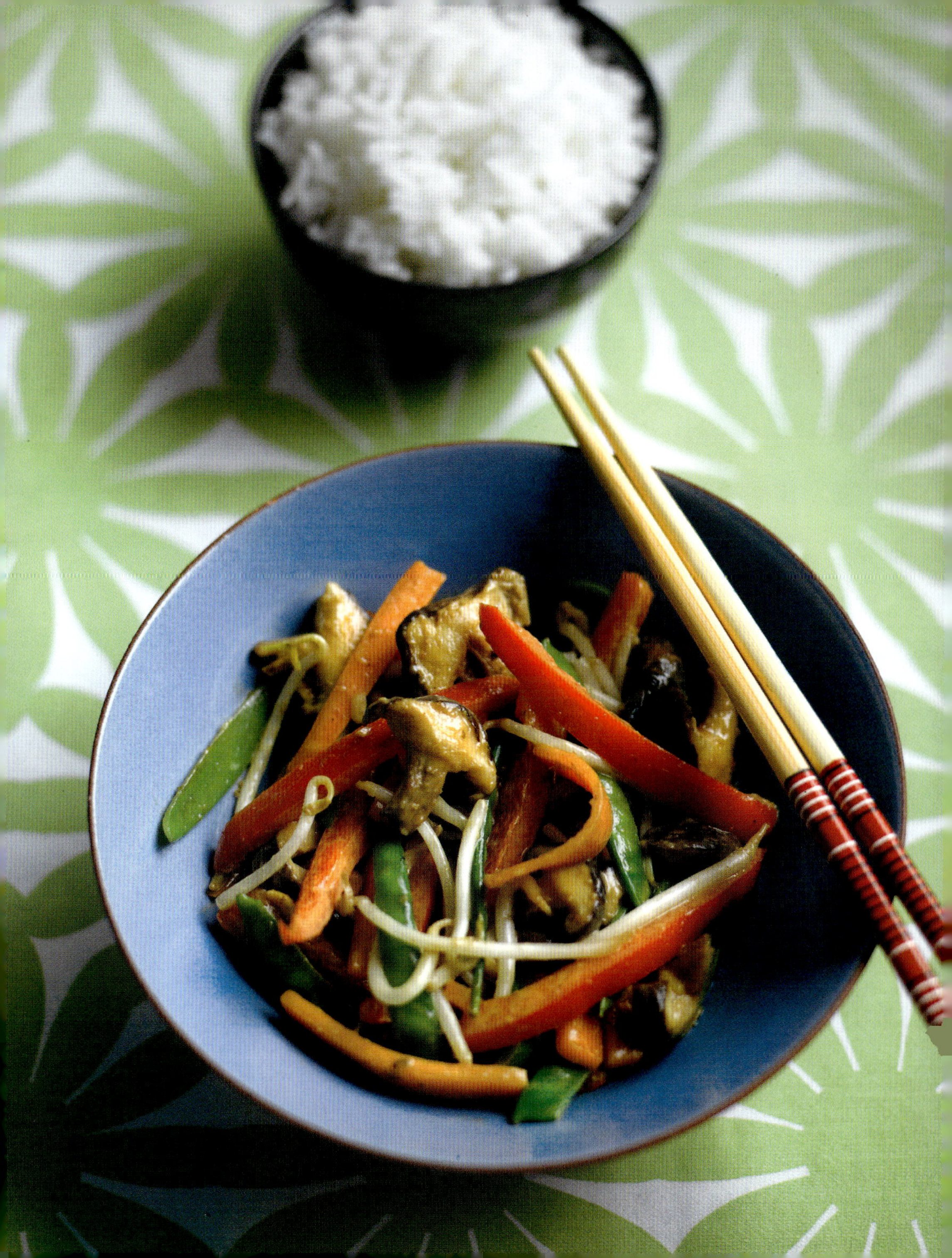

hortalizas con cobertura crujiente

ingredientes

para 4 personas

2 cucharadas de aceite de oliva
200 g/1½ tazas de calabaza (zapallo anco) troceada
150 g/1 boniato (papa dulce) troceado
1 cebolla picada
2 zanahorias en rodajas
1 cucharadita de canela molida
¼ de cucharadita de cúrcuma
600 ml/2½ tazas de caldo para veganos
70 g/6 mazorquitas de maíz (elote) partidas por la mitad a lo largo

cobertura

70 g/⅓ de taza de margarina para veganos
100 g/¾ de taza de harina
70 g/½ taza de nueces troceadas
4 cucharadas/¼ de taza de copos de avena
sal y pimienta

preparación

1 Precaliente el horno a 200 °C/400 °F.

2 Caliente el aceite a fuego medio en una cazuela. Rehogue la calabaza, el boniato, la cebolla y la zanahoria 5 minutos. Incorpore las especias y rehóguelo 2 minutos más. Vierta el caldo, baje el fuego y cuézalo, removiendo a menudo, 10 minutos. Añada las mazorquitas.

3 Para preparar la cobertura, incorpore la margarina a la harina con los dedos en un bol hasta que parezca pan rallado. Incorpore las nueces y la avena, y salpimiente.

4 Pase las hortalizas cocidas a una fuente refractaria cuadrada de 20 cm/8 pulgadas de lado. Esparza la cobertura por encima y cuézalo en el horno precalentado 20 minutos, o hasta que esté caliente y dorado. Déjelo enfriar 5 minutos y sírvalo.

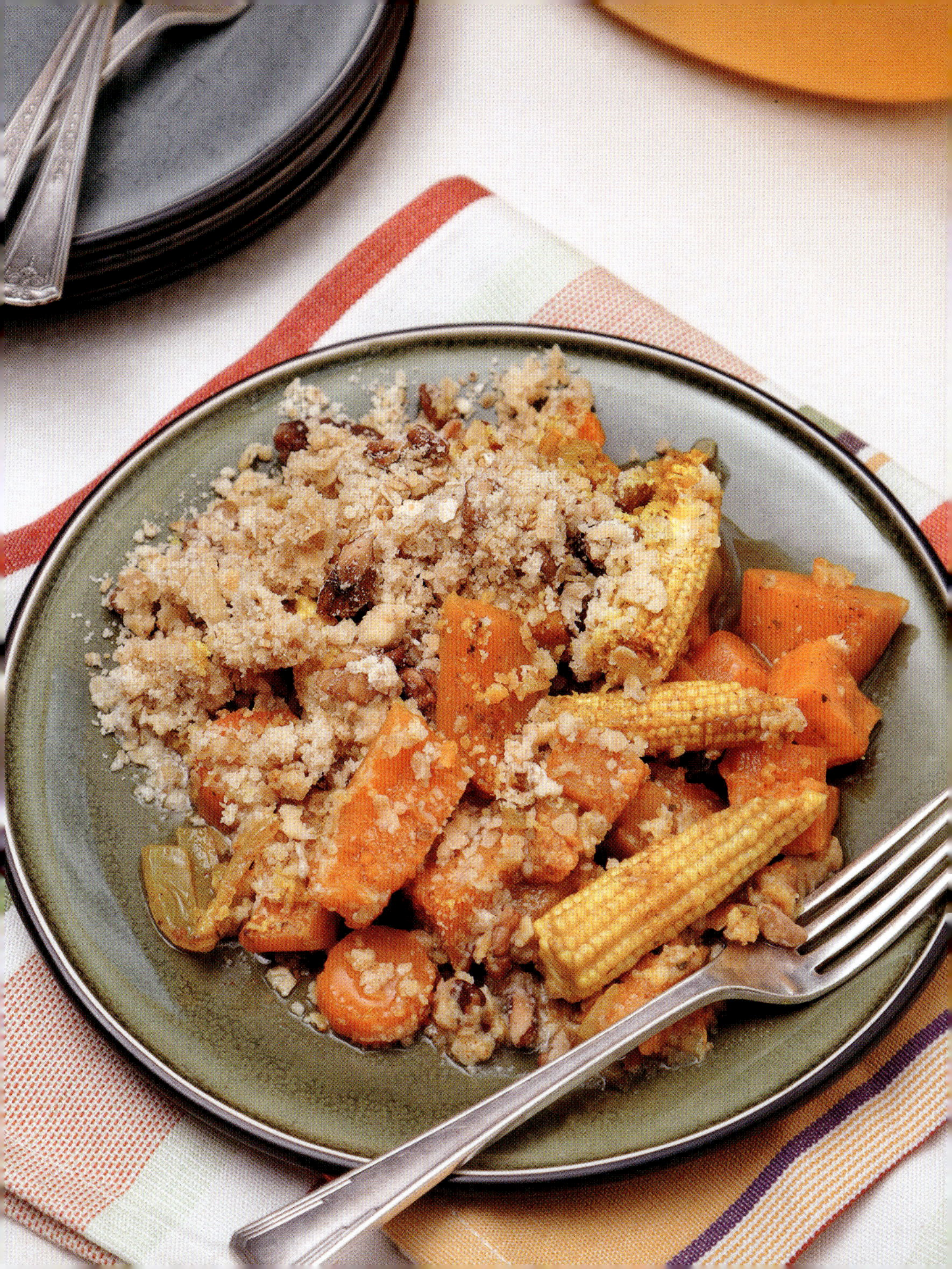

brochetas de tofu asadas

ingredientes

para 6 unidades

400 g/14 oz de tofu consistente
3 cebollas rojas partidas en cuartos
12 champiñones

marinada

250 ml/1 taza de passata
　(salsa de tomate [jitomate]
　concentrada)
3 cucharadas de vinagre de sidra
2 cucharadas de azúcar moreno
2 dientes de ajo picados
¼ de cucharadita de sal
¼ de cucharadita de guindilla
　(ají picante) molida
¼ de cucharadita de pimentón
　ahumado

preparación

1 Para preparar la marinada, ponga todos los ingredientes en un cazo, remuévalos y caliéntelos a fuego lento. Cuézalo 10 minutos a fuego lento.

2 Escurra el tofu y séquelo entre dos hojas de papel de cocina para eliminar al máximo la humedad. Córtelo en 9 cuadrados y estos, a su vez, por la mitad para obtener 18 dados.

3 Disponga el tofu, la cebolla y los champiñones en una bandeja de horno grande y vierta la marinada caliente por encima. Remueva con suavidad para que los ingredientes se impregnen bien pero procurando no romper el tofu. Tápelo y déjelo enfriar. A continuación, puede refrigerarlo hasta que vaya a asar las brochetas. Deje marinar el tofu y las hortalizas al menos 2 horas.

4 Precaliente el gratinador a la temperatura máxima. Si utiliza brochetas de madera, déjelas previamente en remojo unos 10 minutos. Ensarte 2 champiñones, 2 cuartos de cebolla y 3 trozos de tofu en cada una de las 6 brochetas. Píntelas con la marinada restante y áselas bajo el gratinador precalentado o en la barbacoa, dándoles la vuelta a menudo, hasta que se doren. Sírvalas enseguida.

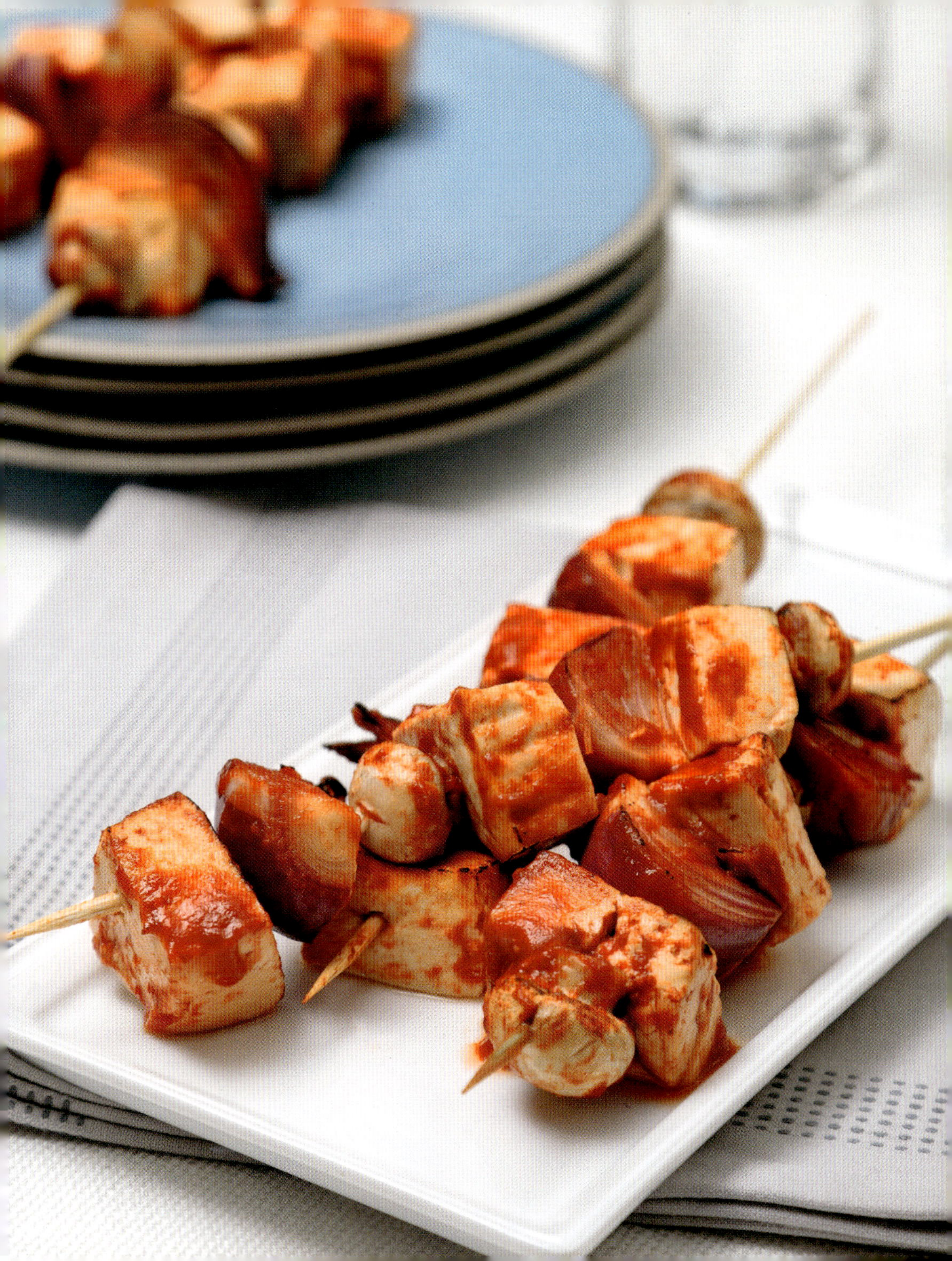

pastel de lentejas y nueces de Brasil

ingredientes

para 6 personas

margarina para veganos, para engrasar
225 g/1 taza de lentejas rojas
1 hoja de laurel
2 cucharadas de aceite de oliva
1 cebolla picada
2 dientes de ajo picados
1 zanahoria picada
300 g/2 tazas de nueces de Brasil
1 cucharada de concentrado de tomate (jitomate)
1 cucharada de salsa de soja
115 g/3 tazas de pan para veganos recién rallado
1 cucharada de orégano
hortalizas al vapor, para acompañar

preparación

1 Precaliente el horno a 190 °C/375 °F. Engrase un molde rectangular de 23 cm/9 pulgadas y fórrelo con papel vegetal.

2 Ponga las lentejas y el laurel en una olla con 375 ml/ 1½ tazas de agua. Llévelo a ebullición y cueza las lentejas a fuego suave 25 minutos, o hasta que estén deshechas. Retire y deseche el laurel, y reserve las lentejas.

3 Caliente el aceite a fuego medio en una sartén grande. Rehogue la cebolla, el ajo y la zanahoria 3 minutos. Trocee una tercera parte de las nueces de Brasil. Muela las restantes en el robot de cocina. Ponga las hortalizas rehogadas en un bol con las nueces troceadas y molidas, las lentejas, el concentrado de tomate, la salsa de soja, el pan rallado y el orégano. Mézclelo bien y pase la pasta al molde, presionándola.

4 Cueza el pastel en el horno precalentado 25 minutos. Déjelo enfriar un poco antes de desmoldarlo y cortarlo. Sírvalo caliente o frío, con hortalizas al vapor.

variación

Llene la mitad del molde con la pasta de nueces y, después, disponga una capa de tomates secados al sol, pimiento rojo asado troceado y hierbas aromáticas picadas. Por último, añada la pasta de nueces restante y cueza el pastel en el horno como se indica en el paso 4.

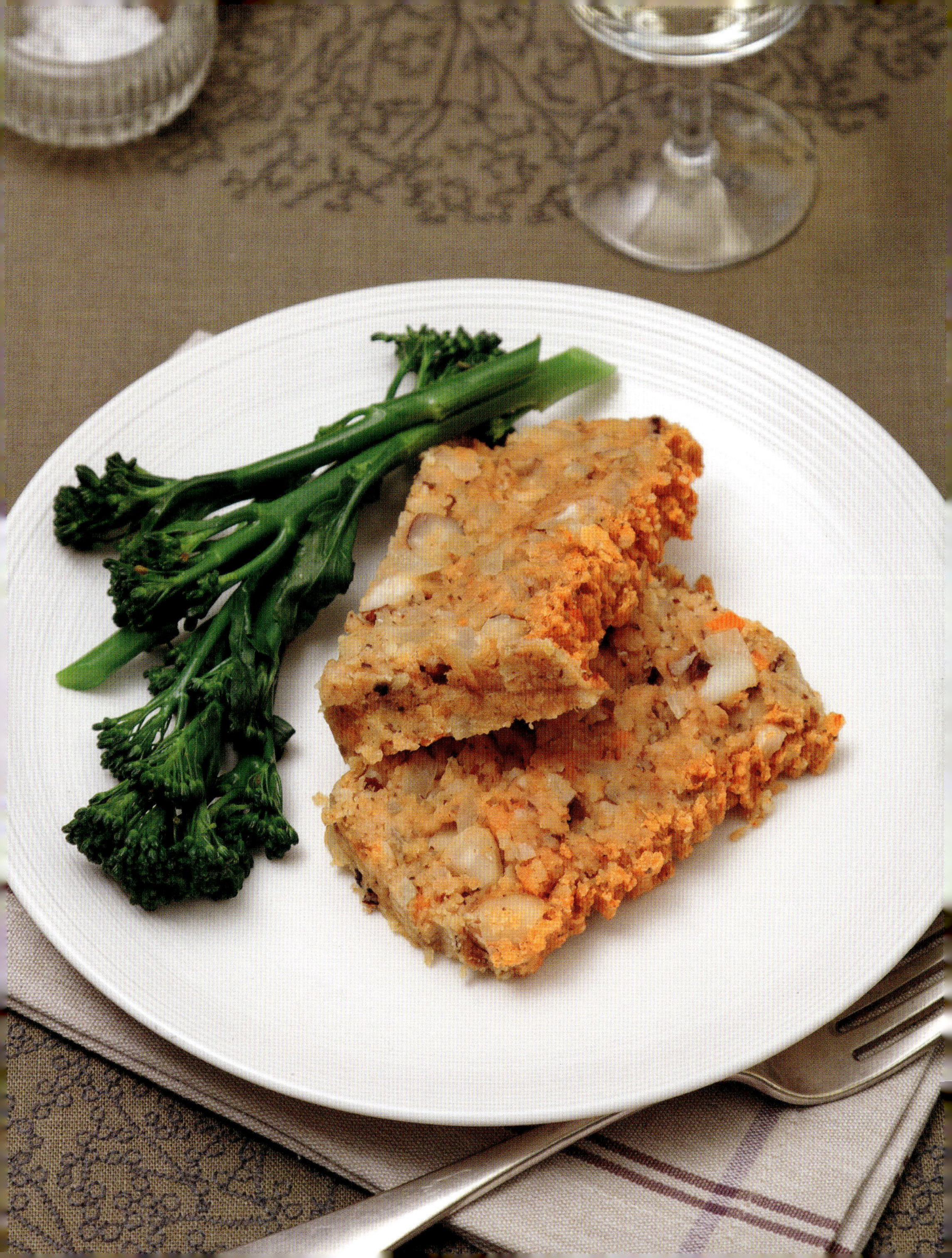

pastel de alcachofa y tomate

ingredientes

para 6 personas

1 cucharada de aceite de oliva, y un poco más para engrasar
1 cebolla en rodajas
2 dientes de ajo picados
85 g/½ taza de tomates (jitomates) secados al sol en aceite troceados
150 g/8 corazones de alcachofa (alcaucil) en aceite troceados
1 cucharada de estragón picado
1 cucharadita de pasta de tomates (jitomates) secados al sol
4 cucharadas/¼ de taza de vino blanco seco para veganos
1 lámina de hojaldre para veganos
harina, para espolvorear

preparación

1. Precaliente el horno a 200 °C/400 °F. Engrase la bandeja del horno con un poco de aceite.

2. Caliente el aceite a fuego medio en una sartén grande. Sofría la cebolla 5 minutos, o hasta que se ablande. Incorpore el ajo, los tomates, la alcachofa, el estragón, la pasta de tomates y el vino. Mézclelo bien y rehóguelo 5 minutos más. Apártelo del fuego y déjelo enfriar unos 5 minutos.

3. Extienda la lámina de hojaldre en la encimera espolvoreada con harina. Con un cuchillo afilado, corte dos redondeles, uno de 23 cm/9 pulgadas y otro de 20 cm/8 pulgadas de diámetro.

4. Ponga la porción de hojaldre más pequeña en la bandeja engrasada y disponga el relleno, dejando un contorno de 2,5 cm/1 pulgada. Coloque la otra porción encima. Presione los bordes para sellar el relleno y doble y pellizque el borde de manera decorativa con los dedos o las púas de un tenedor. Haga un pequeño orificio con la punta de un cuchillo afilado en la parte superior del pastel para que salga el vapor.

5. Cueza el pastel en el horno 20 minutos, o hasta que se dore. Sírvalo enseguida.

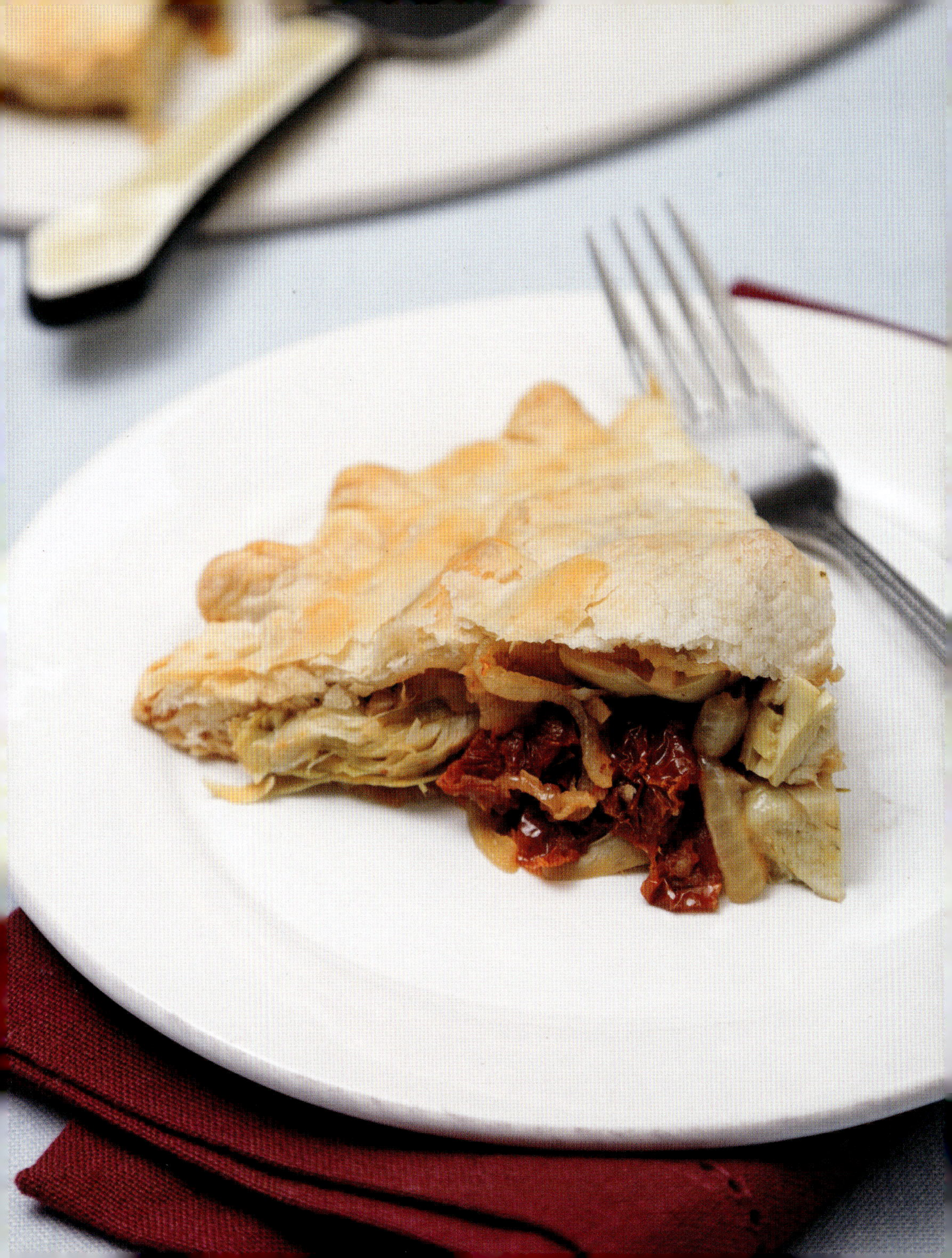

fajitas de tofu picantes

ingredientes

para 4 personas

condimento para las fajitas
¼ de cucharadita de ajo en polvo
¼ de cucharadita de cebolla en polvo
¼ de cucharadita de cayena molida
¼ de cucharadita de orégano
¼ de cucharadita de pimienta inglesa
1 cucharada de harina

200 g/7 onzas de tofu consistente
3 cucharadas de aceite vegetal
1 cebolla en rodajas gruesas
1 pimiento (ají) rojo despepitado (sin semillas) y en tiras
1 pimiento (ají) amarillo despepitado (sin semillas) y en tiras
4 tortillas de harina para veganos calentadas
salsa de tomate (jitomate) mexicana y cuñas de lima (limón), para acompañar

preparación

1. Escurra el tofu y séquelo entre dos hojas de papel de cocina para eliminar al máximo la humedad. Córtelo en lonchas de aproximadamente 1 cm/ ½ pulgada de grosor.

2. Mezcle los ingredientes del condimento para las fajitas en un cuenco y extiéndalo en un plato llano. Reboce las lonchas de tofu por ambos lados.

3. Caliente 2 cucharadas del aceite a fuego medio en una sartén grande. Fría el tofu rebozado 5 minutos, dándole un par de vueltas con cuidado, hasta que se dore.

4. En un bol pequeño, mezcle la cebolla y el pimiento con el aceite restante. Ase las hortalizas en una plancha estriada de 6 a 8 minutos. Evite darles demasiadas vueltas para que queden bien marcadas.

5. Sirva el tofu y las hortalizas templados en sendos cuencos, con las tortillas aparte para que los comensales monten las fajitas a su gusto. Sirva también salsa de tomate mexicana y cuñas de lima para rociar sobre las fajitas.

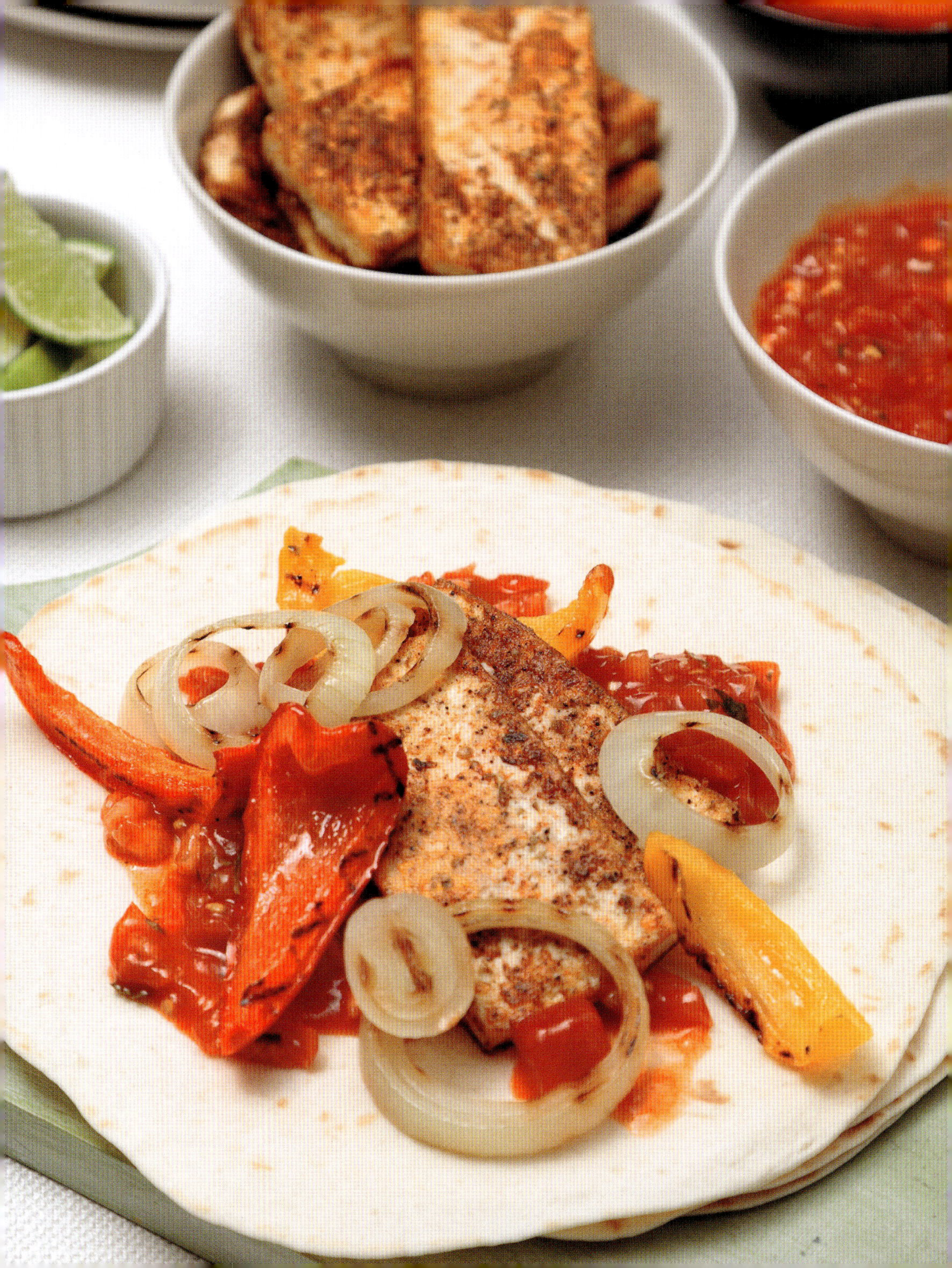

hamburguesas de champiñones

ingredientes

para 6 personas

425 g/15 oz de alubias (porotos) rojas cocidas
2 cucharadas de aceite vegetal, y un poco más para pintar
1 cebolla picada
115 g/2 tazas de champiñones picados
1 zanahoria grande rallada gruesa
2 cucharaditas de pimentón ahumado
70 g/¾ de taza de copos de avena
3 cucharadas de salsa de soja oscura
2 cucharadas de concentrado de tomate (jitomate)
30 g/⅔ de taza de cilantro, tallos incluidos, picado
sal y pimienta
3 cucharadas de harina

para servir
panecillos de hamburguesa para veganos
lechuga
rodajas de aguacate (palta)
salsa o confitura de tomate (jitomate)

preparación

1 Ponga las alubias en un bol y cháfelas bien con el pasapurés. Caliente el aceite en una sartén y sofría la cebolla 2 minutos, hasta que esté translúcida. Agregue los champiñones, la zanahoria y el pimentón, y rehóguelo 4 minutos, hasta que las hortalizas estén tiernas.

2 Ponga las hortalizas rehogadas en el bol con el puré de alubias junto con la avena, la salsa de soja, el concentrado de tomate y el cilantro. Salpimiente y mézclelo bien. Repártalo en 6 partes iguales, deles forma de hamburguesa y rebócelas con la harina.

3 Precaliente una plancha estriada hasta que humee. Pinte un lado de las hamburguesas con un poco de aceite y colóquelas en la plancha por ese lado. Áselas a fuego medio 2 o 3 minutos, hasta que empiecen a marcarse. Pinte el otro lado con un poco de aceite, deles la vuelta y áselas 2 o 3 minutos más. Sírvalas calientes en panecillos con lechuga, aguacate y salsa de tomate.

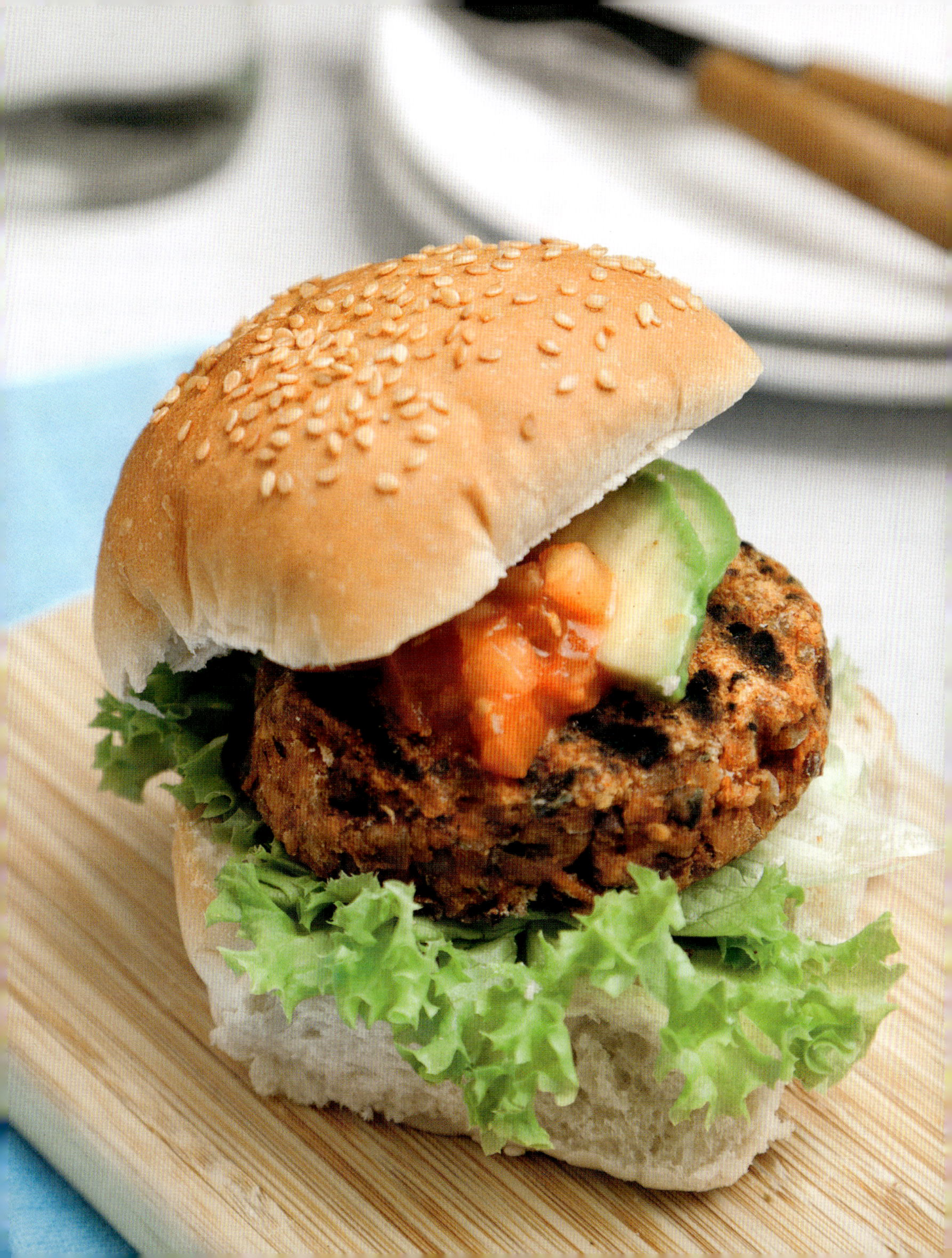

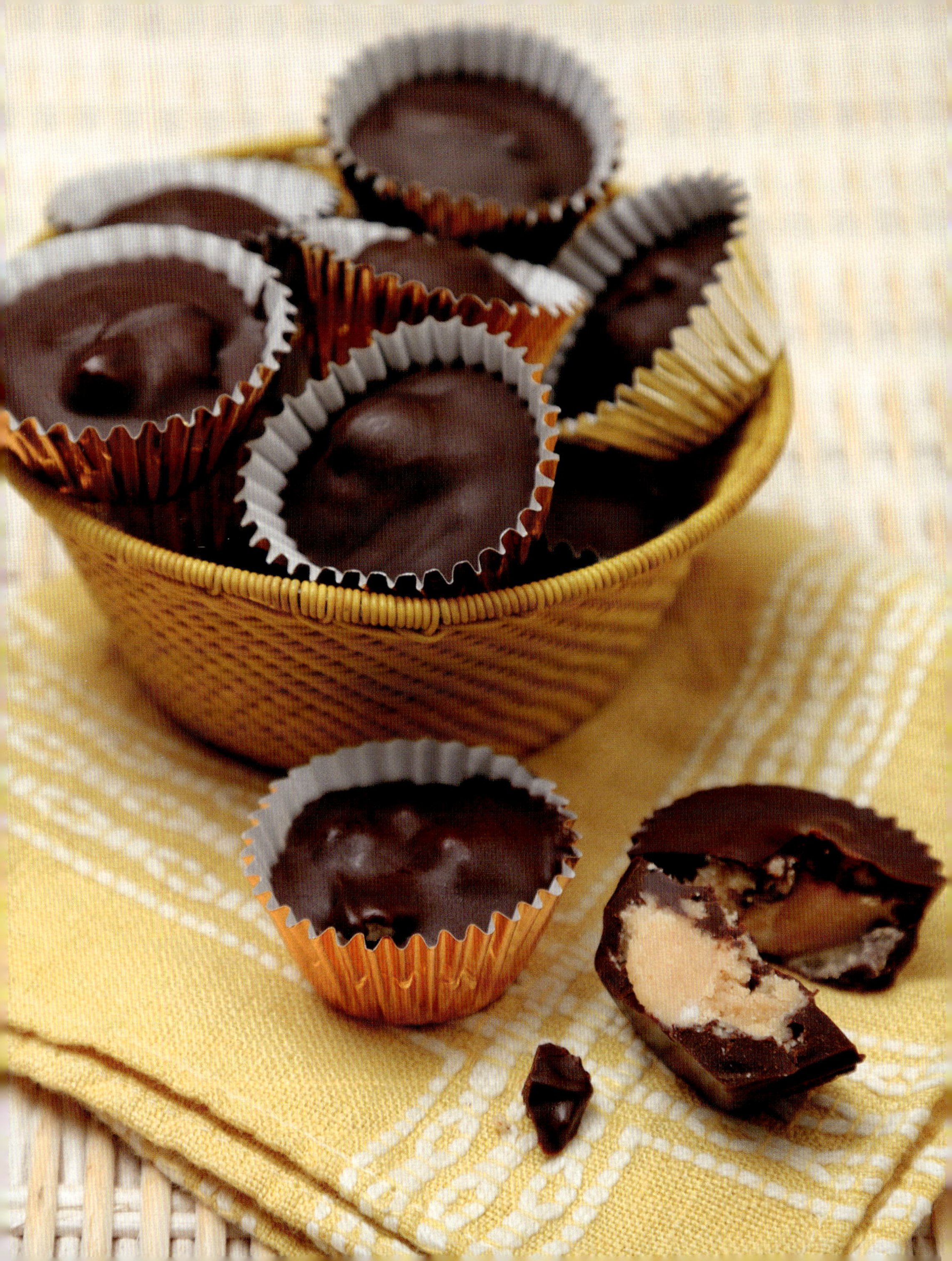

postres

macedonia con helado

ingredientes

para 4 personas

helado
2 cucharadas de arruruz
250 ml/1 taza de leche de soja
500 ml/2 tazas de crema de soja
150 g/¾ de taza de azúcar
1 cucharada de esencia de vainilla

macedonia
300 g/2-3 tazas de frutas variadas como fresas (frutillas), frambuesas, arándanos, melocotón (damasco), nectarina y kiwi
hojas de menta, para adornar

preparación

1. En un cuenco, diluya el arruruz en leche de soja suficiente para obtener una pasta homogénea y fluida. Resérvela.

2. Ponga en una cazuela la leche de soja restante, la crema de soja y el azúcar, y llévelo a ebullición, removiendo para que se disuelva el azúcar. Cuando hierva, aparte la cazuela del fuego e incorpore el arruruz diluido y la vainilla. Déjelo enfriar.

3. Pase la crema a una heladora y bátala siguiendo las instrucciones del fabricante. Si lo prefiere, pase la crema enfriada a un recipiente llano para congelar y métalo en el congelador. Cuando el helado se haya endurecido casi del todo, remuévalo y congélelo de nuevo hasta que esté consistente.

4. Lave o pele la fruta y, si lo prefiere, trocéela. Sirva la macedonia con el helado, adornada con unas hojas de menta.

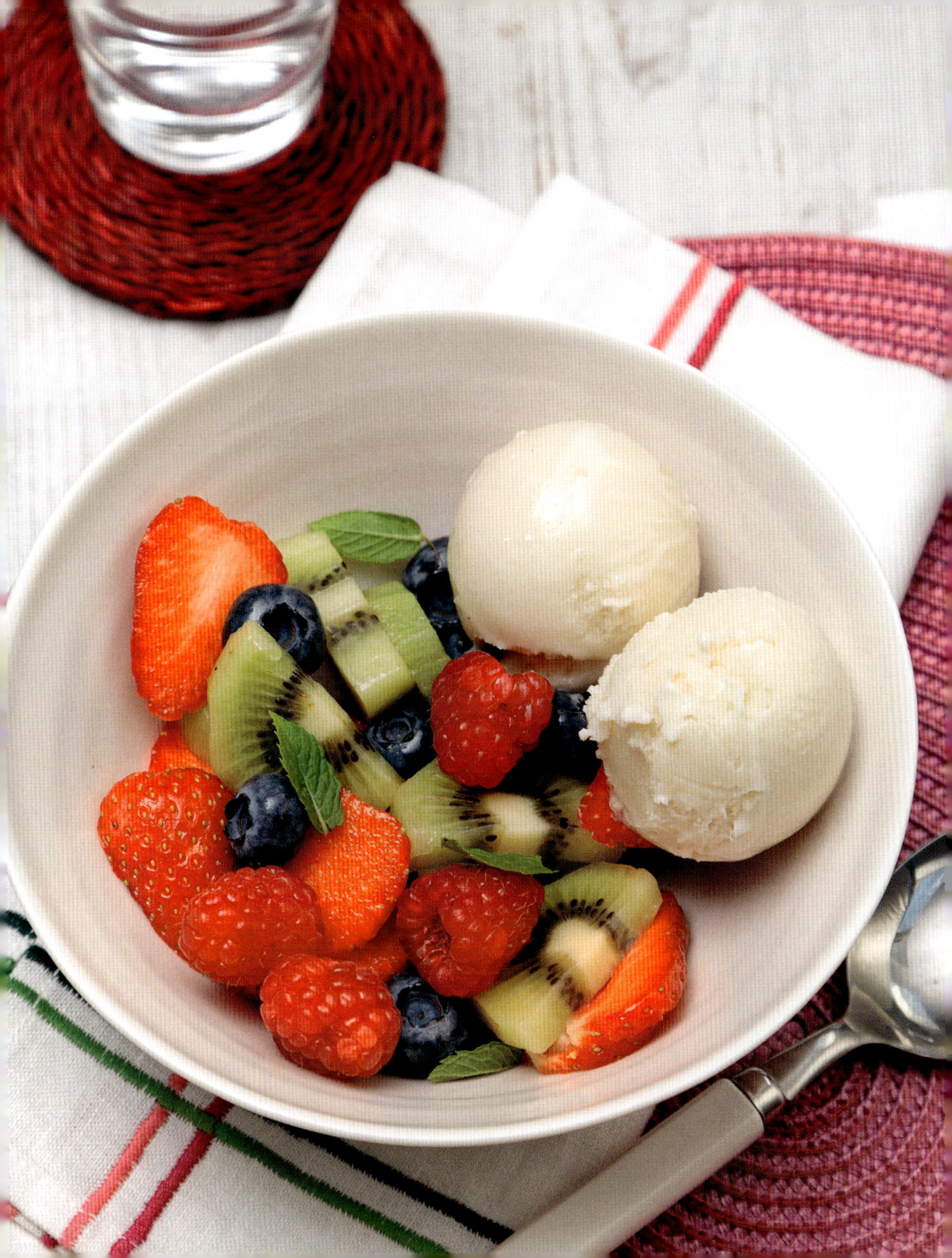

sorbete de vino de aguja

ingredientes
para 4 personas
150 g/¾ de taza de azúcar
150 ml/⅔ de taza de agua
1 tira fina de piel (cáscara) de limón
el zumo (jugo) de 1 limón
350 ml/1½ tazas de vino de aguja para veganos
uvas partidas por la mitad y ramitas de menta, para adornar

preparación

1 Ponga el azúcar, el agua y la piel de limón en una cazuela. Remueva a fuego lento hasta que el azúcar se disuelva y hiérvalo 2 o 3 minutos, hasta que se reduzca a la mitad. Deje enfriar el almíbar y retire la piel de limón.

2 Mezcle el almíbar con el zumo de limón y el vino, y bata la crema en la heladora siguiendo las instrucciones del fabricante. Si lo prefiere, congélela en un recipiente para el congelador, sin tapar, y bátala cada hora hasta que se congele.

3 Cuando vaya a servir el sorbete, déjelo ablandar un poco a temperatura ambiente y sírvalo en copas de helado. Adórnelo con uvas y ramitas de menta.

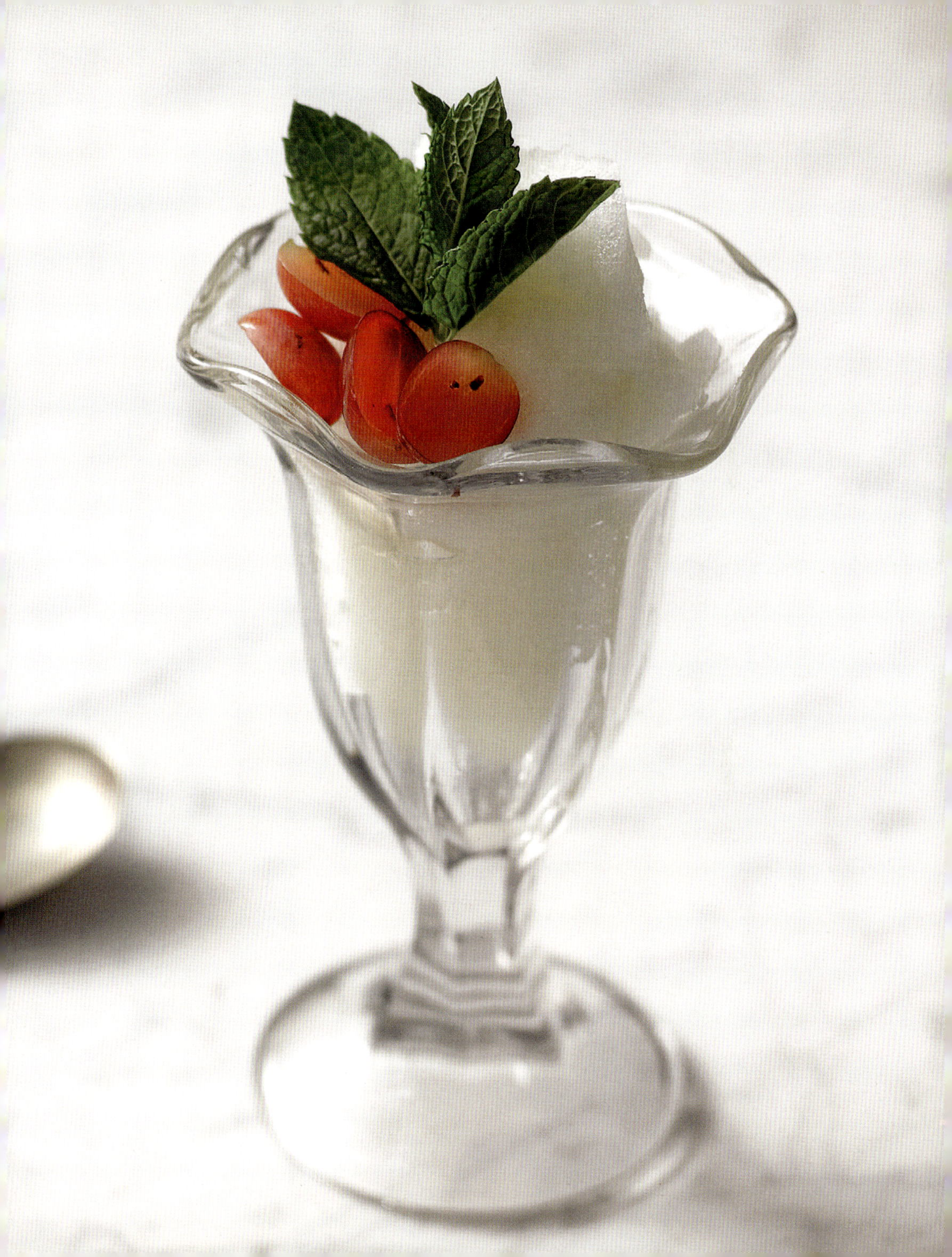

helado de chocolate

ingredientes

para 4 personas

3 plátanos (bananas)
3 cucharadas de cacao en polvo
1 cucharada de sirope de agave

preparación

1 Pele los plátanos y córtelos en rodajas de 2 cm/ ¾ de pulgada. Congélelas 3 horas dentro de una bolsa de congelación.

2 Saque las rodajas de plátano del congelador y póngalas con el cacao en polvo y el sirope de agave en el robot de cocina o la batidora de vaso. Bátalo hasta obtener una crema homogénea. Sírvalo enseguida o congélelo de nuevo para que adquiera más consistencia.

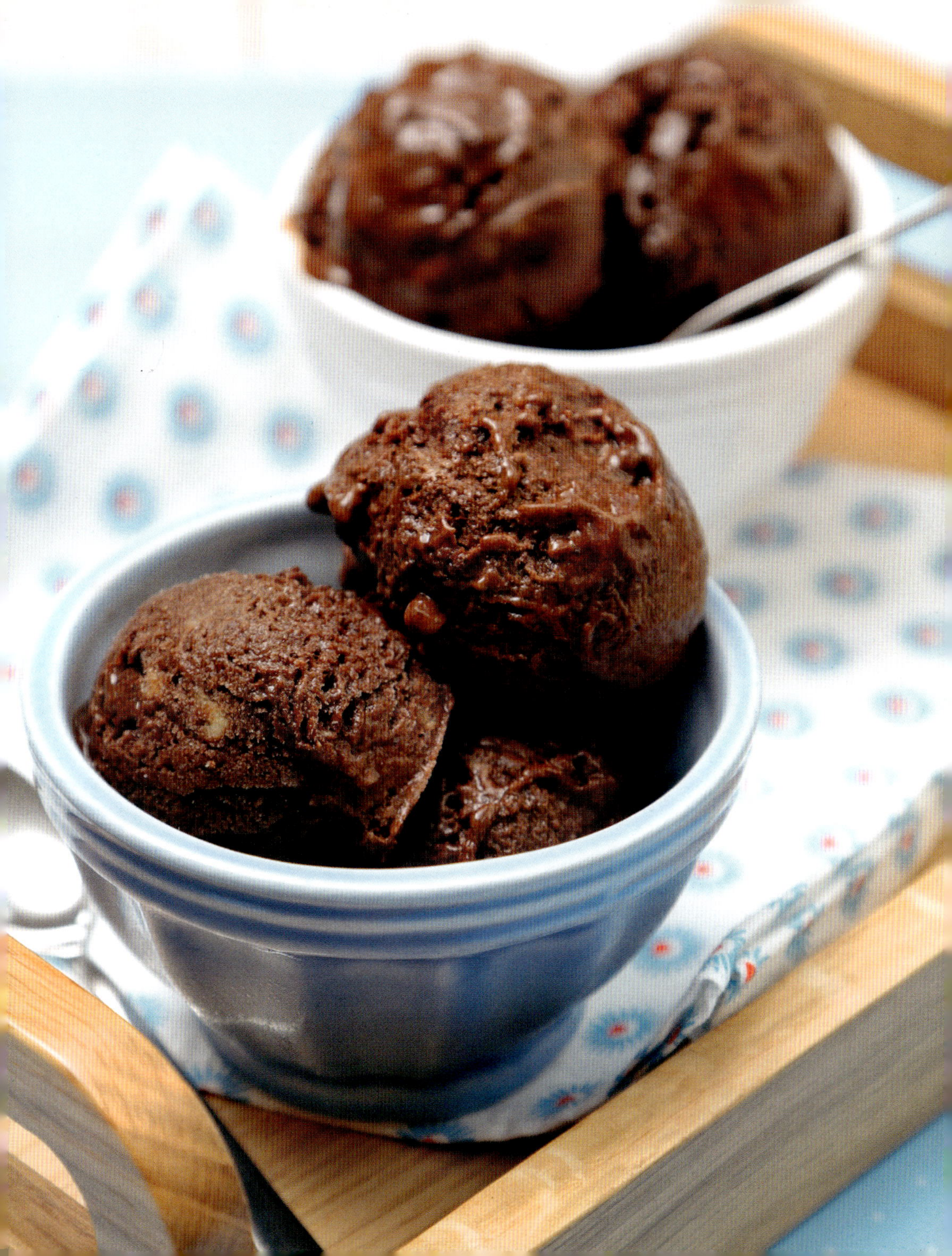

helado de té verde y avellana

ingredientes

para 6 personas

400 ml/1¾ tazas de leche de coco
200 g/7 oz de coco fresco
 rallado fino
200 g/1 taza de azúcar
3 cucharaditas de té verde soluble
50 g/½ taza de avellanas
 tostadas picadas

preparación

1 Caliente la leche de coco y el coco cremoso a fuego medio en una cazuela. Remueva sin parar hasta que el coco se diluya por completo.

2 Añada el azúcar y el té y bátalo con unas varillas. Incorpore las avellanas y deje enfriar la crema a temperatura ambiente.

3 Pase la crema a una heladora y bátala siguiendo las instrucciones del fabricante. Si lo prefiere, pase la crema enfriada a un recipiente llano para congelar y métalo en el congelador. Cuando el helado se haya endurecido casi del todo, remuévalo y congélelo de nuevo hasta que esté consistente. Déjelo en el congelador hasta que vaya a servirlo.

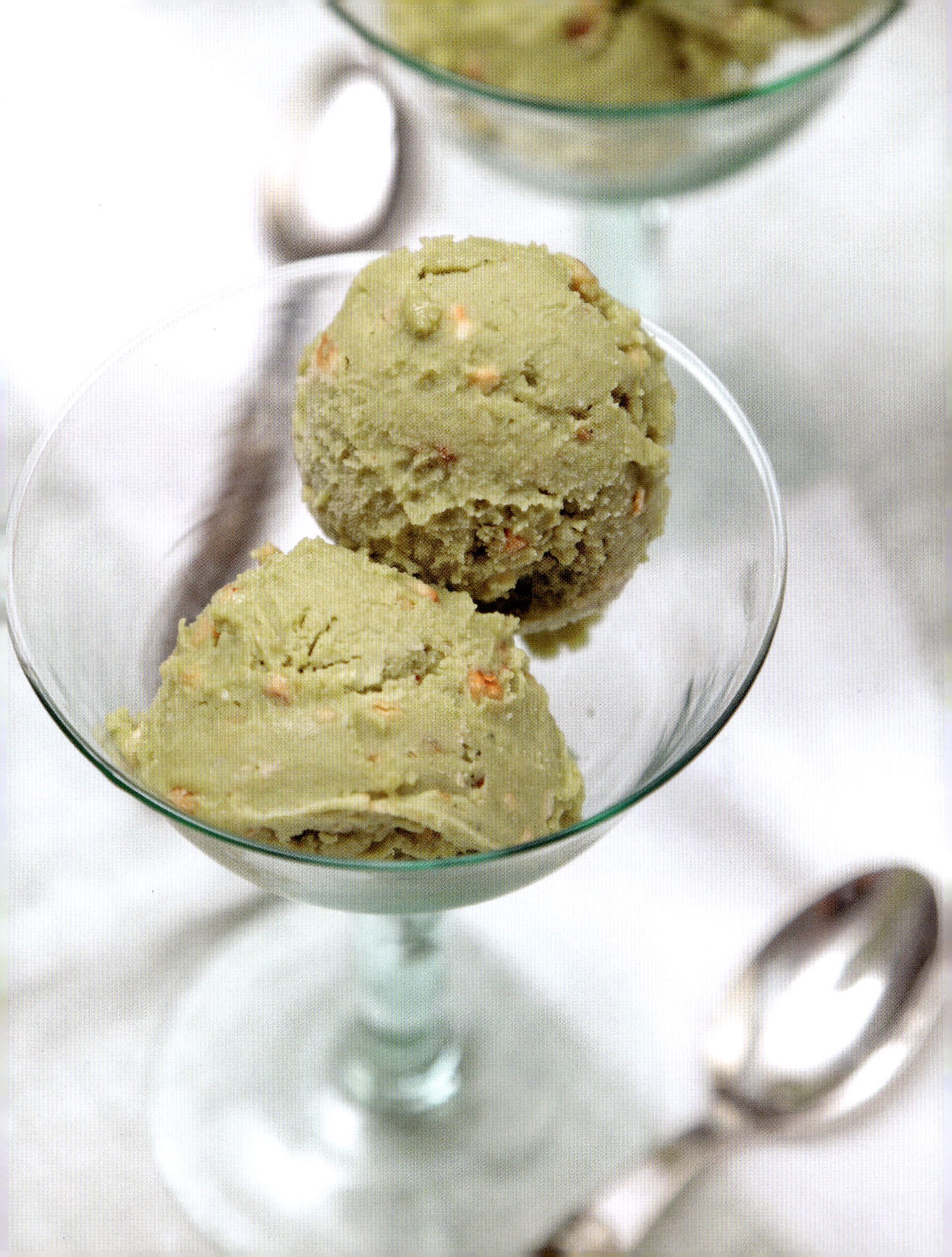

ciruelas al oporto

ingredientes

para 4 personas

8 ciruelas grandes
1 rama de canela molida
2 tiras de piel (cáscara) de naranja
25 g/2 cucharadas de azúcar moreno
2 cucharadas de sirope de agave claro
200 ml/1 taza de oporto para veganos

preparación

1 Precaliente el horno a 180 °C/350 °F. Parta las ciruelas por la mitad y deshuéselas.

2 Ponga las medias ciruelas con la parte cortada hacia arriba en una fuente refractaria pequeña con la rama de canela y la piel de naranja. Esparza el azúcar por encima. Mezcle el sirope de agave con el oporto y viértalo alrededor de las ciruelas.

3 Ase las ciruelas en el horno precalentado de 30 a 40 minutos, o hasta que estén tiernas. Déjelas enfriar 5 minutos y cuele el líquido en un cazo.

4 Lleve el líquido de las ciruelas a ebullición, cuézalo a fuego suave de 5 a 10 minutos o hasta que adquiera una consistencia almibarada y se reduzca a una tercera parte. Rocíe las ciruelas con el almíbar. Sírvalo.

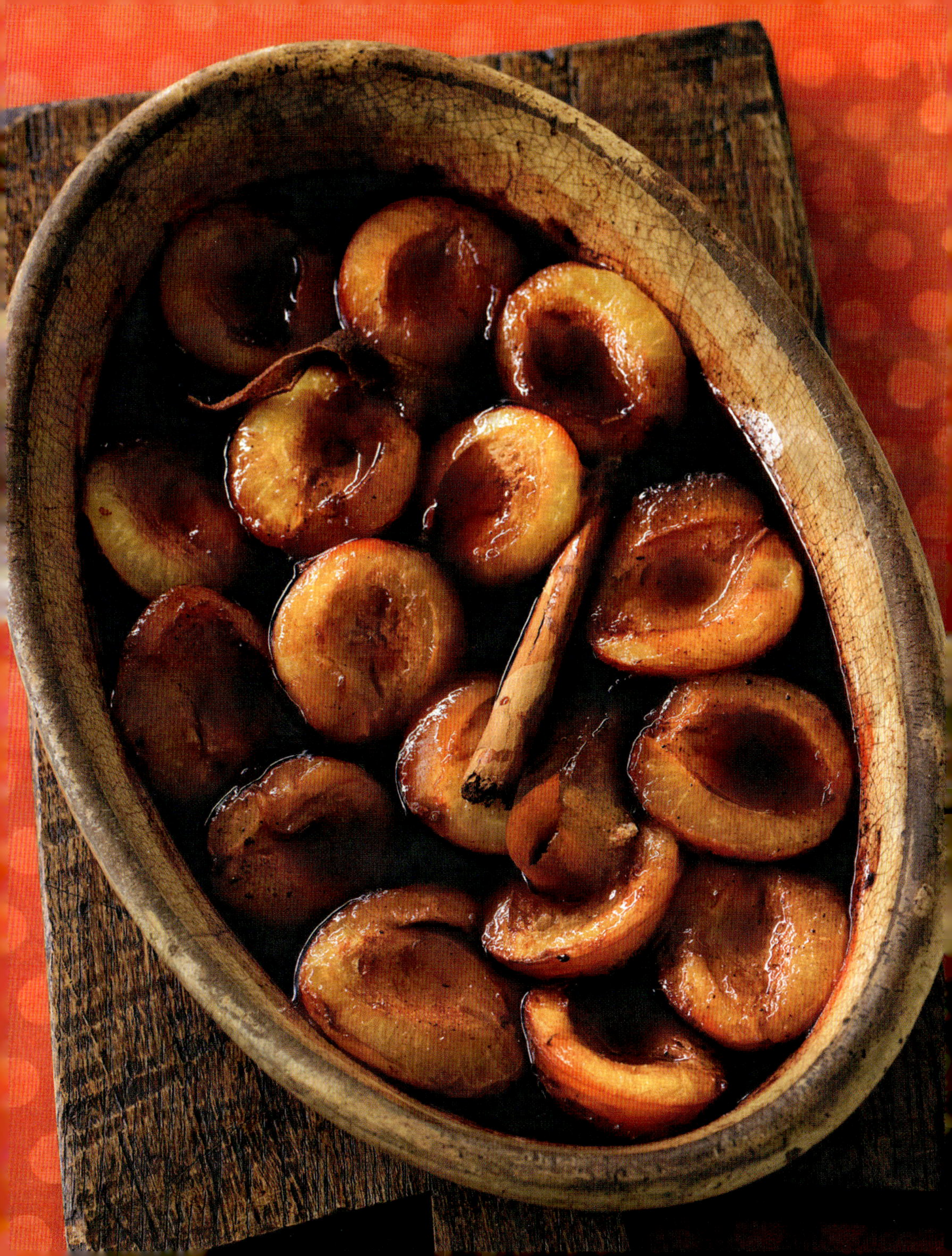

arroz con leche de soja y coco

ingredientes

para 4 personas

5 vainas de cardamomo
100 g/½ taza de arroz glutinoso
600 ml/2½ tazas de leche de soja
400 ml/1¾ tazas de leche de coco
55 g/¼ de taza de azúcar
unas hebras de azafrán
2 cucharadas de almendra fileteada

preparación

1. Parta las vainas de cardamomo y separe las semillas. Machaque las semillas en el mortero o con el rodillo de cocina. Ponga en una cazuela a fuego lento el arroz, la leche de soja, la leche de coco, el azúcar, las semillas de cardamomo y unas hebras de azafrán. Cuézalo a fuego suave 40 minutos, removiendo a menudo, hasta que el arroz se espese y esté cremoso.

2. Tueste la almendra fileteada en una sartén 2 o 3 minutos, o hasta que empiece a tomar color.

3. Sirva el arroz con leche caliente o frío, adornado con la almendra tostada.

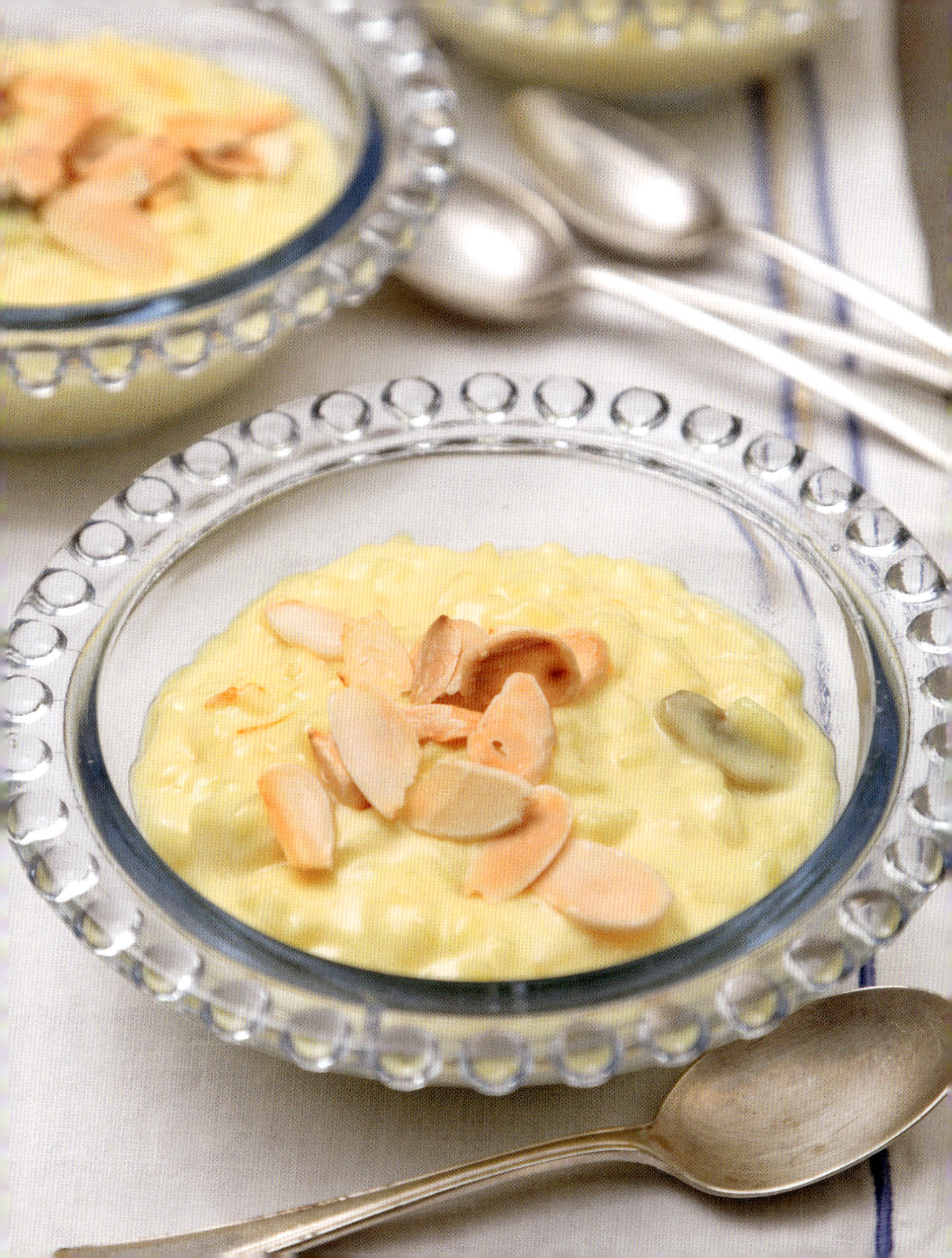

strudel de arándanos

ingredientes
para 4-6 personas

200 g/1½ tazas de arándanos
1 cucharada de maicena
100 g/½ taza de azúcar
270 g/6 láminas de pasta filo para veganos
harina, para espolvorear
50 g/¼ de taza de margarina para veganos derretida y enfriada
azúcar glas (impalpable), para espolvorear

preparación

1. Precaliente el horno a 190 °C/375 °F. Forre la bandeja del horno con papel vegetal.

2. Mezcle los arándanos con la maicena y el azúcar en un bol mediano.

3. Extienda 2 láminas de pasta filo en la encimera espolvoreada con harina de modo que queden algo solapadas. Píntelas con margarina derretida y cúbralas con otras 2 láminas. Píntelas con margarina y añada 2 láminas de pasta filo más.

4. Disponga los arándanos a la misma altura del extremo largo de la pasta. Empezando por este extremo, enrolle la pasta con cuidado, doblando los extremos a medida que avance.

5. Ponga el strudel en la bandeja, píntelo por encima con la margarina restante y cuézalo en el horno precalentado 20 minutos, o hasta que se dore. Espolvoréelo con azúcar glas antes de servirlo templado o frío.

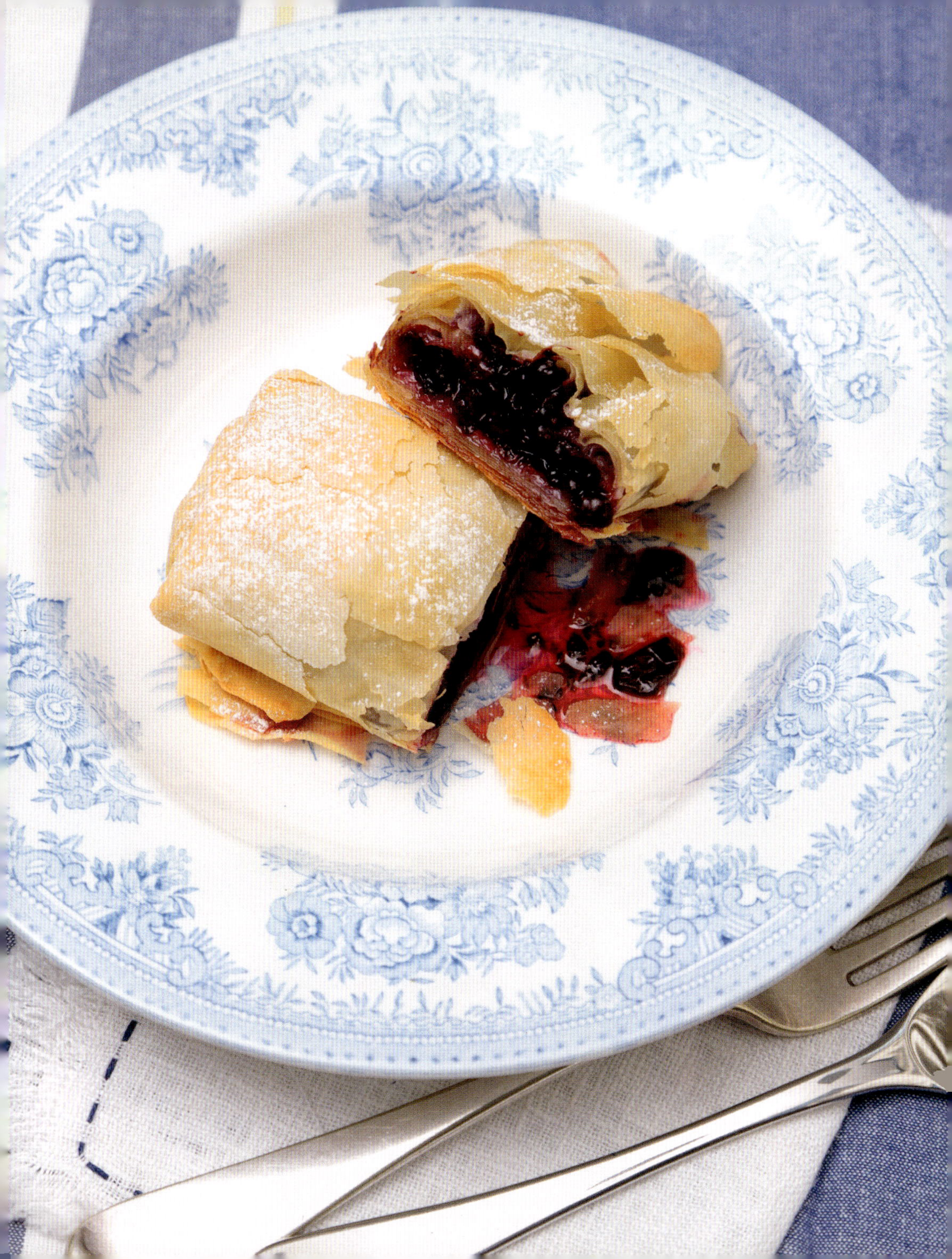

tartaletas de calabaza con especias

ingredientes

para 4 personas

400 g/3 tazas de calabaza (zapallo anco) en dados de 1 cm/ ½ pulgada

10 g/1½ cucharadas de margarina para veganos derretida, y un poco más para engrasar

1 cucharada de jarabe de arce

10 g de jengibre confitado en almíbar picado

¼ de cucharadita de canela molida

¼ de cucharadita de pimienta inglesa

135 g/8 láminas de pasta filo para veganos

2 cucharadas de aceite vegetal

azúcar glas (impalpable), para espolvorear

preparación

1 Precaliente el horno a 190 °C/375 °F. Engrase 4 moldes para tartaleta con un poco de margarina.

2 Extienda la calabaza en una fuente de horno y reparta la margarina por encima. Ásela en el horno precalentado 5 minutos, remuévala y devuélvala al horno 20 minutos más, o hasta que empiece a dorarse. Incorpore el jarabe de arce, el jengibre, la canela y la pimienta inglesa, y prosiga con la cocción otros 5 minutos. Déjela enfriar.

3 Corte la pasta filo en 12 cuadrados de 10 cm/4 pulgadas. Pinte 4 de ellos con aceite vegetal. Coloque otro cuadrado encima de cada uno al bies, de modo que los extremos de los cuadrados no queden alineados para formar una estrella. Pinte otra vez la pasta con aceite y añada una tercera porción de pasta filo. Repita la operación hasta obtener 4 pilas de 3 capas cada una. Pase la pasta a los moldes engrasados, presiónela con cuidado y cuézala en el horno de 8 a 10 minutos, o hasta que esté crujiente y dorada.

4 Rellene las tartaletas con la calabaza asada. Espolvoréelas con azúcar glas y sírvalas enseguida.

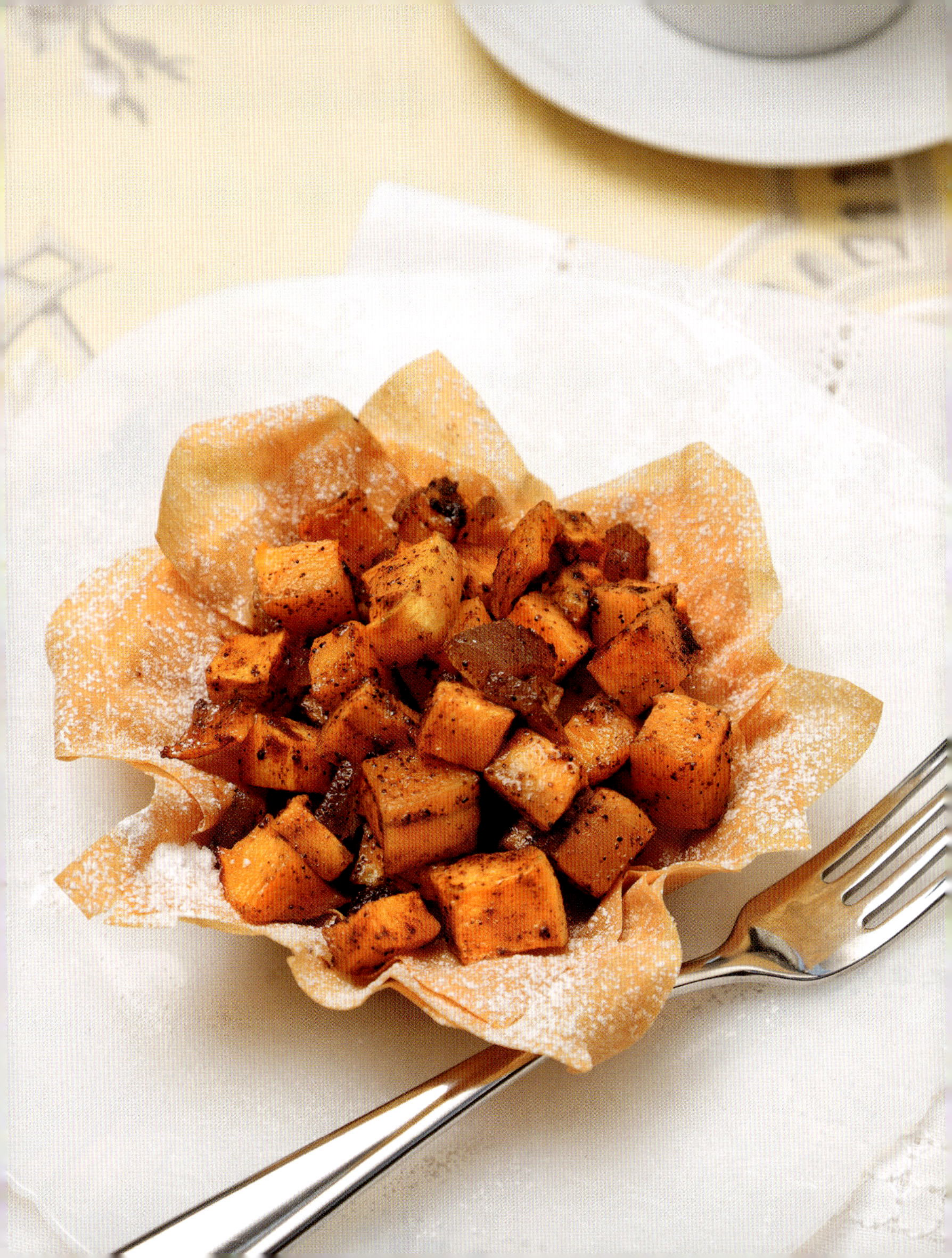

manzanas asadas

ingredientes

para 4 personas

4 manzanas para asar
1 cucharada de zumo (jugo) de limón
50 g/⅓ de taza de arándanos
50 g/⅓ de taza de pasas
25 g/¼ de taza de frutos secos variados picados y tostados
½ cucharadita de canela molida
2 cucharadas de azúcar moreno
275 ml/1 taza generosa de vino tinto para veganos
2 cucharaditas de maicena
4 cucharaditas de agua

preparación

1 Precaliente el horno a 200 °C/400 °F. Realice un corte alrededor del centro de cada manzana con un cuchillo afilado. Retíreles el corazón y pínteles el hueco con el zumo de limón para que no se oxiden. Páselas a una fuente refractaria pequeña.

2 Ponga los arándanos y las pasas en un bol, y añada los frutos secos, la canela y el azúcar. Mézclelo bien. Rellene las manzanas con la fruta y vierta el vino por encima.

3 Ase las manzanas rellenas en el horno precalentado de 40 a 45 minutos, o hasta que estén tiernas. Sáquelas del horno, retírelas de la fuente y resérvelas templadas.

4 En un cazo, disuelva la maicena en el agua y añada el jugo de cocción de la fuente. Cueza la salsa a fuego medio en el fogón, removiendo, hasta que se espese. Apártela del fuego y viértala por encima de las manzanas. Sírvalas enseguida.

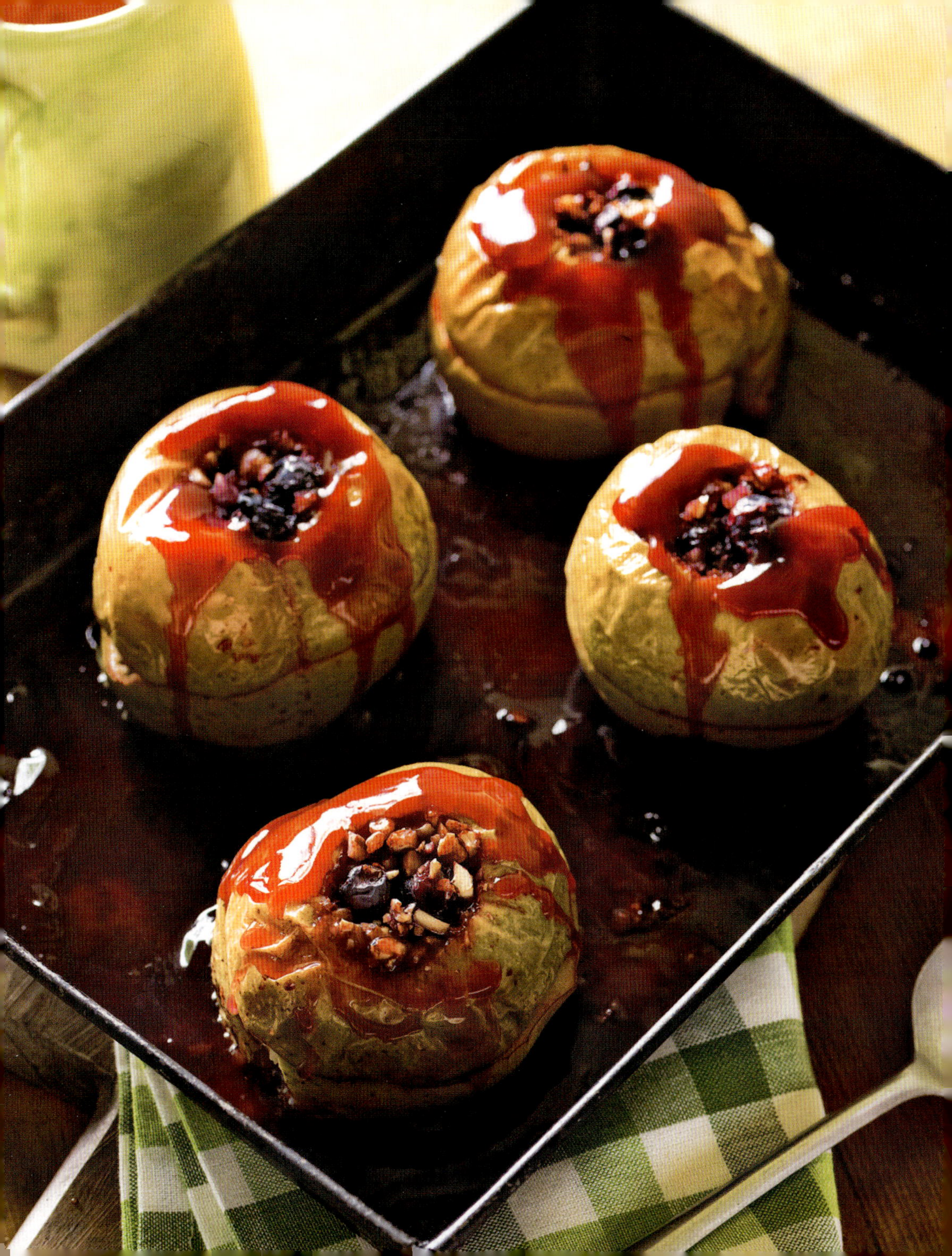

tarta de chocolate con frambuesa

ingredientes

para 12 personas

margarina para veganos, para engrasar
300 g/2⅓ tazas de harina
50 g/½ taza de cacao en polvo
1 cucharadita de levadura en polvo
1 cucharadita de bicarbonato
½ cucharadita de sal
300 g/1½ tazas de azúcar
375 ml/1½ tazas de leche de soja
125 ml/½ taza de aceite vegetal
7 cucharadas/½ taza de mermelada de frambuesa
1 cucharadita de esencia de vainilla

cobertura

40 ml/3 cucharadas de leche de soja
85 g/3 oz de chocolate negro para veganos troceado
60 g/½ taza de azúcar glas (impalpable)
1 cucharada de jarabe de arce
frambuesas, para adornar

preparación

1 Precaliente el horno a 180 °C/350 °F. Engrase un molde de 23 cm/9 pulgadas de diámetro y fórrelo con papel vegetal.

2 Tamice la harina, el cacao, la levadura y el bicarbonato en un bol, e incorpore la sal y el azúcar. Vierta la leche de soja en una cazuela y añada el aceite, la mermelada y la vainilla. Caliéntelo a fuego medio y bátalo con las varillas. Incorpórelo a los ingredientes secos.

3 Pase la pasta al molde y cueza la tarta en el horno precalentado 45 minutos, o hasta que al pincharla en el centro con una brocheta, salga limpia. Deje que se enfríe en una rejilla metálica.

4 Para preparar la cobertura, caliente la leche de soja a fuego medio en un cazo y, cuando rompa el hervor, añada el chocolate y remueva hasta que se derrita por completo. Aparte el cazo del fuego e incorpore el azúcar glas y el jarabe de arce. Deje enfriar la cobertura antes de untarla sobre la tarta con una espátula. Adorne la tarta con unas frambuesas antes de cortarla y servirla.

variación

Para preparar una tarta de chocolate y naranja, utilice mermelada de naranja en lugar de frambuesa y adórnela con gajos de naranja recubiertos de chocolate para veganos derretido.

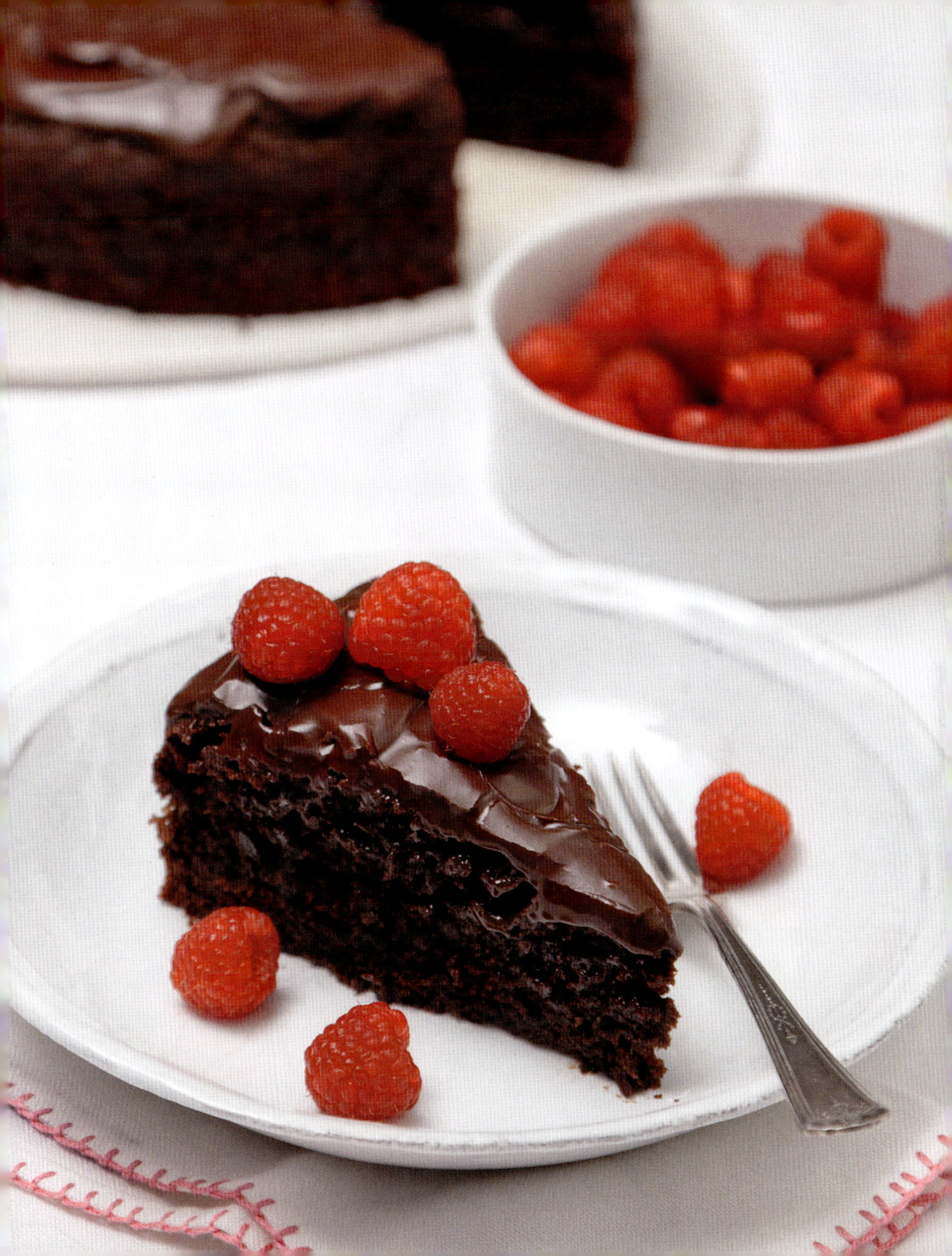

corona de frutas del bosque

ingredientes
para 12 personas

350 g/2¾ tazas de harina, y un poco más para espolvorear
2 cucharaditas de levadura en polvo
1 cucharadita de bicarbonato
400 g/2 tazas de azúcar
55 g/¾ de taza de coco rallado
500 ml/2 tazas de leche de soja
150 ml/⅔ de taza de aceite vegetal, y un poco más para engrasar
2 cucharaditas de esencia de vainilla
1 cucharadita de sal
250 g/2 tazas de frutas del bosque, como frambuesas, arándanos y moras, y algunas más para adornar
azúcar glas (impalpable), para espolvorear
helado de vainilla para veganos, para acompañar (opcional)

preparación

1 Precaliente el horno a 180 °C/350 °F. Engrase un molde de corona de 24 cm/9½ pulgadas de diámetro y espolvoréelo con harina.

2 Tamice la harina, la levadura y el bicarbonato en un bol grande e incorpore el azúcar y el coco. Añada la leche de soja, el aceite y la vainilla. Bátalo hasta obtener una pasta homogénea y espesa. Incorpore la sal y las frutas.

3 Vierta la pasta en el molde. Cueza el bizcocho en el horno precalentado 1 hora, o hasta que al pincharlo en el centro con una brocheta, salga limpia. Déjelo reposar 5 minutos y desmóldelo sobre una rejilla metálica.

4 Cuando se haya enfriado el bizcocho, espolvoréelo con azúcar glas y rellene el hueco central con más frutas. Corte la corona en porciones y, si lo desea, sírvala con helado de vainilla para veganos.

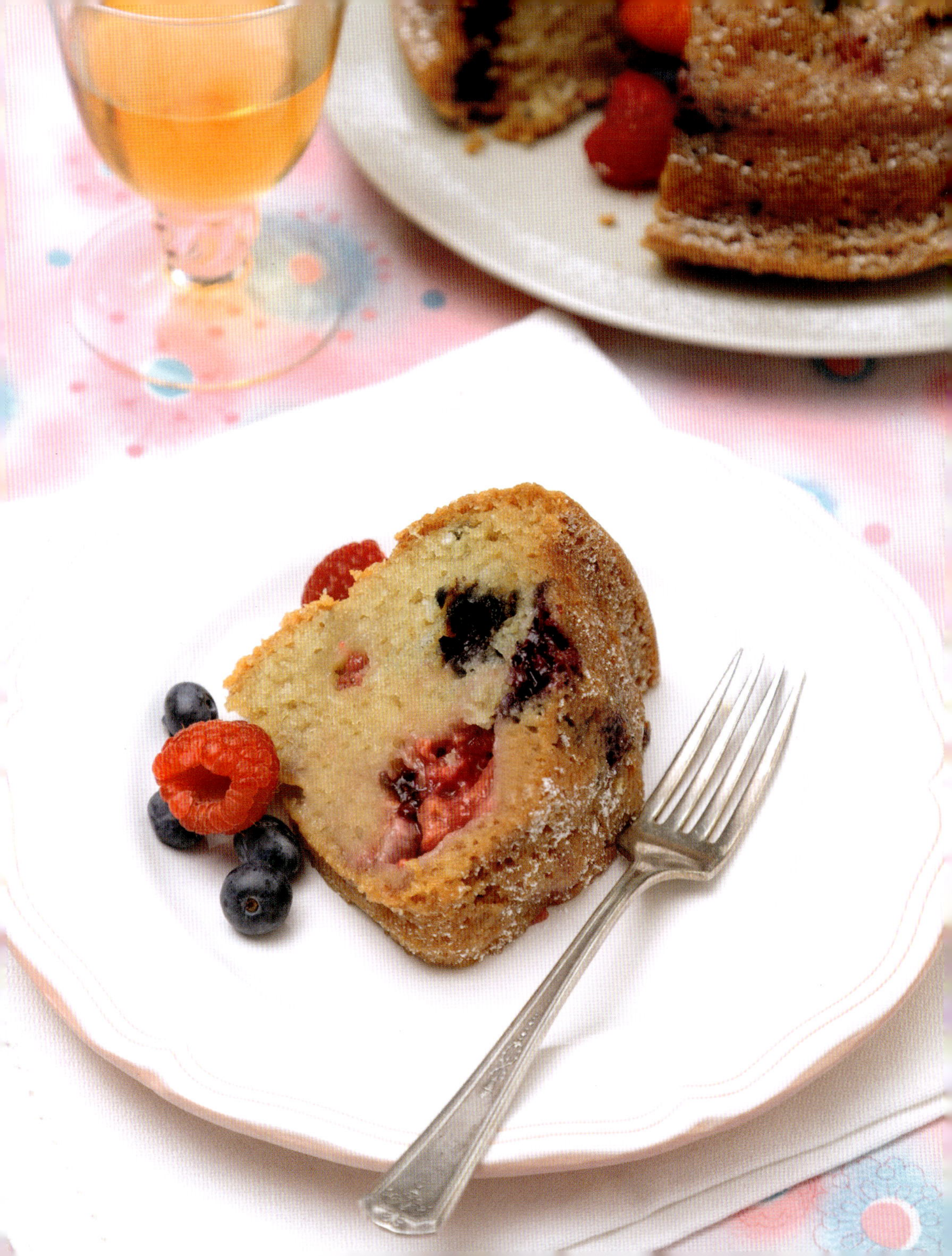

pudin de frutos rojos

ingredientes

para 6 personas

600 g/4 tazas de frutos rojos variados, como grosellas rojas y negras, arándanos y frambuesas, y algunos más para adornar

3-4 cucharadas de azúcar

6 cucharadas/⅓ de taza de oporto para veganos

300 g/10½ oz de fresas (frutillas) sin el rabillo y partidas por la mitad o en cuartos si son grandes

6-7 rebanadas gruesas de pan de molde para veganos sin la corteza

preparación

1 Ponga los frutos rojos, 2 cucharadas del azúcar y la mitad del oporto en una cazuela. Cuézalo despacio 3 o 4 minutos, hasta que la fruta empiece a soltar el jugo. Apártelo del fuego. Agregue las fresas e incorpore el azúcar restante al gusto.

2 Forre una fuente para pudin de 1 litro de capacidad con film transparente, dejando que cuelgue por los extremos. Pase la fruta por un colador colocado sobre un bol para recuperar el jugo y, después, añada el oporto restante. Corte una rebanada de pan en forma de redondel del mismo tamaño que la base del molde. Remójela en el jugo y póngala en la base del molde.

3 Reserve una rebanada de pan y corte las restantes por la mitad ligeramente al bies. Empápelas de una en una con el jugo y vaya encajándolas alrededor de las paredes del molde, con la parte más estrecha hacia abajo, juntándolas bien para que no queden huecos y recortando el último trozo para que quepa. Añada la fruta y cúbrala con la rebanada de pan reservada. Coloque un plato de postre encima y una lata de conserva a modo de peso. Refrigere el pudin toda la noche. Reserve el jugo que sobre en el frigorífico.

4 Retire el peso y el plato. Coloque un plato grande sobre el pudin y dele la vuelta. Retire el molde y el film y adórnelo con más frutos. Sírvalo con el jugo reservado.

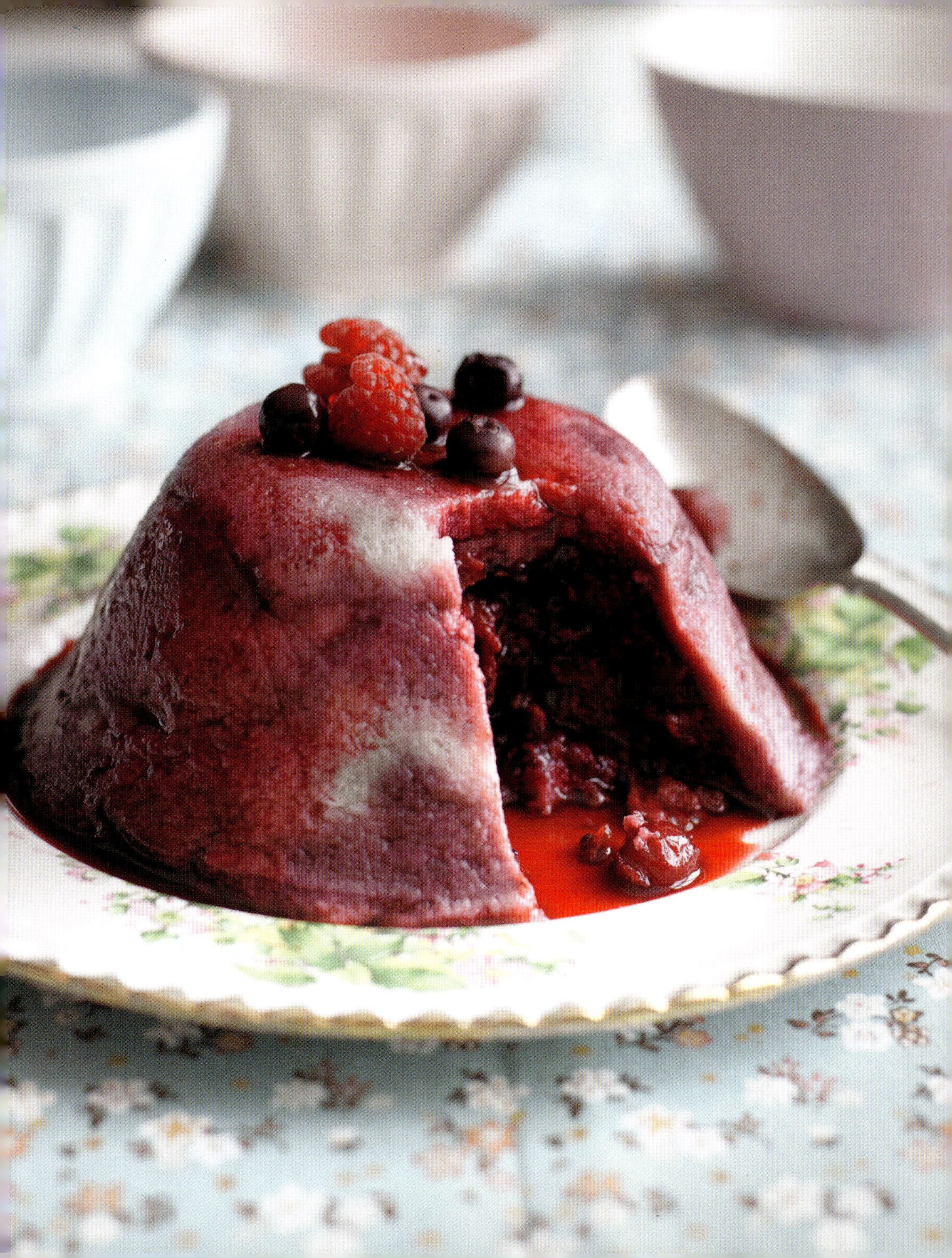

brochetas de fruta asada

ingredientes

para 8 unidades

salsa al ron
4 cucharadas/¼ de taza de zumo (jugo) de naranja
3 o 4 tiras de piel (cáscara) de naranja
3 o 4 tiras de piel (cáscara) de limón
125 ml/½ taza de ron negro para veganos
30 g/2 cucharadas de azúcar moreno
3 vainas de cardamomo abiertas

frutas variadas, como melón, carambola, naranja, kiwi, piña (ananás), plátano (banana) y mango

preparación

1. Ponga todos los ingredientes de la salsa en un cazo. Caliéntelo a fuego lento y cuézalo despacio de 10 a 15 minutos o hasta que se reduzca a la mitad. Retire la piel de cítricos y las vainas de cardamomo con una espumadera y deséchelos. Reserve la salsa para recalentarla antes de servir las brochetas.

2. Lave o pele la fruta y córtela en trozos grandes. Si utiliza brochetas de madera, déjelas previamente en remojo unos 10 minutos. Ensarte la fruta en 4 brochetas, entre 8 y 10 trozos cada una.

3. Precaliente el gratinador a la temperatura máxima. Ase las brochetas bajo el gratinador o en la barbacoa, dándoles la vuelta a menudo, hasta que se doren y estén calientes. Sírvalas enseguida con la salsa de ron caliente.

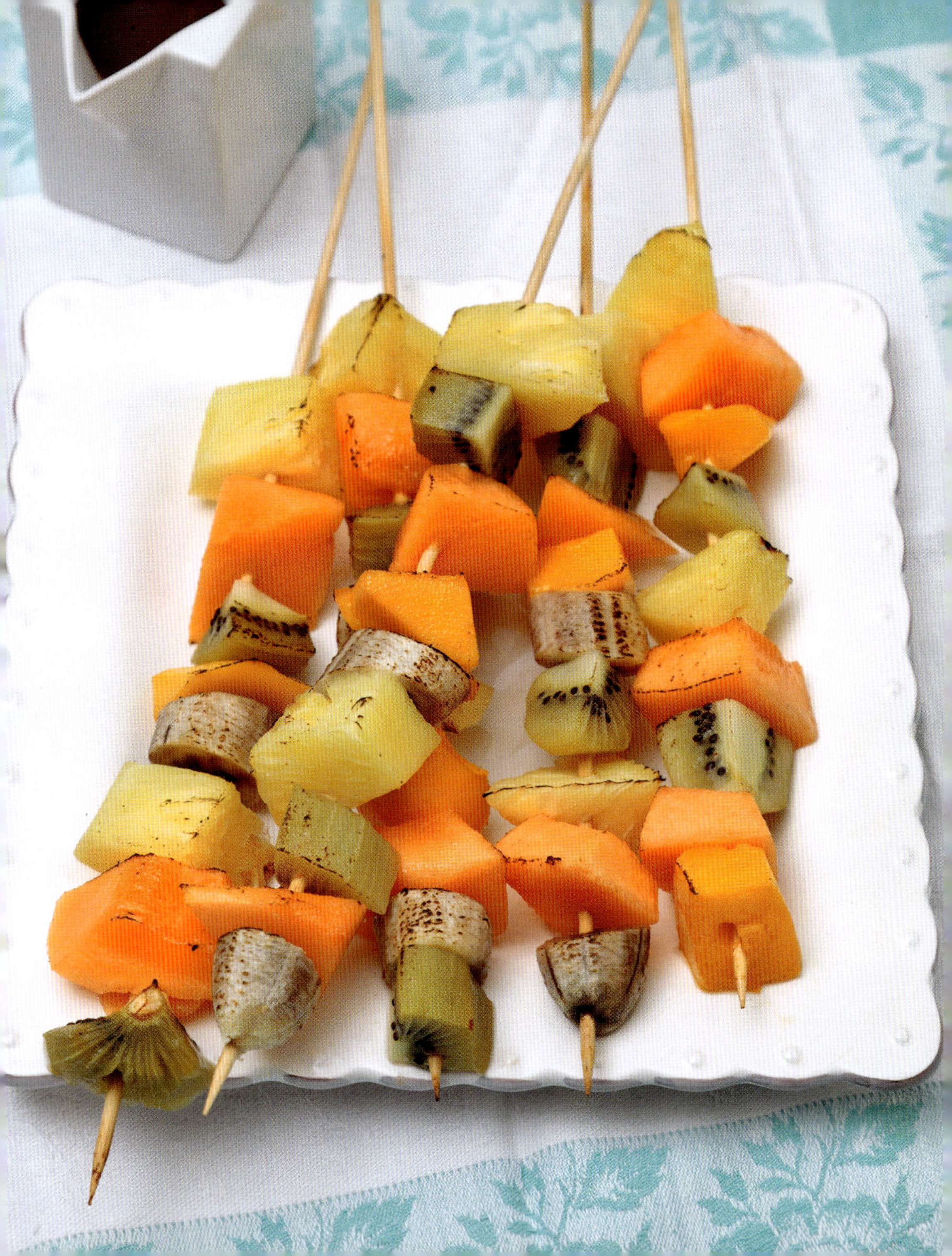

bombones de crema de cacahuete

ingredientes

para 30 unidades

- 60 g/¼ de taza de crema de cacahuete (cacahuate) fina
- 2 cucharadas de margarina para veganos
- 25 g/¼ de taza de azúcar glas (impalpable)
- 350 g/12 oz de chocolate negro para veganos troceado

preparación

1 Coloque moldes de papel en un molde múltiple para 30 minimagdalenas.

2 Ponga la crema de cacahuete y 1 cucharada de la margarina en un cuenco que no sea metálico. Caliéntelo entre 30 segundos y 1 minuto en el microondas, o hasta que se ablande pero no se derrita. Incorpore el azúcar glas.

3 Ponga el chocolate y la margarina restante en un bol refractario encajado en la boca de un cazo con agua hirviendo, sin que llegue a tocarla. Remueva hasta que el chocolate se derrita por completo.

4 Reparta una cucharadita del chocolate derretido para cada molde, añada media cucharadita del relleno de crema de cacahuete y termine de llenar los moldes con chocolate. Tenga cuidado de que no rebosen. Refrigere los bombones durante 1 hora, o hasta que adquieran consistencia.

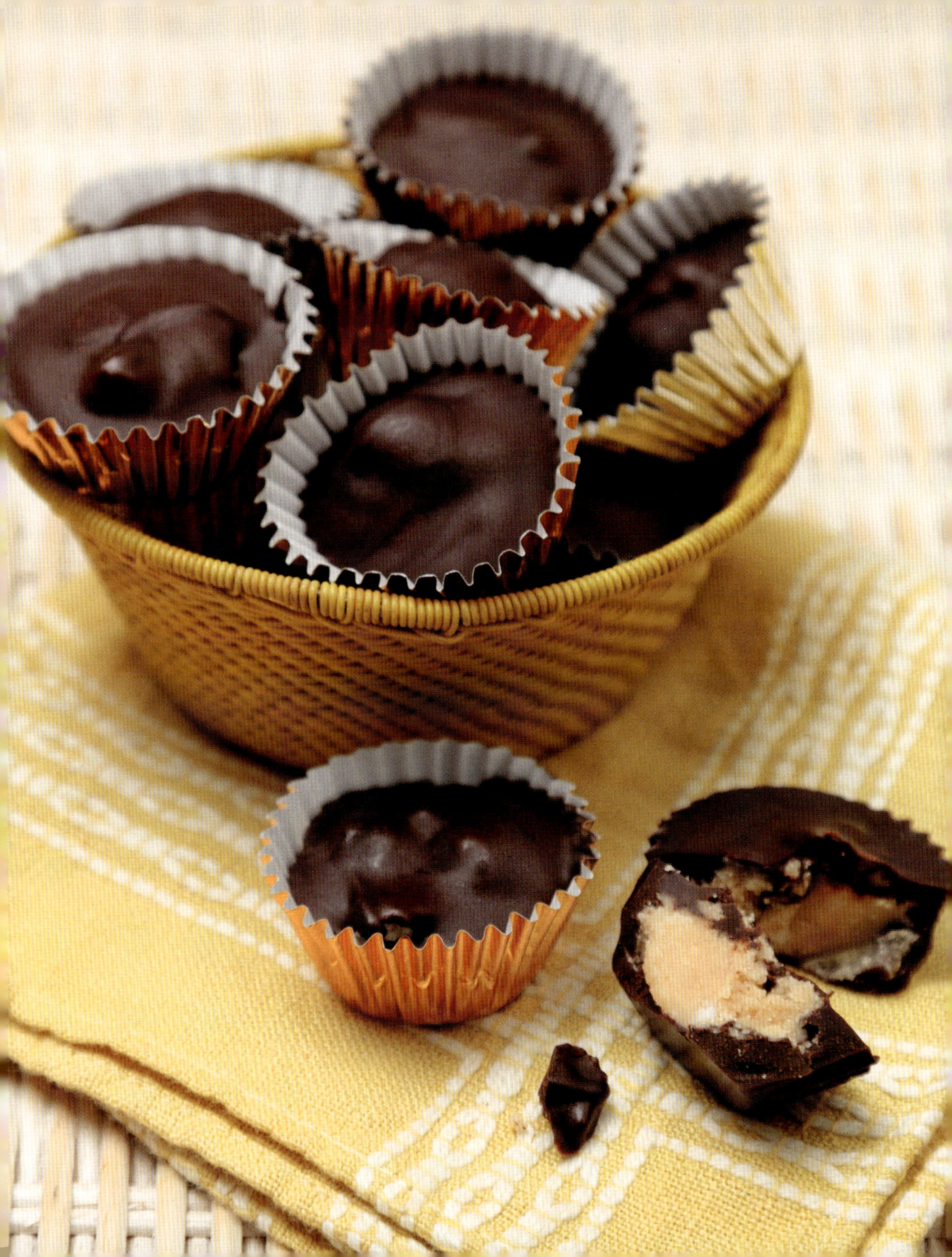

tarta de arándanos rojos y pacanas

ingredientes

para 6 personas

masa
50 g/¼ de taza de margarina para veganos
150 g/1¼ tazas de harina, y un poco más para espolvorear
15 g/2 cucharadas de azúcar glas (impalpable)

relleno
30 g/¼ de taza de arándanos rojos secos
la ralladura y el zumo (jugo) de 1 naranja
1 cucharada de brandy para veganos (opcional)
125 g/1 taza de pacanas (nueces pecán)
150 ml/⅔ de taza de jarabe de arce
100 ml/½ taza de leche de soja
3 cucharadas de esencia de vainilla
1 cucharadita de canela molida
1 cucharadita de jengibre molido
1 cucharadita de linaza molida

preparación

1 Precaliente el horno a 190 °C/375 °F.

2 Ponga los arándanos en un cuenco con el zumo de naranja y, si lo desea, el brandy. Déjelos al menos 1 hora en remojo para que se rehidraten.

3 Para preparar la masa, incorpore la margarina a la harina con los dedos en un bol y añada el azúcar glas. Vierta agua fría poco a poco hasta ligar la masa. Extiéndala en la encimera espolvoreada con un poco de harina y colóquela en un molde para tarta de 20 cm/8 pulgadas. Rellene la base de tarta con las pacanas y cuézala en el horno precalentado 15 minutos.

4 Ponga en una cazuela a fuego lento el jarabe de arce, la leche de soja, la vainilla, la canela, el jengibre y la ralladura de naranja. Cuézalo a temperatura suave 5 minutos y apártelo del fuego.

5 Saque la base de tarta del horno pero no lo apague. Retire los arándanos con una espumadera, reservando el líquido del remojo, y repártalos sobre las pacanas. Diluya la linaza en el líquido e incorpórelo al relleno.

6 Vierta con cuidado el relleno en la base de la tarta. Cuézala 30 minutos más en el horno. Deje enfriar la tarta antes de cortarla en porciones y servirla.

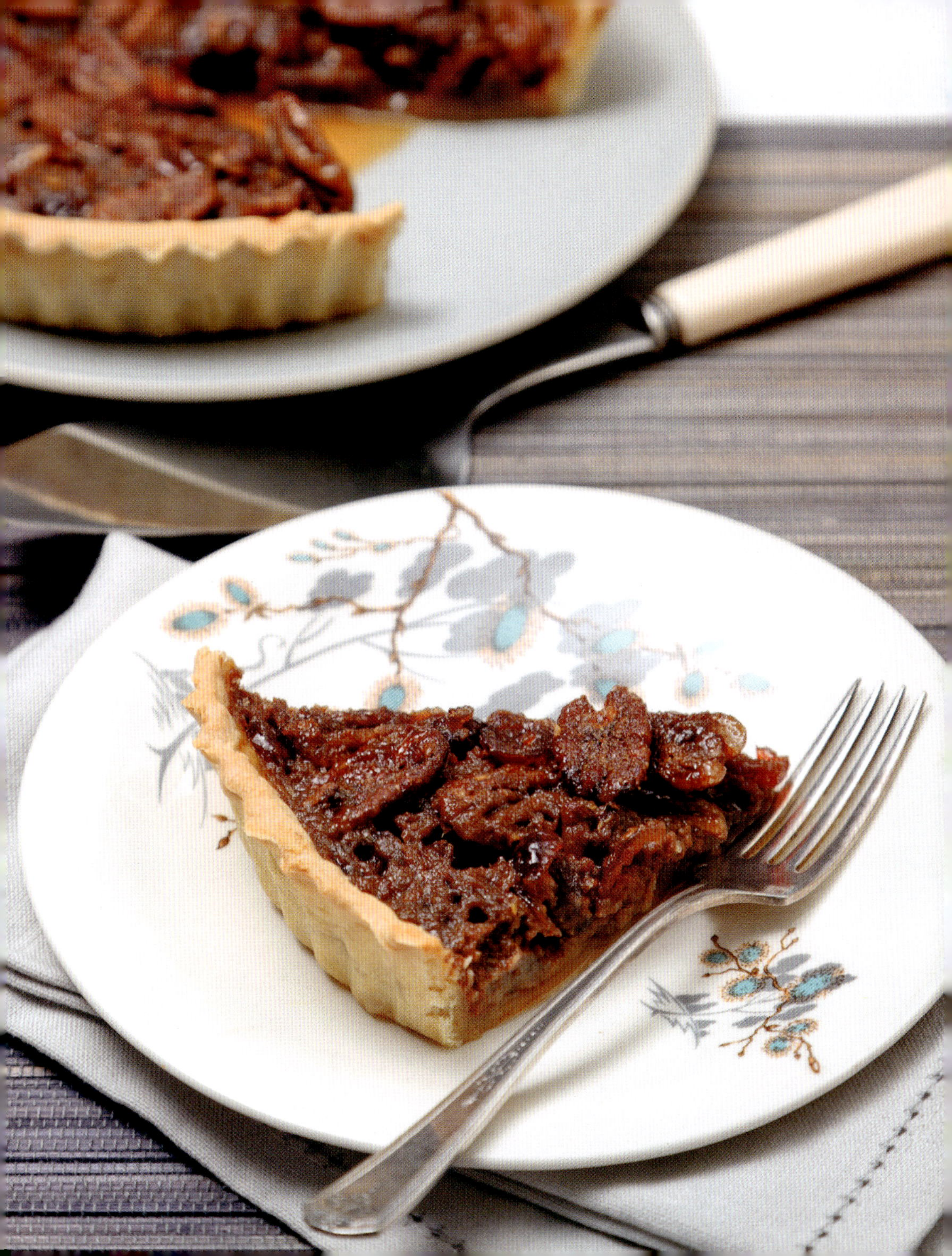

ruibarbo y ciruelas con avellana

ingredientes

para 4 personas

300 g/2½ tazas de ruibarbo en trozos de 2,5 cm/1 pulgada
90 g/½ taza de azúcar
450 g/1 libra de ciruelas maduras partidas por la mitad y deshuesadas (descarozadas)
½ cucharadita de canela molida

cobertura

50 g/½ taza de avellanas picadas
85 g/⅓ de taza de margarina para veganos
140 g/1¼ tazas de harina
50 g/¼ de taza de azúcar

preparación

1 Precaliente el horno a 190 °C/375 °F.

2 Ponga el ruibarbo y 60 g del azúcar en una cazuela con tapa. Caliéntelo a fuego lento y cuézalo, tapado, de 5 a 8 minutos, o hasta que esté tierno.

3 Pase el ruibarbo a una fuente refractaria cuadrada de 20 cm/8 pulgadas de lado y añada las ciruelas. Esparza por encima el azúcar restante tamizado con la canela.

4 Para preparar la cobertura, tueste las avellanas a fuego fuerte en una sartén 5 minutos, o hasta que se doren.

5 En un bol, incorpore la margarina a la harina hasta que parezca pan rallado, y añada el azúcar y las avellanas. Esparza la cobertura sobre la fruta y cuézalo en el horno precalentado de 25 a 30 minutos, o hasta que se dore y burbujee. Déjelo enfriar 5 minutos y sírvalo.

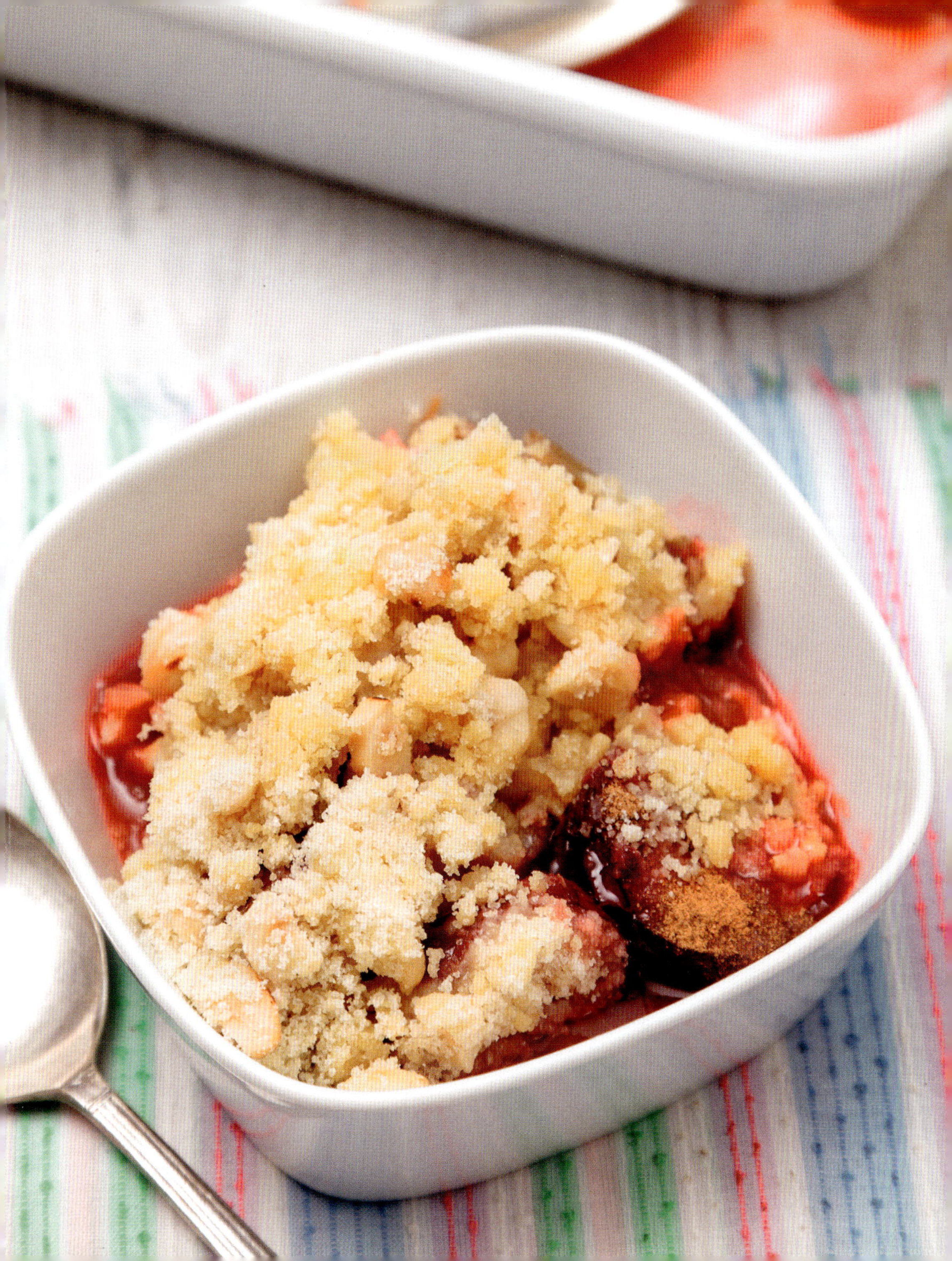

aguacates
  ensalada de aguacate y pomelo 84
  guacamole 54
aliños para ensalada 84, 88, 90
almendras
  gachas de alforfón con leche de almendra 38
  magdalenas de almendra 52
  muesli de avena con cerezas y almendra 22
arándanos
  corona de frutas del bosque 196
  macedonia con helado 176
  pudin de frutos rojos 198
  strudel de arándanos 188
arroz
  arroz con leche de soja y coco 186
  ensalada de arroz salvaje y alubias 90
  pimientos rellenos picantes 132
  risotto crujiente de remolacha 146
  sopa picante de calabacín y arroz 74
  sushi fácil de hortalizas 108
batido de soja con fresa a la vainilla 12
batido de tofu y frutas del bosque 10
brotes de soja
  ensalada de germinados y semillas 158
  ensalada tailandesa crujiente 88
boniato frito 64

cacahuetes
  bombones de crema de cacahuete 202
  ensalada tailandesa crujiente 88
  hortalizas con cacahuetes al gratín 154
  muesli con crema de cacahuete 20
calabacines
  sopa picante de calabacín y arroz 74
  tostadas con calabacín 62
calabaza
  espaguetis con calabaza y tomates secos 140
  tartaletas de calabaza con especias 190
calzones de espinacas y setas 124
chocolate
  bombones de crema de cacahuete 202
  brownies 48
  helado de chocolate 180
  tarta de chocolate con frambuesa 194
ciruelas
  ciruelas al oporto 184
  ruibarbo y ciruelas con avellana 206
coco
  arroz con leche de soja y coco 186
  curry rojo tailandés 152
  magdalenas de coco y mango 50
copos de avena
  gachas de avena tropicales 28
  galletas de avena y café 46
  muesli con crema de cacahuete 20
  muesli de avena con cerezas y almendra 22
crema de boniato 78
croquetas de zanahoria con puré de patata 150
curry de garbanzos y anacardos 144
cuscús con tomates asados 92

ensalada de aguacate y pomelo 84
ensalada de azukis con tomate y cebolla 60
ensalada de quinoa y garbanzos 86

fideos con tofu con salsa teriyaki 138
frambuesas
  corona de frutas del bosque 196
  macedonia con helado 176
  pudin de frutos rojos 198
  tarta de chocolate con frambuesa 194
fruta
  brochetas de fruta asada 200
  macedonia con helado 176
frutos secos
  barritas de cereales y frutos secos 44
  brownies 48
  curry de garbanzos y anacardos 144
  gachas de avena tropicales 28

helado de té verde y avellana 182
hummus de anacardos 56
macedonia con galletas de muesli 26
palomitas caramelizadas con anacardos 42
pastel de lentejas y nueces de Brasil 166
tarta de arándanos rojos y pacanas 204

gachas de alforfón con leche de almendra 38
galletas de avena y café 46
gazpacho 72
guacamole 54

helado
  helado de chocolate 180
  helado de té verde y avellana 182
  macedonia con helado 176
helado de té verde y avellana 182
hortalizas
  alubias picantes con hortalizas 142
  bocadillos de tofu ahumado y hortalizas 100
  curry rojo tailandés 152
  hortalizas con cobertura crujiente 162
  pakoras de hortalizas 68
  pizza de hortalizas asadas 114
  rollitos de hortalizas a la mediterránea 102
  salteado de hortalizas al estilo de Sichuan 160
  sushi fácil de hortalizas 208
  tempura de hortalizas al jengibre 94
hortalizas con cacahuetes al gratín 154

jarabe de arce
  barritas de cereales y frutos secos 44
  batido de soja con plátano 18
  tofu macerado con jarabe de arce 82
jengibre
  salteado rápido de hortalizas con miso y jengibre 118
  tempura de hortalizas al jengibre 94
  zumo de albaricoque al jengibre 14

lasaña de espárragos y nueces 134
legumbres
  alubias picantes con hortalizas 142
  burritos con alubias 34
  chimichangas de frijoles 130
  ensalada de arroz salvaje y alubias 90
  ensalada de azukis con tomate y cebolla 60
  hamburguesas de alubias 106
  hamburguesas de champiñones 172
  tacos de frijoles negros picantes 116
lentejas
  pastel de lentejas y nueces de Brasil 166
  potaje de lentejas con boniato 136

macarrones con berenjena y garbanzos 126
magdalenas de café y nueces 24
mango
  brochetas de fruta asada 200
  magdalenas de coco y mango 50
manzanas
  manzanas asadas 192
  zumo de manzana verde y kiwi 8
muesli de avena con cerezas y almendra 22

nachos con salsa verde y raita 66
nueces
  lasaña de espárragos y nueces 134
  magdalenas de café y nueces 24
  tostadas con paté de nuez 98
ñoquis con col rizada y alcachofa 156

palomitas caramelizadas con anacardos 42
pan
  bocadillos de champiñones al pesto 104
  bocadillos de tofu ahumado y hortalizas 100
  calzones de espinacas y setas 124
  paté de berenjena 58
  pizza de hortalizas asadas 114
  pudin de frutos rojos 198
  rollitos de hortalizas a la mediterránea 102

tostadas con calabacín 62
tostadas con paté de nuez 98
tostadas con setas 32
pan de maíz con patatas picantes 120
pasta
  espaguetis con calabaza y tomates secos 140
  espirales con setas silvestres 148
  lasaña de espárragos y nueces 134
  macarrones con berenjena y garbanzos 126
  sopa con fideos tailandesa 80
pastel de alcachofa y tomate 168
pastelitos de champiñones a la cerveza 128
patatas
  croquetas de zanahoria con puré de patata 150
  hortalizas con cacahuetes al gratín 154
  ñoquis con col rizada y alcachofa 156
  pan de maíz con patatas picantes 120
  patatas rellenas al gratén 110
paté de berenjena 58
pimientos
  pastelitos de tomate y pimiento con albahaca 96
  pimientos rellenos picantes 132
  zumo de pimiento, zanahoria y tomate 16
pizza de hortalizas asadas 114
plátanos
  batido de soja con plátano 18
  brochetas de fruta asada 200
  gachas de avena tropicales 28
  helado de chocolate 180
potaje de lentejas con boniato 136

raita 66
revuelto de tofu a las hierbas 30
risotto crujiente de remolacha 146
ruibarbo y ciruelas con avellana 206

salsa verde 66
salteado rápido de hortalizas con miso y jengibre 118
semillas
  ensalada de germinados y semillas 158
  risotto crujiente de remolacha 146
setas
  bocadillos de champiñones al pesto 104
  brochetas de tofu asadas 164
  calzones de espinacas y setas 124
  espirales con setas silvestres 148
  hamburguesas de champiñones 172
  pastelitos de champiñones a la cerveza 128
  tostadas con setas 32
sopa de maíz 76
sorbete de vino de aguja 178

tacos de frijoles negros picantes 116
tarta de arándanos rojos y pacanas 204
tofu
  batido de tofu y frutas del bosque 10
  bocadillos de tofu ahumado y hortalizas 100
  brochetas de tofu asadas 164
  fajitas de tofu picantes 170
  fideos con tofu con salsa teriyaki 138
  revuelto de tofu a las hierbas 30
  tofu macerado con jarabe de arce 82
  tortitas de tofu con salsa de guindilla 112
tomates
  cuscús con tomates asados 92
  ensalada de azukis con tomate y cebolla 60
  espaguetis con calabaza y tomates secos 140
  gazpacho 72
  pastel de alcachofa y tomate 168
  pastelitos de tomate y pimiento con albahaca 96
  salsa de tomate 114
tortillas de harina
  burritos con alubias 34
  chimichangas de frijoles 130
  fajitas de tofu picantes 170
tortitas de boniato con espinacas 36
tortitas de tofu con salsa de guindilla 112

zumo de albaricoque al jengibre 14